典藏诵读版

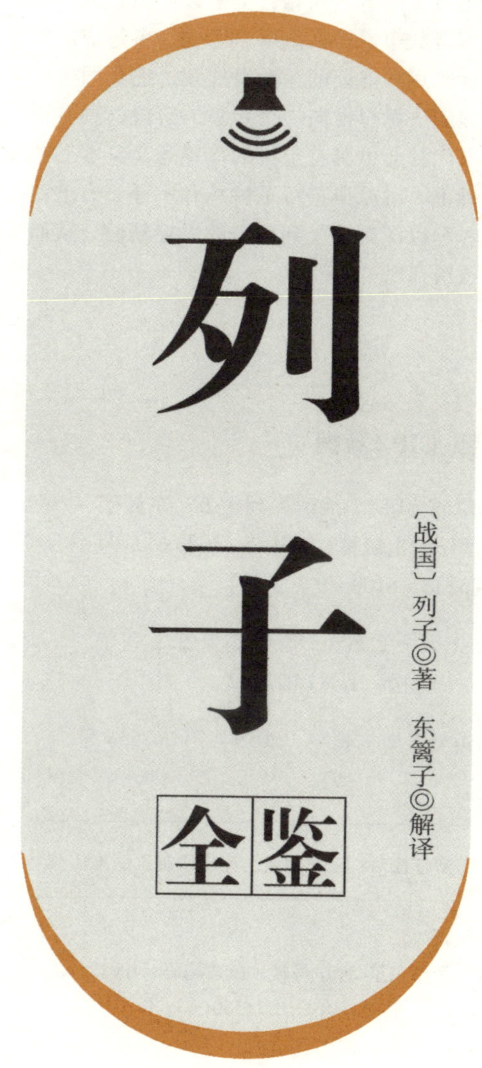

列子

全鉴

〔战国〕列子◎著

东篱子◎解译

国家一级出版社 中国纺织出版社 全国百佳图书出版单位

内 容 提 要

《列子》又名《冲虚经》或《冲虚真经》，是道家乃至我国古代思想史和文化史上的著名典籍。全书共八篇，由一百四十篇哲理散文、寓言故事、神话故事、历史故事组成。书中蕴含独特的唯物自然观和辩证的运动发展观，把我国古代的唯物主义学说和辩证法思想推向一个崭新的阶段，具有很高的理论价值，对当代社会也具有宝贵的借鉴意义。本书在忠于原书原解的基础上，对原典进行了注释和解译，力求使译文通俗易懂，读者可以深刻感受到列子的思想精髓，从而将先贤智慧更好地运用到现实生活中。

图书在版编目(CIP)数据

列子全鉴：典藏诵读版/（战国）列子著；东篱子解译．—北京：中国纺织出版社，2019.5（2023.6重印）
ISBN 978-7-5180-6109-9

Ⅰ.①列… Ⅱ.①列…②东… Ⅲ.①道家②《列子》—译文③《列子》—注释 Ⅳ.①B223.2

中国版本图书馆CIP数据核字（2019）第067538号

策划编辑：陈希尔　　责任校对：王花妮　　责任印制：储志伟

中国纺织出版社出版发行
地址：北京市朝阳区百子湾东里A407号楼　邮政编码：100124
销售电话：010—67004422　传真：010—87155801
http://www.c-textilep.com
E-mail：faxing@c-textilep.com
中国纺织出版社天猫旗舰店
官方微博 http://weibo.com/2119887771
永清县晔盛亚胶印有限公司印刷　各地新华书店经销
2019年5月第1版　2023年6月第2次印刷
开本：710×1000　1/16　印张：20
字数：241千字　定价：68.00元

前言

《列子》又名《冲虚经》或《冲虚真经》，成书于公元前450至前375年，相传是列子及其弟子和列子后学者著作的汇编，是道家的重要典籍，也是我国古代思想史和文化史上著名的典籍。《汉书·艺文志》著录《列子》八卷，早已亡佚。今本《列子》共八篇，包括天瑞篇、黄帝篇、周穆王篇、仲尼篇、汤问篇、力命篇、杨朱篇和说符篇，从其思想内容以及语言的使用上看，可能是后人根据古代文献资料不断整理、增益而成。全书由一百四十篇哲理散文、寓言故事、神话故事、历史故事组成，其中有许多脍炙人口的常典故事，如列子学射、愚公移山、夸父追日、杞人忧天等，篇篇珠玉，读来妙趣横生、隽永味长，对后人有着很强的教育意义。

列子，名御寇，战国时期郑国人，属道家学派，是老子和庄子之外的又一位道家思想代表人物。《庄子·逍遥游》中把他描绘成为神仙，说："列子御风而行，泠然善也，旬有五日而后反"，仿佛练就了一身卓绝的轻功。而在现实生活中，列子隐居郑国四十年，不求名利，常常因为穷困而面有饥色。他认为应该摆脱人世间贵贱、名利的羁绊，清净修道。列子虚静无为，独立处世，善于修身养性，《吕氏春秋·不二》中说："子列子贵虚。"这里的"虚"即指虚静无为之意。

西汉永始三年（前14），《列子》一书颇行于世，到汉武帝罢黜百家后，遗落民间，西晋之时又有所发展，唐宋时期达到顶峰。乾封二年（667），唐高宗李治尊奉老子为太上玄元皇帝。开元二十五年（737），唐玄宗李隆基立玄学博士，把《老子》、《列子》、《庄子》、《文子》四部道家著作并列为经典，作为学子应试科举的必读书。天宝四载（745），唐玄宗李隆基又追封列御寇为冲虚真人，《列子》一书被命名为《冲虚真经》。到了宋代，宋真宗赵恒在“冲虚”二字后又加上“至德”二字，被尊奉为《冲虚至德真经》。政和六年（1116），宋徽宗赵佶诏立《内经》《道德经》《列子》《庄子》博士，后加封列子为冲虚观妙真君。之后，《列子》一直被道教奉为经典，成为道教义理中不可或缺的部分。

《列子》作为一部道教著作，其理论价值很高，不仅道教吸纳《列子》的思想体系，而且《列子》也为我国古代哲学思想的发展做出了巨大贡献。

其一，《列子》从世界本体、宇宙生成和物种转化角度阐明了“道”的性质，形成了独特的天道自然观。它提出客观世界存在着统一的本质和规律，明确地规定了道的物质属性，丰富发展了老子道德本体论，使道德物质性及变化发展循环规律更加清晰明了。

其二，《列子》在《天问篇》中指出：“常生常化者，无时不生，无时不化，阴阳尔，四时尔。”认识到运动的普遍性和循环连续性，把整个运动看做是一个不断的、无始无终的过程。在此基础上又把中国哲学中的运动理论提高到一个新的层次。《列子·汤问篇》指出：“无则无极，有则无尽，朕何以知之？然无极之外复无极，无尽之中复无尽。无极复无极，无尽复无尽，朕以是知其无极无尽也，而不知其有极有尽也。”这样便把宏观世界的无限、微观世界的无尽，统一在物质的基础上，提出了宇宙结构的层次及运动变化的无穷无尽性、物质性，把中国古代辩证法哲学提高到相当高的水平。

其三，《列子》认为人力不可与命运相争，命运决定人的寿夭、穷达、贵贱、贫富，不是人力所能制约的，由此提出自然命运决定论，比天帝决定命运的宿命论更为进步。同时，它认为人应该遵循天地自然规律，不能排斥人在自然规律面前的主观能动性。

其四，《列子》全书贯穿贵虚的思想，列子崇尚自然，认为一切都在不停地幻化之中，无论生死、有无、是非、成败，一切皆虚，最终都将归于寂灭。基于贵虚，列子又提出自然生死观，指出生与死是自然规律，不曾有生，也不曾有死。《列子·周穆王篇》中说：“有生之气，有形之状，尽幻也。造化之所始，阴阳之所变者，谓之生，谓之死。穷数达变，因形移易者，谓之化，谓之幻。”揭开了生与死的神秘面纱。

在老子“道”的基础上，列子把我国古代的唯物主义学说和辩证法思想推向一个更高的层次，并且能够用它们来解释社会，阐释人生，具有宝贵的哲学价值。不仅如此，纵观全书，还具有较高的文学价值。

列子把“道”的思想融汇于故事之中，将说理与叙事融为一体，语工句琢而意味深长，情节跌宕起伏，引人入胜，颇有小说家笔法。刘思勰《文心雕龙·诸子》称“列御寇之书，气伟而采奇。”柳宗元《辨列子》谓：“其文辞类庄子，而尤质厚，少诈伪，好文者可废耶?”洪迈《容斋续笔》云：“《列子》书事简劲宏妙，多出《庄子》之右。”

书中涉及的许多寓言故事和神话传说都颇具教育意义。如“列子学射”告诉我们在学习上，不但要知其然，还要知其所以然；“匏巴鼓琴”旨在说明学习技术是无止境的，人们不应自以为是；“夸父追日”告诫人们不应急功近利，要以愚公的“无心而为功”为榜样，切忌“恃能以求胜”……书中类似的故事还有很多，只要认真研读，细细体会，就能从中获得启发。

为了将《列子》思想发扬光大，使更多的人领悟到列子的深邃智慧，我们精心编著了这本《列子全鉴》。本书在忠于原书原解的基础上，对原典进行了注释和翻译，力求使译文通俗易懂，阅读此书，相信你会对列子的思想有一个全面而深刻的认识。

本书将纸质图书和配乐诵读音频完美结合，以二维码的方式在内文和封面等相应位置呈现，读者扫一扫即可欣赏、诵读经典片段。诵读音频由中国国际广播电台、中央人民广播电台专业播音员，以及中国传媒大学等知名高校播音系教师构成的实力精英团队录制完成，朗读中融进了对传统文化的理解，声音感染力极强。

解译者
2019 年 4 月

目录

天瑞篇

【题解】

瑞，指符瑞，是古代用为信物的标记，这里指吉祥的征兆。天瑞，意谓天地之灵瑞，自然之符应，指自然界的阴阳变化，四时循环往复都与“道”的规律相符合。本篇认为，世间万物有始有终，而唯有“不生不化者”，亦即“道”，才能够循环往复、独立永存，而所谓的祥符瑞以至天地万物都是由这个“不生不化”的本体所产生的，并不是天的意志。本篇十四个段落，可分为三大部分，都是围绕世界本原而展开的，其中阐述的自然观和人生观是《列子》全书的总纲。第一部分，总述宇宙形成过程，提出“不生不化者”为万物的本原，接着描述了世界从太易开始直至“天地含精，万物化生”的生成过程，然后又以“外物皆出于机，皆入于机”说明生物与非生物在物质基础上的演变发展，这三个阶段分别从物质本体、宇宙生成和生物进化的角度阐明了“道”的本质，深刻诠释了《列子》的自然天道观，反映了先秦道家哲学思想的特点。第二部分，总述道的本质，进一步说明了“道”与具体事物亦即“生者”与“生生者”的关系，揭示了人自生至终四个阶段的发展变化，从有限和无限、普遍和特殊的关系上丰富了“道”的内涵，并在此基础上提出了自然生死观，进一步形成《列子》的社会人生观，通过“孔子游于泰山”、“林类捡拾遗穗”、“子贡倦于学”三则故事告诉人们要以平静的心态对待人世间的生老病死，不应“营营而求生”，否则只能忧苦终老。第三部分的主旨在于强调“道”的本质是虚静无为，劝慰人们应该以笃守虚静的态度对待人生，再一次阐述了万物时刻都在变化发展，循环往复的道理，进一步丰富了《列子》人生观的内容，是思想的进一步升华。文中“杞人忧天”和“宋人求富”两则寓言就是告诫人们要遵循自然规律就会平安快乐，所以应该保持“静”和“虚”的态度。

【原典】

子列子居郑圃[①]，四十年人无识者。国君卿大夫眎（shì）之，犹众庶也[②]。国不足[③]，将嫁于卫[④]。弟子曰：“先生往无反期，弟子敢有所谒；先生将何以教？先生不闻壶丘子林之言乎[⑤]？”

子列子笑曰：“壶子何言哉？虽然，夫子尝语伯昏瞀人[⑥]，吾侧闻之，试以告女。其言曰：有生不生[⑦]，有化不化[⑧]。不生者能生生[⑨]，不化者能化化[⑩]。生者不能不生，化者不能不化，故常生常化。常生常化者，无时不生，无时不化。阴阳尔，四时尔。不生者疑独[⑪]，不化者往复。往复，其际不可终；疑独，其道不可穷。《黄帝书》曰[⑫]：‘谷神不死[⑬]，是谓玄牝[⑭]。玄牝之门[⑮]，是谓天地之根[⑯]。绵绵若存，用之不勤。’故生物者不生，化物者不

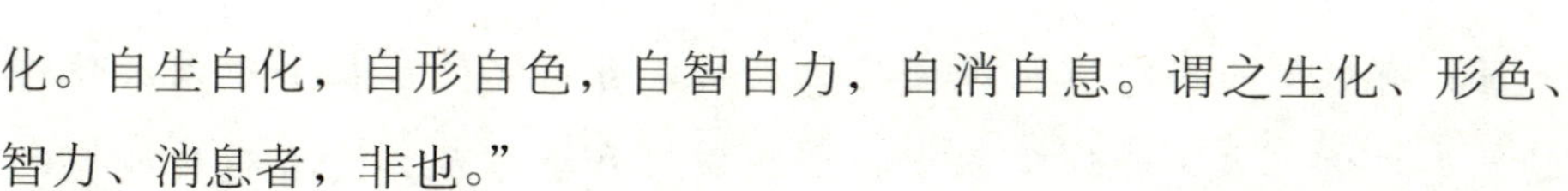

化。自生自化，自形自色，自智自力，自消自息。谓之生化、形色、智力、消息者，非也。”

【注释】

①子列子：列子弟子对列子的尊称。前一个“子”是古代弟子对自己老师的尊称，后一个“子”表示有德之人。列子：名御寇，郑国人，相传为春秋末或者战国初之道家。郑圃：郑国的圃田，一作“甫田”，在今河南中牟县。②众庶：众民，百姓。③国不足：指国家遭受饥荒。④嫁：往，赴。⑤壶丘子林：人名，复姓壶丘，名林，列子的老师，春秋时期郑国人。一说壶丘林是虚拟人物，并无其人。⑥伯昏瞀（mào）人：人名，复姓伯昏，列子的朋友，同学与壶丘子林。瞀人：愚人。⑦有生：指有形体的具体事物。⑧有化：指有存亡变化的事物。⑨生生：产生事物。⑩化化：使事物发生变化。⑪疑独：固定不变而独立永存。疑：停止，固定不变。⑫《黄帝书》：战国时期阐发老子学说的古代道家著作。⑬谷神：指虚空无形而变幻莫测的“道”。谷：山谷，意即空虚。⑭玄牝（pìn）：指幽深的产生万物的“道”。玄：幽远，微妙。牝：雌性鸟兽，此处指雌性生殖器。⑮门：宇宙产生万物的门户。⑯根：本原。

【译文】

列子住在郑国的圃田，四十年没有赏识他的人。郑国的国君和公卿大夫看待他就像看待普通老百姓一样。郑国发生了饥荒，列子就准备到卫国去。他的弟子说：“先生这次出门，不知道什么时候才能回来，弟子冒昧地向您请教问题，先生将用什么来教导我们呢？先生没有听到过壶丘子林的言论吗？”

列子笑着说：“壶丘先生哪里说过些什么呢？即便如此，先生曾经对伯昏瞀人说过一番话，我在旁边听到了，现在就试着告诉你们。

他说：有形体的事物不能产生其他事物；有变化的事物不能使其他事物发生变化。不为外物所产生的事物能够产生万物，没有变化的事物能使有变化的事物发生变化。产生万物的事物不可能不产生，有变化的事物不可能不让万物变化，所以这些事物经常在产生，经常在变化。所谓经常产生经常变化，就是没有一刻不产生，没有一刻不变化。阴阳二气是这样，一年四季也是这样。不为外物产生出来的，就会凝结而独立永存；不为外物变化发展的就会循环往复地运行。循环往复的事物，它的边界没有终结；凝结独立的事物它的规则不可穷尽。《黄帝书》说：'空虚的神妙作用不会消逝，就叫做玄牝。玄牝的门户，就是天地万物产生的根源。它绵延不断，若有若无，永不止息地发挥着作用。'所以产生万物的，本身不被外物产生，是万物发展变化的，本身不受外物控制而发展变化。万物都是在它的制约下自然产生与变化，自然显现形状与色彩，自然运用智慧与力量，自然消亡与生长的。但是如果把这一切说成是有意识地产生变化，有意识地呈现形态、着上颜色，有意识地运用智慧，使用力量，有意识地消亡生长，那是错误的。"

【原典】

子列子曰："昔者，圣人因阴阳以统天地。夫有形者生于无形，则天地安从生？故曰：有太易[①]，有太初[②]，有太始[③]，有太素[④]。太易者，未见气也；太初者，气之始也；太始者，形之始也；太素者，质之始也。气形质具而未相离，故曰浑沦[⑤]。浑沦者，言万物相浑沦而未相离也。视之不见，听之不闻，循之不得[⑥]，故曰易也。易无形埒[⑦]，易变而为一，一变而为七，七变而为九[⑧]。九变者，究也，乃复变而为一。一者，形变之始也。清轻者上为天，浊重者下为地，冲和气者为人[⑨]；故天地含精，万物化生。"

【注释】

①太易：指宇宙万物的最终本源，是道家哲学中代表无极过渡到天地诞生的第一个阶段，即尚未形成元气的阶段。②太初：指天地形成之前元气开始萌发的阶段。初：原始，开始。③太始：指天地形成之前元气已经形成并具有一定形态的阶段。④太素：指形成天地的素质，此时的元气不仅有了形态而且有了固定的性质。⑤浑沦：又作"浑沌"、"囫囵"，形容天地开辟前混沌不清的状态。⑥循：通"揗"，抚慰、抚摸。⑦形埒（lèi）：指界限，界域。⑧易变而为一，一变而为七，七变而为九：指"易"形成天地的数变过程。根据《易纬·乾凿度》："易食欲太极，太极分而为二，故生天地。"则此处"易变而为一"的"一"当指天地开辟前元气形变的开始；"一"变而为"七、九"和"八、六"，分别代表少阳、老阳、少阴、老阴，以构成阴阳两仪，并由此形成天地。这里全举阳数，所以说"一变而为七，七变而为九"，而略去了"八、六"的阴数。⑨冲：通"中"，中和。

【译文】

列子说："从前，圣人凭借阴阳二气的理论作为指导，来阐述天地的形成以及万物的产生和变化。有形的事物是从无形的事物产生出来的，那么有形的天地万物是怎样产生的呢？所以说：有太易，有太初，有太始，有太素。所谓太易，是指没有形成元气的状态；所谓太初，是指元气开始出现时的状态；所谓太始，是指形态开始出现时的状态；所谓太素，是指不仅有了状态，而且有了固定的性质。元气、形态、性质共同具备但却没有互相分离，所以叫做浑沦。所谓浑沦，是说天地万物已经形成，但是它们浑然一体，没有分离开来。看它看不见，听它听不到，摸它摸不着，所以叫做易。易没有形状，没有界限，经过变化成为一，一经过变化成为七，七经过变化成为九。九，是变化的极限，于是重新又经过变化成为一。一，是万物形态变化的开始。变化之中，清新轻盈的元气，上升为天，浑浊凝重的元气下沉成为地，而中和平允的元气便交汇产生了人；所以天地之间蕴含着阴阳精气，万物由此化育生长。”

【原典】

子列子曰：“天地无全功[①]，圣人无全能，万物无全用。故天职生覆，地职形载，圣职教化，物职所宜。然则天有所短，地有所长，圣有所否[②]，物有所通。何则？生覆者不能形载，形载者不能教化，教化者不能违所宜，宜定者不出所位。故天地之道，非阴则阳；圣人之教，非仁则义；万物之宜，非柔则刚：此皆随所宜而不能出所位者也。故有生者，有生生者；有形者，有形形者；有声者，有声声者；有色者，有色色者；有味者，有味味者。生之所生者死矣，而生生者未尝终；形之所形者实矣，而形形者未尝有；声之所声者闻矣，而声声者未尝发；色之所色者彰矣，而色色者未尝显；味之所味

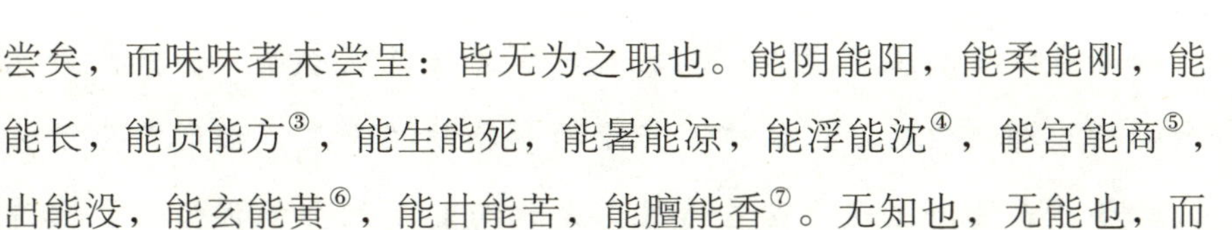

者尝矣，而味味者未尝呈：皆无为之职也。能阴能阳，能柔能刚，能短能长，能员能方③，能生能死，能暑能凉，能浮能沈④，能宫能商⑤，能出能没，能玄能黄⑥，能甘能苦，能膻能香⑦。无知也，无能也，而无不知也，而无不能也。”

【注释】

①全功：功业完美，泽被万物。②否（pǐ）：《周易》中的卦名，原指天地不交而万物不通，引申为阻塞、困滞。③员：通“圆”，圆形。④沈：通“沉”。⑤宫、商：古代音乐术语，分别为五声音阶中的第一、第二音阶。五声音阶：宫、商、角、徵、羽。⑥玄：指带赤的黑色。⑦膻：指类似羊臊气的恶臭。

【译文】

列子说：“天地没有完备的功效，圣人没有完备的能力，万物没有完备的用处。所以上天的职责是覆育生命，地的职责是承载万物，圣人的职责是教育感化，天下万物都有自己适宜的职能。因此，上天有它的不足之处，大地有它的所长之处，圣人有困滞的时候，万物有通达的时候。为什么呢？因为覆育生命的上天不能承载万物，承载万物的地不能教育感化，教育感化的圣人不能违逆事物的性质，事物的性质已经确定了，就不能超越各自的位置。所以天地的运行规律，不是阴就是阳；圣人的教化，不是仁就是义；万物的本质，不是柔就是刚；这些都是按照各自固有的性质而不能超越本位的。所以天地间有生命，就有产生生命的本源；有形体，就有产生形体的形体物质；有声音，就有产生声音的生命物质；有颜色，就有产生颜色的色彩物质；有滋味，就有产生滋味的滋味物质。生命所造就的生物死亡了，但产生生命的生命物质却未曾终结；物体所表现的形体是确定了，但产生形体的形体物质却没有显现；声音所造就的声响是听见了，但产生声音的声音物质却未曾发声；色彩所产生的颜色显著了，但产生颜色的色彩物质却未曾显示；滋味所产生的食物被品尝了，但所产生滋味的滋味物质却没有呈现：这些情况都是无为的道的职能促使的。它可以表现出阴的特性，也可以表现出阳的特性，可以表现出柔的特性，也可以表现出刚的特性，可以缩短，也可以延长，可以呈现圆的形状，也可以呈现方的形状，可以产生，也可以死亡，可以暑热，也可以凉爽，可以上浮，也可以下沉，可以奏出宫调，也可以奏出商调，可以出现，也可以隐没，可以表现出黑色，也可以表现出黄色，可以呈现出甜的滋味，也可以呈现出苦的滋味，可以发出膻的气味，也可以发出香的气味。它没有知觉，没有能力，却又无所不知，无所不能。"

【原典】

子列子适卫①，食于道，从者见百岁髑髅②。攓蓬而指③，顾谓弟子百丰曰："唯予与彼知而未尝生未尝死也。此过养乎④？此过欢乎？种有几⑤：若蛙为鹑，得水为㡭⑥，得水土之际，则为䵷蠙之衣⑦。生于陵屯⑧，则为陵舄⑨。陵舄得郁栖⑩，则为乌足。乌足之根为蛴螬⑪，其叶为蝴蝶。蝴蝶胥也，化而为虫⑫，生竈（zào）下，其状若脱，其名曰鸲掇⑬。鸲掇千日化而为鸟，其名曰乾餘骨⑭。乾餘骨之沫为斯弥，斯弥为食醯（xī）颐辂⑮，食醯颐辂生乎食醯黄軦⑯，食醯黄軦生乎九猷⑰。九猷生乎瞀芮⑱，瞀芮生乎腐蠸⑲。羊肝化为地皋⑳，马血之为转鄰也，人血之为野火也。鹞之为鹯㉑，鹯之为布谷，布谷久复为鹞也，燕之为蛤也㉒，田鼠之为鹑也，朽瓜之为鱼也，老韭之为苋也，老羭之为猨也㉓，鱼卵之为虫。亶爰之兽自孕而生曰类㉔。河泽之鸟视而生曰鶂㉕。纯雌其名大腰㉖，纯雄其名稚蜂㉗。思士不妻而感㉘，思女不夫而孕。后稷生乎巨迹㉙，伊尹生乎空桑㉚。厥昭生乎湿㉛，醯鸡生乎酒㉜。羊奚比乎不笋㉝，久竹生青宁㉞。青宁生程，程生马㉟，

马生人，人久入于机㊱。万物皆出于机，皆入于机。”

【注释】

①适：往，到……去。②髑髅（dú lóu）：死人的头盖骨。③攓（qiān）：拔取。蓬：草名，多年生草本植物，中心黄色，叶似柳叶，子实有毛，也称“飞蓬”。④过：通“果”，果真的意思。⑤种：种类。几：细微、隐微的变化。⑥䖶（jì）：植物名。二年生活多年生草本，产于华北、华东各省。⑦䵷蠙之衣：一种水草、青苔。⑧陵屯：指高旱之地。⑨陵舄（xì）：即车前草。⑩郁栖：指粪壤，也指肥沃的土地。⑪蛴螬（qí cáo）：金龟子的幼虫，体白色，长寸许，常弯成马蹄形，以植物根茎为食。⑫胥：片刻，一会儿。⑬鸲掇（qú duō）：虫名。⑭乾馀（yú）骨：鸟名，即山鹊。⑮颐辂（lù）：蠛蠓一类的小昆虫。⑯黄轵（kuàng）：蠛蠓一类的小昆虫。⑰九猷（yóu）：昆虫名，一种成虫期寿命很短的小昆虫。⑱瞀芮（mào ruì）：即蚊子。⑲蠸（quán）：瓜中黄甲虫，亦称“黄守瓜”。⑳地皋（gāo）：草名，其根可作绛红色染料，古人认为这是动物膏血所化。㉑鹯（zhān）：猛禽名，亦称晨风，似鹞，以鸠、鸽、燕、雀为食。㉒蛤（gé）：即蛤蜊，软体动物，生活在近海泥沙中。㉓老羭（yú）：老母羊。㉔亶爰（chán yuán）：传说中的山名。㉕鶂（yì）：水鸟名，形似鸬鹚，善高飞，古人认为这种鸟无须交配，只要眼睛对视，即可卵孵化。㉖腰：指龟鳖之类。㉗稚蜂：蜂名，小蜂。㉘思士：思恋异性的男子。感：感应。㉙后稷生乎巨迹：相传有邰氏之女姜嫄踏上天帝的足迹，怀孕生子，因一度被弃，故又名弃，善于种植各种粮食作物，曾在尧舜时代当农官，教民耕种，故称“后稷”，被认为是开始种稷和麦的人。㉚伊尹生乎空桑：相传伊尹母亲在伊水居住，怀孕后梦见天神告诉他说：“石臼出水就往东走，千万别回头！”第二天她看见石臼里冒出水

来，便把情况告诉了相邻们，大家便往东逃去，跑出十里后回头看，村庄全被水淹没了，而伊尹的母亲因此变成了一棵中空的桑树。有莘氏女子采摘桑叶时，从树中得到一个小婴儿，便是后来殷汤的贤相伊尹。㉛厥昭：即蜻蛉虫。㉜醯（xī）鸡：是醋瓮中的蠛蠓，一种小飞虫，古人误认为尺酒醋上的白霉变成。㉝羊奚：草名。不笋：不生笋的老竹。㉞久竹：老竹。青宁：虫名，生于老竹根部。㉟程：豹子。㊱机：大道。

【译文】

列子在去往卫国的旅途中，在路边吃饭休息，跟从的弟子们看见路旁有一具百来年的死人头骨。列子拔去蓬草，指着骷髅，回头对他的弟子百丰说："只有我和他懂得万物既没有生，也没有死的道理。死亡果真令人忧愁吗？活着果真令人欢喜吗？物种之中都有它出生与复归的机遇：就像青蛙变为鹌鹑，一得到水又变化为细如断丝的𧄍草，在水土之间就

会长出青苔。生长在高旱之地，便长成为车前草。车前草得到了粪壤后，又变为乌足草。乌足草的根变为蛴螬虫，它的叶子则变为蝴蝶。蝴蝶很快就又变为虫子，如果生长在炉灶下，它的形状就会像蜕了皮一样，它的名字叫鸲掇虫。鸲掇虫过了一千天就变化成为鸟，它的名字叫乾馀骨。乾馀骨的唾沫变成为斯弥虫。斯弥虫又变成为醋上的颐辂虫。醋上的颐辂虫生出了醋上的黄軦虫，醋上的黄軦虫又生出了九猷虫，九猷虫生出了瞀芮虫，瞀芮虫又生出了萤火虫。羊肝变化为附在地面上的白气，马血转化为磷火，人血变为野外的鬼火。鹞鹰变为晨风鸟，晨风鸟变为布谷鸟，布谷鸟经过长时间变化又变为鹞鹰。燕子变为蛤蜊，田鼠变为鹌鹑，腐朽的瓜变为鱼，老韭菜变为苋菜，老母羊变为猿猴，鱼的卵又变为虫子。亶爰山上的兽自己怀孕而生崽叫做类，河泽中的鸟两两相望而生卵孵化，叫做鶂。全都是雌性的鱼类叫做大腰，全都是雄性的蜂类种群叫做稚蜂。单相思的男子，不娶妻子而有所感应；相思的女子，不嫁丈夫而自行怀孕。后稷因为母亲踏了天帝的脚印而出生，伊尹因为母亲梦见神仙而出生在中空的桑树中。蟵昭生在潮湿之处，蠛蠓生在酒醋之中。羊奚草与不长笋子的老竹混杂长在一起，不长笋子的老竹生出了青宁虫，青宁虫生出了豹子，豹子生出了马，马生出了人，人老了就返归自然之中。万物都产生于大道，又都复归于大道。”

【原典】

《黄帝书》曰：“形动不生形而生影，声动不生声而生响[①]，无动不生无而生有。”形，必终者也；天地终乎？与我偕终[②]。终进乎[③]？不知也。道终乎本无始，进乎本不久。有生则复于不生，有形则复于无形。不生者，非本不生者；无形者，非本无形者也。生者，理之必终者也。终者不得不终，亦如生者之不得不生。而欲恒其生，画其终[4]，惑于数也[5]。精神者，天之分[6]；骨骸者，地之分。属天清而散，属地浊而聚。精神离形，各归其真[7]，故谓之鬼。鬼，归也，归其真宅[8]。黄帝曰："精神入其门，骨骸反其根[9]，我尚何存？"

【注释】

①响：回响，回声。②偕：一同，一起。③进：通"尽"，穷尽。④画：截止，终结。⑤数：指自然的理数、法则。⑥分（fèn）：《释文》"分"作"久"，"又"字的形误，古代多以"又"为"有"，故"分"实为"有"。⑦真：指本源。⑧真宅：人死后的真正归宿，即所谓的"太虚之域"或"本原之地"。⑨根：地根，此处指物质的本源。

【译文】

《黄帝书》中说："形体运动不产生形体而产生影子，声音运动不产生声音而产生回响，虚无运行不产生虚无而产生实有。"有形之物是一定会终结的；那么天地会终结吗？和我一样有终结。终结有穷尽的时候吗？不知道。道终结在原来就没有开始的时候，穷尽在原来就没有形态的地方。有生命的事物将返回到没有生命的状态，有形状的事物将返回到没有形体的状态。没有生命的事物，并不是原来就没有生命；没有形状的事物，并不是原来就没有形状。一切有生命的事物，按照自然法则是必然要终结的。该终结的事物不得不终结，就像该存在的事物不能不存在一样。而要想使生命永远生存，制止它的终结，这是不懂得自然法则啊。精神，是天所具有的；骨骸，是地所具有的。属于天的清明而分散，属于地的混浊而凝聚。精神离开了形体，各自回到它原来的地方，所以称它为鬼。鬼，就是归，意思是回归到它原来的地方。黄帝说："精神进入天门，骨骸返回物质本原，我还有什么存在呢？"

【原典】

人自生至终，大化有四：婴孩也，少壮也，老耄也[①]，死亡也。其在婴孩，气专志一，和之至也；物不伤焉，德莫加焉[②]。其在少壮，则血气飘溢，欲虑充起[③]，物所攻焉，德故衰焉。其在老耄，则欲虑柔焉，体将休焉，物莫先焉；虽未及婴孩之全，方于少壮[④]，闲矣。其在死亡也，则之于息焉，反其极矣[⑤]。

【注释】

①老耄（mào）：年老，衰老。古代以八十、九十曰"耄"。②德：指具体事物从"道"得到的性质，是"道"的特征和体现。③欲虑：欲望。④方：比，比较。⑤极：归宿，指自然的本原。

【译文】

人从出生到死亡，大的变化有四个阶段：婴孩，少壮，老年，死亡。人在婴孩阶段，神气专注，意志专一，是身心最和谐的时候，外物不能伤害他，德行达到最高境界。人在少壮阶段，血气飘浮横溢，欲望充盈体内，外物便来侵扰他，德行也就开始衰败了。人在老年阶段，欲望不断减弱，身体将要休息，外物也就不和他争先了。这时的德行虽然还不如婴孩时的完备，但与少壮阶段相比要好些。人在死亡阶段，就到了完全休息的时候，返回到自然的本原了。

【原典】

孔子游于太山[①]，见荣启期行乎郕之野[②]，鹿裘带索[③]，鼓琴而歌。

孔子问曰："先生所以乐，何也？"

对曰："吾乐甚多：天生万物，唯人为贵；而吾得为人，是一乐也。男女之别，男尊女卑，故以男为贵；吾既得为男矣，是二乐也。人生有不见日月、不免襁褓者[④]，吾既已行年九十矣[⑤]，是

三乐也。贫者士之常也，死者人之终也。处常得终[⑥]，当何忧哉？”

孔子曰：“善乎！能自宽者也。”

【注释】

①太山：山名，即泰山。②荣启期：人名，春秋时的隐者。郕（chéng）：古邑名，在今山东宁阳东北。③鹿裘：鹿皮做的大衣，也泛指一般比较粗陋的皮衣，常用为丧服及隐士之服。带索：指腰间系着的绳索，形容贫寒清苦。④不见日月：指尚未出生就死去的胎儿。襁褓（qiǎng bǎo）：指背负婴儿用的带子和包裹婴儿的被子，后来以此借指未满周岁的婴儿。⑤行年：经历的年岁，指当时的年龄。⑥得：应作“待”，等待。

【译文】

孔子在泰山游览，看见荣启期在郕邑的郊外散步，身上穿着粗皮衣，腰上系着绳索带子，一边弹琴，一边唱歌。

孔子问道："先生这样快乐，是因为什么呢？"

荣启期回答说："我快乐的原因很多：大自然生育万事万物，只有人是最尊贵的；而我能够成为人，这是第一件值得快乐的事。人类中有男女的区别，男尊女卑；我能够成为一名男子，这是第二件值得快乐的事。人出生来到世上，有没有见到太阳月亮就在母亲腹中死去的，也有活了没多久，就死在襁褓之中的；而我已经活到了九十多岁，这是第三件值得快乐的事。贫穷是读书人的普遍现象；死亡是人的最终归宿，我安于贫困，等待死亡，还有什么可忧愁的呢？"

孔子说："好啊！真是一个能够自我宽慰的人啊。"

【原典】

林类年且百岁[①]，底春被裘[②]，拾遗穗于故畦[③]，并歌并进。

孔子适卫，望之于野，顾谓弟子曰："彼叟可与言者，试往讯之！"子贡请行[④]。

逆之垄端[⑤]，面之而叹曰："先生曾不悔乎，而行歌拾穗？"

林类行不留，歌不辍。子贡叩之不已[⑥]，乃仰而应曰："吾何悔邪？"

子贡曰："先生少不勤行，长不竞时[⑦]，老无妻子，死期将至，亦有何乐而拾穗行歌乎？"

林类笑曰："吾之所以为乐，人皆有之，而反以为忧。少不勤行，长不竞时，故能寿若此。老无妻子，死期将至，故能乐若此。"

子贡曰："寿者人之情[⑧]，死者人之恶。子以死为乐，何也？"

林类曰："死之与生，一往一反。故死于是者，安知不生于彼？故吾知其不相若矣，吾又安知营营而求生非惑乎[⑨]？亦又安知吾今之死不愈昔之生乎？"

子贡闻之，不喻其意[10]，还以告夫子。

夫子曰："吾知其可与言，果然；然彼得之而不尽者也。"

【注释】

①林类：人名，春秋时期的隐士，事迹不详。②底：尽头。被（pī）：通"披"，穿着。③故畦：庄稼收割后的田垄。④子贡：人名，孔子的弟子，姓端木，名赐，春秋时期卫国人。⑤逆：迎，接。⑥叩：叩问之意，即恭敬地询问。⑦竟时：竞争时运。⑧情：指人的欲望。⑨营营：苦苦追求奔逐的样子。⑩喻：理解，明白。

【译文】

林类的年纪将近一百岁了，到了春天还穿着粗皮衣，在割过麦子的田垄上拾取收割后遗留下来的麦穗，一边唱歌，一边往前走。

孔子前往卫国，在田野上看见了他。孔子回头对弟子们说："那位老人是个值得对话的人，谁愿意过去问问他？"

子贡请求前往。

子贡在田埂的一头迎面走去，对着林类感叹道："老先生没有后悔过吗，还边走边唱地拾麦穗？"

林类不停地往前走，歌声也没有停下来。子贡再三地向他询问，林类才抬头答复说："我有什么后悔的呢？"

子贡说："您少年时不努力作为，长大后又不争取时运，到老了没有妻子儿女，眼看着死期将要临近，有什么快乐值得您拾麦穗时边走边唱歌呢？"

林类笑着说："我快乐的原因，人人都有，但他们却反而以它们为忧愁。正因为我少年时不努力作为，长大后又不争取时运，所以才能这样长寿。正因为到老了还没有妻子儿女，死期也将要临近，所以才能这样快乐。"

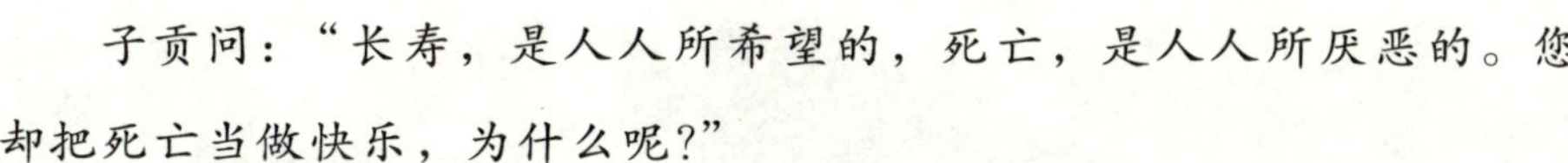

子贡问："长寿，是人人所希望的，死亡，是人人所厌恶的。您却把死亡当做快乐，为什么呢？"

林类说："死亡与生存，不过是一去一回。所以在这儿死去了，怎么知道不在另一个地方诞生呢？所以又怎么知道死与生是不一样的呢？我又怎么知道苦苦谋求生存不是一种糊涂呢？而且又怎么知道我现在的死亡不比过去活着更好些呢？"

子贡听了，不明白其中的意思，回来告诉了孔子。

孔子说："我知道这个人是值得对话的，果然是这样；可是他所掌握的道理还没有达到尽善的地步。"

【原典】

子贡倦于学，告仲尼曰："愿有所息。"

仲尼曰："生无所息。"

子贡曰："然则赐息无所乎？"

仲尼曰："有焉耳，望其圹[1]，睪如也[2]，宰如也[3]，坟如也，鬲如也[4]，则知所息矣。"

子贡曰："大哉死乎！君子息焉，小人伏焉。"

仲尼曰："赐！汝知之矣。人胥知生之乐[5]，未知生之苦；知老之惫，未知老之佚[6]；知死之恶，未知死之息也。晏子曰[7]：'善哉，古之有死也！仁者息焉，不仁者伏焉。'死也者，德之徼也[8]。古者谓死人为归人。夫言死人为归人，则生人为行人矣。行而不知归，失家者也。一人失家，一世非之；天下失家，莫知非焉。有人去乡土、离六亲、废家业、游于四方而不归者[9]，何人哉？世必谓之为狂荡之人矣。又有人钟贤世[10]，矜巧能、修名誉、夸张于世而不知已者，亦何人哉？世必以为智谋之士。此二者，胥失者也。而世与一不与一，唯圣人知所与，知所去。"

【注释】

①圹（kuàng）：墓穴，亦指坟墓。②睪（gāo）：通“皋”，指近水处的高地，形容高高的样子。③宰：指“冢”，坟墓。④鬲（lì）：古代炊具，形状像鼎而足部中空，这里取它中空的样子来形容坟墓。⑤胥：全，都。⑥佚：通“逸”，安逸。⑦晏子：人名，姓晏，名婴，字平仲，春秋时期齐国大夫。⑧徼（jiào）：即巡回之意，此处引申为循环、复归。⑨六亲：指父、母、兄、弟、妻、子。⑩钟：几种，专一。

【译文】

子贡对学习有些厌倦，便告诉孔子说：“我希望能休息一下。”

孔子说：“人生本来就没有什么休息的地方。”

子贡说：“那我就没有

休息的地方了吗？”

孔子说：“有是有的。你看那墓穴，高耸的，宽大的，隆起的，中间空而又与外界隔绝的样子，就知道休息的地方该在哪里了。”

子贡说：“死亡真伟大啊！君子在那里休息，小人在那里埋葬。”

孔子说：“赐！你终于明白了。人们都知道活着的快乐，却不知道活着的痛苦；都知道老年的疲惫，却不知道老年的安逸；都知道死亡的可恶，却不知道死亡是一种休息。晏子说：‘真好啊，自古以来就有死亡！仁慈的人在其中安息，不仁的人在其中埋葬。’所谓死亡，就是人的本性的回归。古人把死人叫做归人。称死人是归人，那么活着的人就是行人了。出行在外而不知道归返，就是抛弃家庭。一个人抛弃了家庭，所有世上的人都会责备他；天下的人都抛弃家庭，就没有人知道要去责备了。有的人离开了家乡，抛弃了亲人，荒废了家业，到处游荡而不知回归，这是怎样的人呢？世上的人一定会说他是放荡而疯狂的人。又有人热衷于安定贤明的盛世之治，自以为聪明能干，博取功名，到处夸耀自己而不知休止，这又是怎样的人呢？世人一定会认为他是有智慧谋略的人。这两种人，都是错误的。可世人都赞扬一个，反对一个，只有圣人才知道什么是应该赞扬的，什么是应该否定的。”

【原典】

或谓子列子曰：“子奚贵虚[①]？”

列子曰：“虚者无贵也。”

子列子曰：“非其名也，莫如静，莫如虚。静也虚也，得其居矣；取也与也，失其所矣。事之破砀而后有舞仁义者[②]，弗能复也。”

【注释】

①贵：看重，重视。②砀（huǐ）：即毁坏。舞：舞弄。

【译文】

有人对列子说："先生您为什么以虚无为贵呢？"

列子说："虚无本身是无所谓贵贱的。"

列子又说："要是排除人为的名义，就不如保持清静，保持虚无。清静与虚无，就掌握了道的真谛；争取与赞许，就丧失了人的本性。事物的本性被破坏以后，再来舞弄仁义的说教，事物是不能修复到原来的面貌的。"

【原典】

粥熊曰[①]："运转亡已[②]，天地密移，畴觉之哉[③]？故物损于彼者盈于此，成于此者亏于彼。损盈成亏，随世随死[④]。往来相接，间不可省[⑤]，畴觉之哉？凡一气不顿进[⑥]，一形不顿亏，亦不觉其成，亦不觉其亏。亦如人自世至老，貌色智态，亡日不异；皮肤爪发，随世随落，非婴孩时有停而不易也。间不可觉，俟至后知[⑦]。"

【注释】

①粥（yù）熊：即鬻熊，楚国君主的祖先，为周文王之师。粥：通"鬻"。②亡（wú）：无，没有。③畴觉：感觉，察觉。④世：生长。⑤间（jiàn）：间隙。省：发觉，觉察。⑥顿：突然。⑦俟（sì）：等待。

【译文】

鬻熊说："万事万物运动变化永不停止，天地也在悄悄地迁移变化，谁觉察到了呢？所以事物在那里亏损，就会在这里有盈余，在这里完成，就会在那里亏损。减损、盈余、成长、亏损，随时生长，随时消失。一往一来，相互衔接，一点间隙也看不出来，谁能感觉得到呢？所有的元气都不是突然增长的，形体也不是突然亏损的，所以我

们也就感觉不到它的成长，也不觉得它在亏损。这也正像人们从出生到衰老一样，容貌、神色、智慧、体态，没有一天不发生变化；皮肤、指甲、头发，随时生长，随时脱落，并不是在婴孩时就停顿而不再改变了。变化的过程一点也觉察不到，只有等到变化发展的结果出现后才明白。”

【原典】

杞国有人忧天地崩坠[①]，身亡所寄，废寝食者。又有忧彼之所忧者，因往晓之[②]，曰：“天，积气耳，亡处亡气。若屈伸呼吸，终日在天中行止，奈何忧崩坠乎?”

其人曰：“天果积气，日月星宿[③]，不当坠耶?”

晓之者曰：“日月星宿，亦积气中之有光耀者，只使坠，亦不能有气中伤。”

其人曰：“奈地坏何?”

晓者曰：“地积块耳，充塞四虚[④]，亡处亡块。若躇步跐蹈[⑤]，终日在地上行止，奈何忧其坏?”

其人舍然大喜，晓之者亦舍然大喜[⑥]。

长庐子闻而笑曰[⑦]：“虹蜺也[⑧]，云雾也，风雨也，四时也，此积气之成乎天者也。山岳也，河海也，金石也，火木也，此积形之成乎地者也。知积气也，知积块也，奚谓不坏?夫天地，空中之一细物，有中之最巨者，难终难穷，此固然矣；难测难识，此固然矣。忧其坏者，诚为大远[⑨]；言其不坏者，亦为未是。天地不得不坏，则会归于坏。遇其坏时，奚为不忧哉?”

子列子闻而笑曰：“言天地坏者亦谬，言天地不坏者亦谬。坏与不坏，吾所不能知也。虽然，彼一也，此一也。故生不知死，死不知生；来不知去，去不知来。坏与不坏，吾何容心哉[⑩]?”

【注释】

①杞（qǐ）国：古国名，都城在雍丘，在今河南杞县。崩坠：倒塌坠落。②晓：开导，告知使明白。③宿（xiù）：古代把天上星的位次称做"宿"。④四虚：指四方或四方天空。⑤躇（chú）步跐（cǐ）蹈：泛指人的站立行走。⑥舍（shì）然：即释然，形容疑虑消除。舍：通"释"。⑦长庐子：人名，战国时楚国人，著书九篇，属道家流派。⑧蜺（ní）：即霓，也称"副虹"，虹的一种。⑨大：通"太"。⑩容：放，挂。

【译文】

杞国有个人担忧天会塌下来，地会塌陷，自身没有可以寄托的地方，以至于睡不着觉，吃不下饭。又有一个人，为那个担忧天塌地陷的人而担忧，于是就前去开

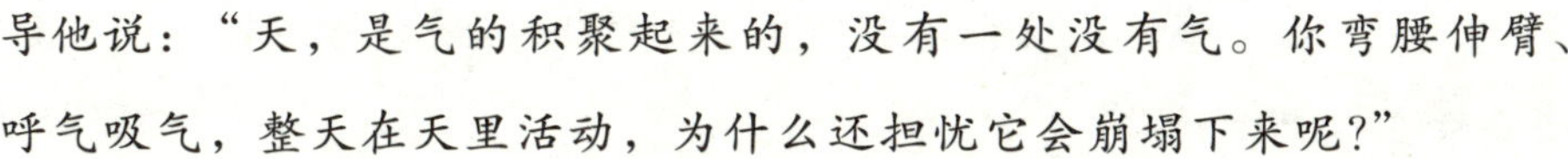

导他说："天，是气的积聚起来的，没有一处没有气。你弯腰伸臂、呼气吸气，整天在天里活动，为什么还担忧它会崩塌下来呢？"

那个杞国人说："天如果真的是气的积聚，那日月星辰不会掉下来吗？"

开导他的人说："日月星辰，也是积聚起来的气中有光亮的东西，即使掉下来，也不会有什么伤害。"

杞国人又说："那地陷下去怎么办呢？"

开导他的人说："地，是土块的积聚，土块充盈在四面八方，没有一处没有土块。你散步、行走、踩踏、蹦跳，整天在地上活动，为什么还担忧它会塌陷呢？"

杞国人听了消除了疑虑，十分高兴。开导他的人如释重负，也十分高兴。

长庐子听说这件事后，笑着说："虹霓呀，云雾呀，风雨呀，四季呀，这些是气在天上积聚而形成的。山岳呀，河海呀，金石呀，火木呀，这些都是有形的物体在地上积聚起来而形成的。既然懂得天是气的积聚，地是土块的积聚，为什么说它们不会毁坏呢？天地，是宇宙中的细微物体，却是有限空间中的最大物体。它们难以终结，难以穷尽，这是肯定的；难以推测，难以认识，这也是肯定的。担忧它会崩陷，实在是担忧得太远了；说它不会崩陷，也是不正确的。天地不可能不毁坏，最终总归是要坏的。如果遇到天崩地坠，怎么能不担忧呢？"

列子听到这件事后，笑着说："说天地会毁坏是荒谬可笑的，说天地不会毁坏也是荒谬可笑的。天地毁坏与不毁坏，是我们不可能知道的事情。既然如此，天地不会毁坏是一种可能，天地会毁坏也是一种可能。因此人活着不知道死后的事情，死了不知道生前的情景；未来不知道过去的事情，过去不知道未来的事情。毁坏与不毁坏，又何必要放在心上呢？”

【原典】

舜问乎烝曰[①]：“道可得而有乎？”

曰：“汝身非汝有也，汝何得有夫道？”

舜曰：“吾身非吾有，孰有之哉？”

曰：“是天地之委形也[②]。生非汝有，是天地之委和也。性命非汝有，是天地之委顺也。孙子非汝有，是天地之委蜕也。故行不知所往，处不知所持[③]，食不知所以。天地强阳[④]，气也，又胡可得而有邪？”

【注释】

①舜：传说中我国原始社会部落联盟首领，姓姚，称姚舜，又称虞舜。烝（chéng）：通“丞”，古代帝王的辅佐。②委：托付。③持：遵守。④强阳：意为运动不息。

【译文】

舜问烝说：“道可以获得并据为己有吗？”

烝回答说：“你的身体都不是你所据有的，你又怎么能据有道呢？”

舜问：“我的身体不属于我，那属于谁呢？”

烝回答说：“它是天地托付给你的形体。生命不属于你所有，它只是天地托付给你的和顺之气。性命不属于你所有，它只是天地托付给你的顺化之气。子孙后代也不属于你所有，他们只是天地把蜕变的生机托付给你的结果。所以行动不知道要到哪儿去，居住不知道保持处所，饮食不知道滋味。天地不停地运动，全是气的作用，大道又怎么能得到并据为己有呢？”

【原典】

齐之国氏大富，宋之向氏大贫；自宋之齐，请其术[①]。

国氏告之曰："吾善为盗。始吾为盗也，一年而给，二年而足，三年大穰[2]。自此以往，施及州闾[3]。"

向氏大喜。喻其为盗之言，而不喻其为盗之道。遂逾垣凿室[4]，手目所及，亡不探也[5]。未及时，以赃获罪，没其先居之财。

向氏以国氏之谬己也[6]，往而怨之。

国氏曰："若为盗若何？"向氏言其状。

国氏曰："嘻！若失为盗之道至此乎？今将告若矣。吾闻天有时，地有利。吾盗天地之时利，云雨之滂润[7]，山泽之产育，以生吾禾，殖吾稼，筑吾垣，建吾舍。陆盗禽兽，水盗鱼鳖，亡非盗也。夫禾稼、土木、禽兽、鱼鳖，皆天之所生，岂吾之所有？然吾盗天而亡殃。夫金玉珍宝，谷帛财货，人之所聚，岂天之所与？若盗之而获罪，孰怨哉？"

向氏大惑，以为国氏之重罔己也[8]，过东郭先生问焉[9]。

东郭先生曰："若一身庸非盗乎？盗阴阳之和以成若生，载若形；况外物而非盗哉？诚然，天地万物不相离也，仞而有之[10]，皆惑也。国氏之盗，公道也，故亡殃；若之盗，私心也，故得罪。有公私者，亦盗也；亡公私者，亦盗也。公公私私[11]，天地之德。知天地之德者，孰为盗耶？孰为不盗耶？"

【注释】

①术：指致富的方法。②穰（ráng）：庄稼丰收。③州闾：指乡里街坊。④逾垣：翻越矮墙。⑤亡（wú）：无，没有。探：这里指拿、取走。⑥谬：错误的，不合情理的，此处指欺骗，欺诈。⑦滂润：灌溉滋润。⑧罔：欺诈，蒙蔽。⑨东郭先生：人名，复姓东郭，名重，春秋时期齐国人。⑩仞：通"认"。⑪公公私私：前一个"公"、"私"为动词，后一个为名词。

【译文】

齐国的国氏非常富有，宋国的向氏非常贫穷。向氏从宋国跑到齐国，向国氏请教致富的方法。

国氏告诉他说："我善于偷盗。我开始偷盗时，一年就够自用，二年便很富足，三年后就家资阔绰了。从此以后，我还接济乡亲邻里。"

向氏听了非常高兴。但他只理解了国氏偷盗的话，却没有理解国氏所说的偷盗的道理。于是他就跳墙打洞，凡是手能摸到的，眼睛能看到的，没有一件不拿走的。没过多久，就因为被查出盗窃来的赃物而受到惩罚，并连先前积蓄的财产也被没收了。

向氏认为国氏欺骗了自己，就跑去埋怨国氏。

国氏问："你是怎么偷盗的呢？"向氏叙述了他偷

盗的情形。

国氏说："唉！你误解偷盗的方法竟到了这种程度吗？现在我来告诉你吧。我听说天有四季节令，地有物产资源。我偷盗的是天地的四季时令和物产资源，如云雨的滋润，山泽的特产，用来生育我的禾苗，繁育我的庄稼，建筑我的围墙，砌造我的房屋。在陆地上偷盗飞禽走兽，在水泊中偷盗鱼虾龟鳖，没有一样不是偷盗来的。禾苗、庄稼、土地、树木、禽兽、鱼鳖，都是自然界生成的，难道是属于我的？但是我偷盗自然界的物产就不会遭受祸患。金玉珍宝、谷布财物，都是别人所积聚，哪里是上天赐给你的呢？你偷盗它们而被问罪，又能怨谁呢？"

向氏听后更加迷惑，以为国氏又在欺骗自己，于是到东郭先生那里去请教。

东郭先生说："你整个的人难道不都是偷盗来的吗？偷盗了阴阳中和之气来成就你的生命，构成你的形体；又何况你身外之物，哪一样不是偷盗来的呢？的确，天地万物都互相联系，不能分离；把它们认做私有而占据，都是糊涂的做法。国氏的偷盗，符合公道，所以没有遭到灾祸；你的偷盗，出于私心，所以就被判了罪。为公或者为私，都是偷盗；不为公或者不为私，也是偷盗。把公有的东西视为公有的，把私有的东西视为私有的，这就是天地的德行。明白了天地的德行，那么还有谁是偷盗者呢？谁又不是偷盗者呢？"

相关链接

淡泊名利的庄子

庄子的朋友惠施当梁惠王宰相的时候，庄子前去看望他，有人在惠施面前挑唆说，庄子到梁国，是夺你的宰相之位来了。惠施慌忙派人在城里四处搜寻庄子。庄子无奈，只好坦然去见惠施，他给惠施讲了一个寓言："南方有一种鸟，名叫宛刍，你知道吗？宛刍从南海飞往北海，途中非梧桐树不栖，非竹子的果实不吃，非甜美的泉水不饮。有一只猫头鹰找到一只死耗子，宛刍刚好从空中飞过，猫头鹰便仰起头喊道：'啊，不要抢走我的死耗子啊'。"最后，庄子问惠施，现在你也想用梁国这只死老鼠来吓我吗？庄子借此表明：你惠施虽身居宰相的高位，但在我的眼中，也不过是那只找到死耗子的猫头鹰罢了，你就不要以小人之心，度君子之腹了。对于庄子来说，他的志向乃是"独与天地精神往来"，相比之下，浮名与富贵都不值得一提。因此，他曾拒绝楚王聘他为宰相的意图，表示自己宁肯做一只在泥水里曳尾而行的活龟，也不愿成为供奉在庙堂上的死龟。

清静无为的管宁

管宁拒绝公孙瓒授予的高位，管宁还谢绝了公孙瓒的挽留，不住公孙瓒为他准备好的华丽住宅，而决定到人迹罕至的深山定居度日。当时，来到辽东避难的士民百姓多居住在辽东郡的南部，以随时关注中原局势，准备在中原安定之后，返回故乡。独管宁定居于辽东北部深山，以表明终老于此，不复还家之志。他在入山之初，居住在临时依山搭建的草庐之中。然后，马上着手凿岩为洞，作为自己的永久居室。

管宁道德高尚，名闻遐迩。他在深山定居不久，许多仰慕他的人都追随他而到山中垦辟田地谋生。不久，在管宁定居的地方，居然鸡鸣狗叫，人烟稠密，自成邑聚。

管宁是笃信好学守死善道的儒生。他以为无论何时何地，都应该按照儒学礼制规范人们的言行。因而，在他的周围聚集了众多的避难

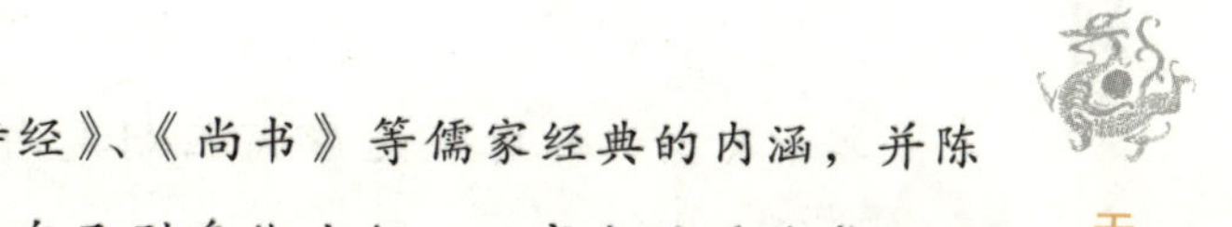

者之后，他就向人们宣讲《诗经》、《尚书》等儒家经典的内涵，并陈设俎豆，饰威仪，讲礼让。他自己则身体力行，以高尚的道德感化民众。在他们居住的深山中，地下水位很低，凿井不易。仅有的一口水井又很深，汲水困难。因此，每当打水人多的时候，总是男女错杂，有违儒家礼制。有时，还因此发生吵闹以及械斗之事。管宁看在眼里，忧在心中。于是，他自己出钱买了许多水桶，命人悄悄地打满水，分置井旁，以待来打水的人。那些年轻气盛的粗莽壮汉，见到井边常有盛得满满的水桶排列整整齐齐，个个惊奇万分。他们终于听到是管宁为避免邻里争斗而为之，不由得反躬自省而羞惭万分，遂各自责，相约不复争斗。从此之后，邻里和睦，安居乐业。

有一次，邻居家的一头牛，践踏管宁的田地，啃吃田中的禾苗。管宁没有把牛打跑，怕无人管束的牛被山中野兽咬死。他命手下人把牛牵到阴凉之处，饮水喂食，照料得比牛的主人还要细心。牛主失牛之后，到处寻找牛的下落。当他看到自己的牛非但没有被伤害，而且受到无微不至的照料。十分愧疚，千恩万谢地离去了。就这样，管宁以自己宽容礼让的节操感化了周围的民众。他的名声也传遍了辽东郡。原本因管宁不愿与自己合作而心怀不满，进而又对其来意疑虑重重的公孙瓒，也理解了管宁隐居求志的初衷，长舒了一口气，放下心来。

姜太公钓鱼，愿者上钩

姜太公，本名吕尚，姜姓，字子牙，后人多称其为姜子牙、姜太公，是辅佐周文王、周武王灭商的功臣，中国历史上著名的政治家、军事家和谋略家。

姜太公生活的时代是殷商王朝走向衰亡的时期，商纣王暴虐无道，荒淫无度，当时的朝政腐败，经济崩溃，民不聊生，怨声载道。姜太公是个有雄才大略的人，他胸怀济世之志，想施展自己的抱负，可是一直怀才不遇，穷困潦倒地过完了大半生。当他听说西部周国的贤主周文王姬昌为了治国兴邦，正在广求天下贤能之士时，便毅然离开商朝，来到渭水河畔的西周领地，栖身于磻溪，终日以垂钓之名来观望时局，希望能得到周文王的赏识，好辅佐他一统天下。

然而一般人都是用弯钩钓鱼，上面挂上香味的饵食，然后把它沉在水里，诱骗鱼儿上钩。但姜太公的钓钩却是直的，上面不仅不挂鱼饵，也不沉到水里，只垂在水面三尺高的地方。他还一边举着钓竿，一边自言自语地说："不想活的鱼儿呀，你们愿意的话，就自己上钩吧！"

一天，一个叫武吉的樵夫从溪边经过，见太公用不放鱼饵的直钩在水面上钓鱼，便对他说："老先生，像你这样钓鱼，一百年也钓不到一条的！"太公举了举鱼竿，笑着说："我不是为了钓鱼，而是为了钓到王与侯！"

太公奇特的钓鱼方法，渐渐流传开来，终于传到了周文王的耳朵里。周文王听说后感到很好奇，便派一名士兵去叫他来。但太公只顾自己钓鱼，并不理睬这个士兵，还自言自语道："钓啊，钓啊，鱼儿不上钩，虾儿来胡闹！"

周文王听了士兵的禀报后，又派一名官员去请太公。可是太公依然只顾自己钓鱼，还边钓边说："钓啊，钓啊，大鱼不上钩，小鱼别胡闹！"

周文王这才意识到，这个钓者一定是位贤才，便决定亲自去请他。周文王坐着车，带着他儿子和兵士到渭水边，看见姜太公正在一心一意地钓鱼。大队人马走过去，姜太公只当没看见，还是安安静静钓他的鱼，并在嘴里念道：“钓啊，钓啊，小鱼没来，大鱼来到，愿者上钩。”周文王听了这话感到很奇怪，心想，这不就是在说自己吗？于是走到姜太公跟前，对他作揖打躬，跟他攀谈起来。

经过一番谈话，周文王发现姜太公是一个眼光远大、学问渊博的能人。他上知天文，下晓地理，对政治、军事各方面都很有研究，特别是对当时的政治形势，分析得头头是道。姜太公认为纣王无道，商朝的天下不会长久了，应当有贤明的领袖带领大家来推翻它，建立一个新的王朝，让老百姓过上安居乐业的日子。

姜太公的话句句都说到了周文王的心里。他本来就是为了要推翻商朝，到处去寻找辅佐自己的贤圣，这眼前的姜太公，不就是自己要找的人吗？周文王恳切地对姜太公说："请您到我们那里去，帮助我们治理国家吧！"姜太公心里也十分高兴，从周文王的谈吐中，他发现周文王正是他想要寻找的明主，便答应了。

周文王带着姜太公回到京里，封他做了军师，领兵攻打殷纣王。后来，周文王死了，他又帮助文王的儿子武王姬发，灭掉了商朝，得了天下，他也被武王封于齐地，实现了自己建功立业的愿望。

黄帝篇

【题解】

黄帝，姬姓，又称轩辕氏或有熊氏，为炎黄部落的组织者、领导者，是传说中中华民族的祖先，以“清静无为”思想为治世主张，与老子共同被尊为道家学派的鼻祖。本篇介绍了十九个神话故事和寓言故事，都是以黄帝的“清静无为”为主旨，论述修养身心同认识和掌握自然之道的关系，并把它概括为“养生”、“体道”等，这十九个故事可以分为五个部分。第一部分包括“黄帝梦游华胥氏之国”、“列姑射神人”、“列子师老商”、“列子问关尹”、“列子为伯昏瞀人射”、“范氏子华”六个故事，“黄帝梦游华胥氏之国”的故事强调做事要顺应自然，人们不能悖逆的道理，后五个故事旨在强调顺乎自然而天容私，至诚至信可以感物。第二部分由“梁鸯饲虎”、“津人操舟”、“吕梁济水”、“口瘘承蜩”四个故事组成，通过对终日从事生产实践的劳动者的描写，进一步说明通过长期实践、不懈修养身心，才能获得对“至道”的直觉体验。第三部分由“海上沤鸟”、“赵襄子狩猎”、“神巫季咸”三个故事组成，旨在告诉人们养生之道在于“刳心去智”、“雕琢复朴”，不能任情背逆，不可有机心，应含藏己意，合同于物，真正做到“至言去言，至为无为”。第四部分由“列子之齐”、“杨朱之沛”、“杨朱过宋”三个故事和一篇“常胜之道”的说理文组成，旨

在说明个人的虚心态度是养生之道的重要内容，不能张扬，自以为是，应谦逊内敛，强调“盛德若不足”、“积于柔必刚，积于弱必强”的处世哲学。第五部分由“人兽之志同异”的论文和“狙公智拢群猴”、“纪渻子驯养斗鸡”、“惠盎见康王”三个故事组成，告诉人们要德行教化、涵养万物。贯穿全篇的要旨就是从斋心服形到救世济人，从而使“四境之内，皆得其利”，形成以智行教化，以教化涵养万物德行的智慧，如此，天下大志才能得以实现。

【原典】

黄帝即位十有五年，喜天下戴己[1]，养正命[2]，娱耳目，供鼻口，焦然肌色皯黣[3]，昏然五情爽惑[4]。又十有五年，忧天下之不治，竭聪明，进智力[5]，营百姓，焦然肌色皯黣，昏然五情爽惑。黄帝乃喟然赞曰：“朕之过淫矣[6]。养一己其患如此，治万物其患如此。”于是放万机，舍宫寝，去直侍[7]，彻钟悬[8]，减厨膳，退而闲居大庭之馆[9]斋心服形[10]，三月不亲政事。

昼寝而梦，游于华胥氏之国[11]。华

胥氏之国在弇州之西[12]，台州之北[13]，不知斯齐国几千万里[14]；盖非舟车足力之所及，神游而已。其国无帅长[15]，自然而已。其民无嗜欲，自然而已。不知乐生，不知恶死，故无夭殇[16]；不知亲己，不知疏物，故无爱憎；不知背逆，不知向顺，故无利害；都无所爱惜，都无所畏忌。入水不溺，入火不热。斫挞无伤痛[17]，指擿无痟痒[18]。乘空如履实，寝虚若处床。云雾不硋其视[19]，雷霆不乱其听，美恶不滑其心[20]，山谷不踬其步[21]，神行而已。

黄帝既寤，怡然自得，召天老、力牧、太山稽[22]，告之曰："朕闲居三月，斋心服形，思有以养身治物之道，弗获其术。疲而睡，所梦若此。今知至道不可以情求矣。朕知之矣！朕得之矣！而不能以告若矣。"

又二十有八年，天下大治，几若华胥氏之国，而帝登假[23]。百姓号之，二百馀年不辍。

【注释】

①戴：拥护，推崇，爱戴。②正命：泛指寿终而死，这里指性命。③焦然：形容面色憔悴的样子。焦：通"憔"。皯黣（gǎn měi）：面色枯焦黝黑。④五情：喜、怒、哀、乐、怨，泛指人的感情。爽惑：迷惑错乱。⑤进：通"尽"，竭尽。⑥朕：古人自称之词，自秦始皇起，专用为皇帝自称。淫：过多，过甚。⑦直侍：指贴身服侍帝王的侍从。⑧钟悬：指悬挂的钟磬之类的乐器。⑨闲居：独居，独处。大庭：亦作"大廷"，指古代朝廷的外廷，在中门外，大门内。⑩斋心：清除杂念，使心神凝寂。服形：使身心顺服于道。⑪华胥氏：神话传说中女娲和伏羲的母亲，是我国上古时期母系氏族部落的一位杰出的女首领。⑫弇（yǎn）州：古地名，据《淮南子·坠形训》："正西弇州曰并土"，此地应在中原的西北方向。⑬台州：古地名，据《淮南

子·坠形训》:“西北台州曰肥土”,此地应在中原的西北方向。⑭斯:距离。齐:通“脐”,引申为中央,中间。⑮帅长:指众官之长,此处指统治者。⑯夭殇(shāng):指未长大成人而死亡。⑰斫(zhuó):大锄,此处引申为用刀、斧等砍。挞:指用鞭棍等打人。⑱擿(zhì):搔爬。痟(xiāo):酸痛。⑲硋(ài):通“碍”,阻碍。⑳滑(gǔ):扰乱,迷惑。㉑踬(zhì):本指被东西绊倒,此处指阻挡,妨碍。㉒天老、力牧、太山稽:人名,传说中黄帝的三位辅弼之臣。㉓登假(xiá):犹言成仙而远去,古代对帝王的讳称。假:通“遐”。

【译文】

黄帝即位的十五年了,因受到天下百姓的拥戴而十分高兴,于是就注意调养身体,听音乐赏美景来娱悦耳目,嗅香气,食美味来满足鼻口,结果却弄得面色焦黄,形容憔悴不堪,头脑混乱,心绪迷乱。又过了十五年,他因忧虑天下得不到治理,于是竭尽聪明,用尽才智力量,治理百姓,结果同样是面色焦黄,形容憔悴不堪,头脑混乱,心绪迷乱。黄帝于是长叹道:“我的过失太严重了!只顾调养自己,出现的祸患是这样;用心治理天下,出现的祸患也是这样。”于是他抛弃了纷繁的政务,离开了宫殿寝室,摒弃了贴身侍从,撤掉了钟磬乐器,削减了美味膳食,隐退独居到外廷舍馆,清除心中杂念,降服形体欲望,三个月没有过问政务。

有一天,他在白天睡觉时做了个梦,梦见自己游历到了华胥氏国。华胥国在弇州的西面,台州的北面,不知离中国有几千万里远,不是乘船、坐车和步行所能到达的,只有神游才能到达罢了。那个国家没有君主和官长,一切听其自然。那里的百姓没有嗜好和欲望,一切顺其自然。他们不懂得以生存为快乐,也不懂得以死亡为可恶,所以没

有幼年死亡的人；人们不懂得偏爱自己，也不懂得疏远外物，所以没有喜爱与憎恨；不懂得背叛违逆，也不懂得趋附顺从，所以没有利益和祸害：他们全都没有喜爱与憎恨的情感，也没有什么值得畏惧与忌讳的。投入水中不会被淹死，踏进到火里不会烧伤。刀砍鞭打不会伤痛，指甲抓搔也不觉酸痒。飞腾空中就像脚踏实地，睡在虚无里就像躺在床上。云雾不能妨碍他们的视线，雷霆不能扰乱他们的听力，美丑不能迷惑他们的心志，高山深谷不能阻挡他们的脚步，一切都凭精神在运行而已。

黄帝从梦中醒来后，怡然自得，于是把天老、力牧和太山稽叫来，告诉他们说："我闲居了三个月，清除了心中的杂念，降服了形体的欲望，潜心思考如何修养身心、治理天下，但没能得到好的方法。后来我因疲倦而睡去，做了一个这样的梦。现在我才懂得最高深的道是不能通过寻求情理求得。我明白它了！我得到它了！但却无法把它告诉你们。"

又过了二十八年，天下大治，几乎和华胥国一样，可是黄帝却仙逝了，老百姓悲痛大哭，二百多年都不曾中断过。

【原典】

列姑射山在海河洲中①，山上有神人焉，吸风饮露，不食五谷；心如渊泉，形如处女；不偎不爱②，仙圣为之臣；不畏不怒③，愿悫为之使④；不施不惠，而物自足；不聚不敛，而已无愆⑤。阴阳常调，日月常明，四时常若⑥，风雨常均，字育常时⑦，年谷常丰；而土无札伤⑧，人无夭恶⑨，物无疵厉⑩，鬼无灵响焉⑪。

【注释】

①列姑射山：古代神话传说中的山名。海河洲：指黄河如海口的河州。②偎：紧挨着，亲密地靠着，这里指亲近的意思。③畏：通

“威”，威严。④愿悫（què）：忠厚诚实。⑤愆（qiān）：通“骞”，困顿，缺乏。⑥若：顺从。⑦字育：生育，养育。⑧札：指疫病，瘟疫。札伤：指因遭瘟疫而死。⑨夭恶：夭折，短命。⑩疵（cī）厉：灾害疫病。⑪灵响：灵验，应验。

【译文】

列姑射山在黄河入海口的河洲中，山上住着神人，他呼吸空气，饮用露水，不吃五谷；心灵如同虚静的深泉，形貌好似柔弱闺房少女。他不偏心不私爱，仙人和圣人都愿意做他的臣下；他不威严不愤怒，诚实与忠厚的人都甘心替他办事；他不施舍不恩惠，而食用都能自然充足；他不聚财不敛物，而自己的用度从来也不缺乏。那里的阴阳二气总是调和，太阳月亮总是明朗，春夏秋冬总是和顺，风霜雨雪总是均匀，孕育生长常年合节，五谷杂粮常年丰收；而且土地上没有瘟疫，人间没有夭折，万物没有灾患，连鬼怪也不能作祟。

【原典】

列子师老商氏[①]，友伯高子[②]，进二子之道[③]，乘风而归。

尹生闻之[④]，从列子居，数月不省舍[⑤]。因间请蕲其术者[⑥]，十反而十不告。尹生怼而请辞[⑦]，列子又不命。尹生退。数月，意不已，又往从之。

列子曰："汝何去来之频?"

尹生曰："曩章戴有请于子[⑧]，子不我告，固有憾于子。今复脱然[⑨]，是以又来。"

列子曰："曩吾以汝为达，今汝之鄙至此乎？姬[⑩]！将告汝所学于夫子者矣。自吾之事夫子友若人也，三年之后，心不敢念是非，口不敢言利害，始得夫子一眄而已[⑪]。五年之后，心庚念是非[⑫]，口庚言利害，夫子始一解颜而笑。七年之后，从心之所念，庚无是非；从口之所言，庚无利害，夫子始一引吾并席而坐。九年之后，横心之所念[⑬]，横口之所言，亦不知我之是非利害欤，亦不知彼之是非利害欤；亦不知夫子之为我师，若人之为我友：内外进矣。而后眼如耳，耳如鼻，鼻如口，无不同也。心凝形释[⑭]，骨肉都融；不觉形之所倚，足之所履，随风东西，犹木叶干壳，竟不知风乘我邪？我乘风乎？今女居先生之门，曾未浃时[⑮]，而怼憾者再三。女之片体将气所不受，汝之一节将地所不载。履虚乘风，其可几乎[⑯]?"

尹生甚怍[⑰]，屏息良久，不敢复言。

【注释】

①老商氏：人名，列子的老师。②伯高子：人名，列子的友人。③进：通"尽"，这里是完全掌握的意思。④尹生：姓尹的年轻人，

是列子的学生，即下文的章戴。⑤省（xǐng）：探望。舍：指尹生的家。⑥蕲（qí）：通“祈”，祈求。⑦怼（duì）：怨恨。⑧曩（nǎng）：以往，从前。⑨脱然：解脱轻快的样子。⑩姬（jū）：通“居”，坐下。⑪眄（miǎn）：斜着眼睛看。⑫庚：通“更”，表示出乎意料或常情之外，相当于“反而”“竟然”。⑬横（hèng）：放纵，恣肆。⑭心凝形释：精神凝聚，形体散释，指思想极为专注，简直忘记了自己身体的存在。⑮浃（jiā）时：指时间不长。⑯几（jì）：通“冀”，期望，盼望。⑰怍（zuò）：惭愧。

【译文】

列子拜老商氏为师，以伯高子为友；完全学到了二位的道术后，便乘风返回。

尹生听说这件事了，便去伴随列子居住，好几个月都不回家去看望家人。他趁机请教学习列子的道术，问了十次，列子十次都没有告诉他。尹生满腹怨气，请求离开，列子也不表态。尹生便回家了。几个月后，他想学道的念头难以消除，又前去跟随列子学习。

列子问：“你为什么来去这么频繁呢？”

尹生说：“从前我向您请教，您不肯告诉我，我当然对您有些怨气。现在我的怨气已经消散了，又同以往一样地轻快了，所以又回来了。”

列子说：“从前我以为你通达事理，现在才知道你竟然无知到了如此程度。坐下！我将把我在老师那里学习的东西告诉你。自从我拜老商氏为师、以伯高子为友，三年之后，心中不敢计较是与非，嘴上不敢言说利与害，才得到老师斜着眼睛看我一下罢了。五年之后，心中更加不敢计较是与非，嘴上更加不敢言说利与害，老师这才开始舒展笑容对我笑了笑。七年之后，我随着心灵去思考，反而觉得没有什么是与非；顺从口舌去言说，反而觉得没有什么利与害；老师这才开始让我和他并席而坐。九年之后，我放纵心灵去计较，放纵口舌去言说，也不知道自己的是非利害，也不知道别人的是非利害；也不知道老商氏是我的老师，也不知道伯高子是我的朋友；身心内外完全融合于大道了。从此以后，我的眼睛就像耳朵一样，耳朵就像鼻子一样，鼻子就像嘴巴一样，没有什么区别了。我的心灵凝聚，形体消散，骨肉相互融合；感觉不到形体所依赖的，脚下所踩踏的，只是随风飘游四方，就像枯木的落叶或竹笋的干壳一样。竟然不知道是风驾驭着我呢？还是我驾驭着风？现在你在我的门下，还没几天的时间，就怨恨了好几次。你身体的任何一片肤体都不会被元气所接受，你身体的任何一根肢节都不会被大地所负载。想要脚踏虚空，驾驭风云，哪里指望得

上呢？”

尹生听后，非常惭愧，好长时间都不敢大声出气，也不敢再说什么。

【原典】

列子问关尹曰①：“至人潜行不空②，蹈火不热，行乎万物之上而不栗。请问何以至于此？”

关尹曰：“是纯气之守也③，非智巧果敢之列。姬！鱼语女④。凡有貌像声色者，皆物也。物与物何以相远也？夫奚足以至乎先⑤？是色而已⑥。则物之造乎不形，而止乎无所化。夫得是而穷之者，焉得而正焉？彼将处乎不深之度⑦，而藏乎无端之纪⑧，游乎万物之所终始。壹其性，养其气，含其德，以通乎物之所造。夫若是者，其天守全，其神无郤⑨，物奚自入焉？夫醉者之坠于车也，虽疾不死。骨节与人同，而犯害与人异，其神全也。乘亦弗知也，坠亦弗知也。死生惊惧不入乎其胸，是故遻物而不慴⑩。彼得全于酒而犹若是，而况得全于天乎？圣人藏于天，故物莫之能伤也。”

【注释】

①关尹：人名，姓尹，曾经是函谷关尹，故称关尹，是战国时期的道家人物，他的基本思想和老庄一样。②至人：道家用以代指道德最高的人。潜行：在水下行走。空：通“窒”，窒息。③纯气：纯和之气，指阴阳两气变化所产生的、构成人的自然质性的纯净和气。④鱼：通“余”，即我。⑤先：指未始有物之先。⑥色：指拘于色相之物。⑦彼：指至人。深：通“淫”，过度，超过节制。⑧无端之纪：指无首无尾的大道。⑨郤（xì）：通“隙”，空隙。⑩遻（è）：遇到。

【译文】

列子问关尹说：“道德修养达到最高境界的人，在水中潜行不会

窒息，在火中踩踏不会感到炽热，在万物之上行走而不恐惧。请问他们是如何达到这种程度的呢?”

关尹说：“这是能够保持纯正平和之气的缘故，而不是靠着智巧和果敢所能办到的。坐下！我告诉你。凡是有相貌、形状、声音、色彩的，都是物。物与物为什么会差别很大呢？物怎么能达到未始有物的至虚境界呢？这些都是拘于色相之物罢了。而道能达到不露形迹与永不变灭的境地。掌握这条自然之道并能深究其道的人，外物怎么能阻止和左右他呢？他处于大道的尺度内，隐藏于无首无尾的大道中，游于万事万物赖以生存的大道之境。纯化他的本性，颐养他的精气，保持他的德操，与产生万物的大道相通。像这样的人，他的天性能保持完善，他的精神不会有间隙，外物又怎么能侵入呢？喝醉酒的人从车上坠下，虽然有伤却不会丧命。他的骨骼与别人相同，而损伤却比别人轻，就是因为他心神完善的缘故。坐车没有知觉，跌落也没有知觉。死亡、生存、惊恐、惧怕等念头都没有进入到他的心中，所以遇到任何事情都感到不害怕。那种因为醉酒而使心神得到保全的人尚且如此，更何况靠自然之道获得神全的人呢？圣人把心神隐藏在自然之道中，所以任何外物都不能伤害他。”

【原典】

列御寇为伯昏无人射，引之盈贯[①]，措杯水其肘上，发之，镝矢复沓[②]，方矢复寓。当是时也，犹象人也[③]。

伯昏无人曰：“是射之射，非不射之射也。当与汝登高山，履危石[④]，临百仞之渊[⑤]，若能射乎?”于是无人遂登高山，履危石，临百仞之渊，背逡巡[⑥]，足二分垂在外，揖御寇而进之[⑦]。御寇伏地，汗流至踵。

伯昏无人曰：“夫至人者，上窥青天，下潜黄泉，挥斥八极[⑧]，神气不变。今汝怵然有恂目之志[9]，尔于中也殆矣夫[10]！”

【注释】

①引：开弓。盈贯：拉满弓弦，使弓弯到盈满的程度。②镝（dí）矢：箭头，亦指箭，此处用作动词，发箭。沓：会合。③象人：指木偶人，泥人。④危：高耸。⑤仞：古代计量单位，周尺八尺或七尺为一仞，周尺一尺约为二十三厘米。⑥逡巡：因为有所顾虑而徘徊不前，这里指退行、后退的样子。⑦揖：揖弓，即向列御寇让弓。⑧挥斥：放纵，奔放。⑨怵（chù）然：恐惧害怕的样子。恂（xún）目：眨眼。⑩殆：本义为危险，这里引申为相差得很远。

【译文】

列御寇为伯昏无人表演射箭，他拉满了弓弦，把装满水的杯子放在肘臂上，然后射出箭去，一箭连着一箭，前一箭刚射出，后一箭又扣在弦上。在这个时候，他像木偶一样一动不动。

伯昏无人说：“你这只是运用技巧的有心射箭，并没有达到无心射箭而射箭的地步。如果我和你一起登上高山，脚踩高耸的岩石，身临万丈深渊，你还能射吗？”于是伯昏无人就登上高山，踩着高耸的岩石，身临万丈深渊，背对着深渊往后退，双脚已有三分之二悬在岩石之外，便向列御寇让弓，请他上来射箭。列御寇吓得趴倒在地，冷汗一直流到了脚后跟。

伯昏无人说：“道德修养达到最高境界的人，上能窥视青天，下能潜行到黄泉，精神自由放纵于八方，神色和气度都不会改变。现在你却恐惧地直眨眼，你于射箭之道还是相差得很远啊！”

【原典】

范氏有子曰子华[1]，善养私名[2]，举国服之；有宠于晋君，不仕而

居三卿之右[③]。目所偏视，晋国爵之；口所偏肥[④]，晋国黜之。游其庭者侔于朝[⑤]。子华使其侠客以智鄙相攻，强弱相凌。虽伤破于前，不用介意。终日夜以此为戏乐，国殆成俗。

禾生、子伯、范氏之上客。出行，经坰外[⑥]，宿于田更商丘开之舍[⑦]。中夜，禾生、子伯二人相与言子华之名势，能使存者亡，亡者存；富者贫，贫者富。商丘开先窘于饥寒，潜于牖北听之[⑧]。因假粮荷畚之子华之门[⑨]。

子华之门徒皆世族也，缟衣乘轩[⑩]，缓步阔视[⑪]。顾见商丘开年老力弱，面目黎黑[⑫]，衣冠不检，莫不眲之[⑬]。既而狎侮欺诒[⑭]，攩抋挨扰[⑮]，亡所不为。商丘开常无愠容[⑯]，而诸客之技单[⑰]，惫于戏笑。

遂与商丘开俱乘高台，于众中漫言曰："有能自投下者赏百金。"众皆竞应。商丘开以为信然，遂先投下，形若飞鸟，扬于地[⑱]，骪骨无砀[⑲]。范氏之党以为偶然，未讵怪也[⑳]。

因复指河曲之淫隈曰[㉑]："彼中有宝珠，泳可得也。"商丘开复从而泳之。既出，果得珠焉。众昉同疑。子华昉令豫肉食衣帛之次[㉒]。

俄而范氏之藏大火。子华曰："若能入火取绵者，从所得多少赏若。"商丘开往无难色，入火往还，埃不漫，身不焦。

范氏之党以为有道，乃共谢之曰："吾不知子之有道而诞子[㉓]，吾不知子之神人而辱子。子其愚我也，子其聋我也，子其盲我也，敢问其道。"

商丘开曰："吾亡道。虽吾之心，亦不知所以。虽然，有一于此，试与子言之。曩子二客之宿吾舍也[㉔]，闻誉范氏之势，能使存者亡，亡者存；富者贫，贫者富。吾诚之无二心，故不远而来。及来，以子党之言皆实也，唯恐诚之之不至，行之之不及，不知形体之所措，利害之所存也，心一而已。物亡迕者[㉕]，如斯而已。今昉知子党之诞我，我内藏猜虑，外矜观听，追幸昔日之不焦溺也，怛然内热[26]，惕然震悸矣[27]。水火岂复可近哉?”

自此之后，范氏门徒路遇乞儿马医，弗敢辱也，必下车而揖之。

宰我闻之[28]，以告仲尼。仲尼曰：“汝弗知乎？夫至信之人，可以感物也。动天地，感鬼神，横六合[29]，而无逆者，岂但履危险、入水火而已哉？商丘开信伪物犹不逆，况彼我皆诚哉？小子识之!”

【注释】

①范氏：春秋时期晋国六大贵族之一。②私名：私客，指寄食于贵族豪门的人士。③卿：古代高级长官或爵位的称谓。右：古代以右为上位，意为地位高贵。④肥（bǐ）：轻视，鄙薄。⑤侔（móu）：相等，等列。⑥坰（jiōng）：离城远的郊野。⑦田更（gēng）：种田的老人。更：通“叟”，老头儿。⑧牖（yǒu）北：朝北的窗户。⑨假：借。畚（běn）：用草绳做成的器具，这里指用来装行李的草筐。⑩缟衣：白色的绢布衣裳。轩：古代一种前顶较高而有帷幕的车子，比较华丽，供高官乘坐。⑪缓步：徐步，慢性。阔视：指放眼四看，形容大方而有气派。⑫黎黑：黑色，亦作“黧黑”。⑬眲（nè）：轻视。⑭狎侮：轻慢侮辱。诒（dài）：欺骗。⑮攩（tǎng）：捶打。挡（bì）：推击。挨：推搡。抌（dǎn）：推，击背。⑯愠（yùn）容：愤怒、怨恨的神色。⑰单：通“殚”，竭尽，完。⑱扬于地：飘飘摇摇地落到地面。⑲骪：通“肌”。砀（huǐ）：毁坏，败坏。⑳讵（jù）：通“巨”，大。㉑河曲：河流迂曲的地方。淫隈（wēi）：很深的水湾。㉒昉（fǎng）：曙光初现，引申为开始，方才。豫：通“与”，参与。㉓诞：欺诈，欺骗。㉔曩（nǎng）：以往，以前，过去的。㉕迕（wǔ）：违背，阻碍，这里是触犯、损害的意思。㉖怛（dá）然：忧伤、痛苦的样子。内热：指内心焦灼不安。㉗惕然：恐惧、惊恐的样

子。震悸（jì）：震惊，因害怕而心悸。㉘宰我：人名，即宰予，春秋时期鲁国人，字子我，孔子的学生。㉙六合：即上、下、东、南、西、被，泛指天地或宇宙。

【译文】

范家有个儿子叫子华，喜欢招养游士门客，全国的百姓都屈服于他的势力；他很受晋国国君的宠爱，虽然不做官，但地位却在当时的三位公卿之上。只要是被他所看重的人，朝廷就赐予爵位；只要是被他所鄙夷的人，晋国就会立即罢免。往来于他厅堂上议事的人同朝廷上的人一样多。子华叫他的门客们互相斗智斗勇，强者与弱者互相凌辱。即使在他面前打得头破血流，他也毫不放在心上。他整天整夜以此游戏取乐，几乎形成国中的一时风气。

禾生和子伯两人是范家

的上等门客。一次出外游玩，经过荒远的郊野，借宿在老农商丘开的家里。半夜，禾生与子伯两人谈论子华的名声权势，他能使活着的人死去，使该死的人活下来；能使富有的人贫困，使贫困的人富有。商丘开正好过着饥寒交迫的日子，躲在北边的窗下听到了他们的谈话。于是就借了粮食，挑上竹筐来到了子华的门下。

子华的门客都出身于世家大族，身穿白色绢衣，乘坐在宽敞华丽的马车上，走路昂首阔步，眼睛只朝天看。他们看见商丘开年老体弱，面色黧黑，衣冠不整，没有一个不轻视他的。接着就戏弄他、侮辱他、欺骗他，又捶打、推搡，无所不为。商丘开却没有一点恼怒的样子，而那些门客们的手段使完了，戏笑也闹得累了。

于是，他们就带着商丘开一起登上高台，人群中有人随意说："有能从高台上跳下去，就奖赏一百金。"大家都争着响应。商丘开信以为真，于是抢先从高台上跳了下去，身姿像一只飞鸟，飘飘摇摇地落到了地面，肌肉骨骼都没有损伤。范家的门客以为这是偶然现象，并不觉得太奇怪。

便又指着河道弯曲的深水处说："那里有宝珠，游过去就可以摸到。"商丘开又听从他们的话，跳到了水里。等他游出水面后，果然得到了宝珠。大家这才开始疑惑，子华也才让他加入食肉穿绸的上等门客行列。

不久，范家的仓库发生大火。子华说："谁能钻进火里取出绸缎，就根据取出的数量来赏赐他。"商丘开钻进了大火中，毫无难色，他在火中来回几次，烟尘没有玷污脸面，身体也没有被烧焦。

范家的门客以为他有道术，于是一齐向他道歉说："我们不知道您有道术而欺骗了您，我们不知道您是神人而侮辱了您。您就把我们当成愚蠢的人，当成聋子，当成瞎子吧。我们大胆地向您请教道术。"

商丘开说："我没有道术。就是我自己心里也不知道这是怎么缘故。尽管这样，这里还是有一点道理可以试着对你们说一说的。过去你们中有两位门客住在我的家中，听到他们赞誉范氏的权势，能够使活着的人死去，该死的人活下来；富有的人贫困，贫困的人富有。对此我没有一点怀疑，所以不怕路途遥远来到这里。我到了这里后，把你们的话都当做实话，唯恐相信得不够，行动得不快，所以顾不上我的身体处在什么境地，也不考虑利害在哪里。只是专心罢了。外物不能阻碍我、伤害我，如此而已。现在我才知道你们是在欺骗我，于是我心中便满怀猜测与疑虑，外面还要注意察言观色，又回想过去侥幸没有被烧死、淹死，回想起来心中还惊愕焦灼，全身战栗发抖，又怎能再靠近水火呢？"

从此以后，范家的门客在路上遇到乞丐和马医等这些穷人，再也不敢侮辱了，一定要下车向他们拱手行礼。

宰我听说了这件事，就来告诉孔子。孔子说："你不知道吗？最诚心的人，是可以感化万物的。他们可以惊动天地，感动鬼神，纵横天下而没有阻碍他们的东西，何止是身临险境、出入水火呢！商丘开相信那些虚假的事物尚且遭不到阻碍，又何况你我都是那么诚心诚意呢！学生们，你们要牢牢记住！"

【原典】

周宣王之牧正有役人梁鸯者[①]，能养野禽兽，委食于园庭之内[②]，虽虎狼雕鹗之类[③]，无不柔驯者。雄雌在前，孳尾成群[④]，异类杂居，不相搏噬也[⑤]。王虑其术终于其身，令毛丘园传之[⑥]。

梁鸯曰："鸯，贱役也，何术以告尔？惧王之谓隐于尔也，且一言我养虎之法。凡顺之则喜，逆之则怒，此有血气者之性也。然喜怒岂妄发哉？皆逆之所犯也。夫食虎者，不敢以生物与之，为其杀之之

怒也；不敢以全物与之，为其碎之之怒也。时其饥饱[7]，达其怒心[8]。虎之与人异类，而媚养己者，顺也；故其杀之，逆也。然则吾岂敢逆之使怒哉？亦不顺之使喜也。夫喜之复也必怒，怒之复也常喜，皆不中也。今吾心无逆顺者也，则鸟兽之视吾，犹其侪也[9]。故游吾园者，不思高林旷泽；寝吾庭者，不愿深山幽谷[10]，理使然也。”

【注释】

①周宣王：西周国王，名靖，周厉王之子，公元前828—前782年在位。牧正：古代官名，牧官之长，主管畜牧。役人：供役使的人。②委：委托，此处引申为投送。食（sì）：喂养，喂食。③鹗（è）：鸟类的一种，又名“鱼鹰”，一种大型无害的鹰，背深褐色，腹部白色，性凶猛，常活动于江河海滨，善于捕食鱼类。④孳（zī）尾：动物交配繁殖。孳：生息，繁殖。尾：交合。

⑤搏噬（shì）：搏斗噬咬。⑥毛丘园：人名，姓毛，名丘园。⑦时：通“伺”，伺候。⑧达：顺导。⑨侪（chái）：同辈，同类。⑩愿：思恋。

【译文】

周宣王时的牧正手下有个仆役叫梁鸯，能够饲养野生的飞禽走兽，他在园庭中喂养它们，即使是猛虎、豺狼、雕鹰、鹗鸟之类的禽兽，没有不被驯养得柔顺的。这些雌雄禽兽交配繁殖，生育的后代成群结队，不同种类的禽兽混杂居住在一起，不互相搏斗噬咬。周宣王担心这种驯养技术在梁鸯身上终结，便命令毛丘园向他学习。

梁鸯说：“我不只过是一个低贱的仆役，有什么技术可传授给你呢？但又怕大王说我对你隐瞒技术，那就和你谈谈驯养老虎的方法吧。凡是顺着它就高兴，逆着它就发怒，这是有血气的动物的本性。但高兴与愤怒难道会无端发作吗？都是因为违背它的习性所导致的。喂养老虎，我不敢用活的动物喂它，因为它在奋力咬杀活物时就会诱发怒气；我也不敢用整个动物喂它，因为它使劲撕碎动物时也会诱发怒气。要知道它饥饱的时刻，摸透它发怒的条件。虎与人是不同的种类，虎讨好喂养它的人，是因为喂养的人顺着它的缘故；之所以它伤害人，是因为人们违逆了它的性情。既然这样，我哪里敢违逆它使它发怒呢？当然我也不是一味地顺着它使它高兴。因为高兴到了一定程度就会发怒，发怒到了一定程度就会高兴，都是不得当不适宜的缘故。现在我的心里没有违逆它也不顺从它的想法，这样飞禽走兽对待我，就像对待它们的同类一样。所以在我的庭园中游走的禽兽，不思念高大的树林和空旷的湖泊；在我的庭园中睡觉的禽兽，不怀恋深山和幽谷，这正是由于上述道理而使它们这样的。”

【原典】

颜回问乎仲尼曰[①]："吾尝济乎觞深之渊矣[②]，津人操舟若神[③]。吾问焉，曰：'操舟可学邪?'曰：'可。能游者可教也，善游者数能[④]。乃若夫没人[⑤]，则未尝见舟而谡操之者也[⑥]。'吾问焉，而不告。敢问何谓也?"

仲尼曰："譆[⑦]！吾与若玩其文也久矣[⑧]，而未达其实，而固且道与？能游者可教也，轻水也；善游者之数能也，忘水也。乃若夫没人之未尝见舟也而谡操之也，彼视渊若陵，视舟之覆犹其车却也。覆却万物方陈乎前而不得入其舍[⑨]，恶往而不暇？以瓦抠者巧[⑩]，以钩抠者惮，以黄金钩抠者惛[⑪]。巧一也，而有所矜[⑫]，则重外也。凡重外者拙内。"

【注释】

①颜回：人名，名回，字子渊，春秋时期鲁国人，孔子的学生。②济：渡。觞深：深潭名，因其形状像酒杯而得名。觞：古代盛酒的酒器。③津人：摆渡的人。操舟：驾驶船只。④数能：很快能学会。数：通"速"，迅速。⑤没人：善于潜水的人。⑥谡（sù）：立即。⑦譆（yī）:感叹词，与"噫"、"唉"同。⑧玩：研习，探讨。文：书本上的道理。⑨方：并列。⑩抠（kōu）：古代的一种搏戏，即对方将物品藏起来，另一方伸手摸取，相当于"藏钩"。⑪惛（hūn）：通"昏"，迷乱，糊涂。⑫矜：顾忌。

【译文】

颜回问孔子说："我曾坐船渡过一个叫做觞深的深渊，摆渡的人划船技术神妙得很。我问他：'划船技术可以学吗?'他说：'可以。能游泳的人可以教会，善于游泳的人很快就能学会。至于那些善于潜

水的人，即使从未见过船也能立刻学会驾驭它。’我问他原因，他就不回答了。请问先生，他这是什么意思呢？”

孔子说：“唉！我和你研习书本上的知识已经很久了，但并未掌握实际经验，又何况要掌握道的本身呢？会游泳的人可以教会他，是因为他不怕水；善于游泳的人很快就能学会，是因为他不把水放在心上。至于那些会潜水的人，即使从未见过船，也能立即学会驾驭它，是因为他把深渊看成是土山，把渡船的倾覆看成是上坡的车子向后退一样。万物倾覆倒退同时呈现在他面前，他都会镇定自若，不放心上，遇到什么情况不从容不迫呢？用瓦片搏戏的人就会心思灵巧，用铜带钩搏戏的人就会有所恐惧，用黄金搏戏的人就会心智混乱。赌博的技巧是一样的，却有所顾虑，是因为看重身外之物的缘故。凡是看重身外之物的人，内心就会笨拙。”

【原典】

孔子观于吕梁[1]，悬水三十仞[2]，流沫三十里，鼋鼍鱼鳖之所不能游也[3]。见一丈夫游之[4]，以为有苦而欲死者也，使弟子并流而承之[5]。数百步而出，被发行歌而游于棠行[6]。

孔子从而问之曰：“吕梁悬水三十仞，流沫三十里，鼋鼍鱼鳖所不能游。向吾见子道之[7]，以为有苦而欲死者，使弟子并流将承子。子出而被发行歌，吾以子为鬼也。察子，则人也。请问蹈水有道乎？”

曰：“亡，吾无道。吾始乎故，长乎性，成乎命。与齎俱入[8]，与汩偕出[9]，从水之道而不为私焉，此吾所以道之也。”

孔子曰：“何谓始乎故，长乎性，成乎命也？”

曰：“吾生于陵安于陵，故也；长于水而安于水，性也；不知吾所以然而然，命也。”

【注释】

①吕梁：地名，在今徐州附近。②悬水：瀑布。仞：古代计量单位。③鼋（yuán）：鳖的一种，爬行动物，外形像龟，生活在水中，短尾，背甲暗绿色。鼍（tuó）：即扬子鳄，俗称"猪婆龙"，爬行动物，吻短，体长两米多，背部、尾部均有鳞甲，穴居在江河岸边，皮可以蒙鼓。④丈夫：古代称成年男子为"丈夫"。⑤并流：靠近岸边，顺流游去。承（zhěng）：通"拯"，救。⑥棠行：即塘下，堤岸下面。⑦道：通"蹈"，踏，踩。⑧齎（qí）：通"齐"，即"脐"，中央。⑨汩：向上涌出的水流。

【译文】

孔子在吕梁山观赏风景，看到瀑布从三十仞高的地方飞流直下，激起的泡沫溅出三十里，鼋鼍鱼鳖都不能游过。他看见一个成年男人在水中游泳，以为他是遭遇困苦而想自杀的人，便叫弟子顺着水流去救他。男子潜游了几百步之后才浮出水面，披散着头发边走边唱歌，在河堤下漫步。

孔子赶上去问他说："吕梁的瀑布从三十仞高的地方飞流直下，激起的泡沫溅出三十里，鼋鼍鱼鳖都不能游过。刚才我看见你跳进水里，以为你遭遇困苦而想自杀，便叫弟子顺着水流去救你。你却浮出水面，披散着头发边走边唱，我还以为你是鬼呢。但仔细一看原来是人。请问游泳有道术吗？"

那男子回答说："没有，我没有什么道术。我开始于本然，再顺着天性成长，最终就成就自然天命了。我和漩涡一起卷入水中，与涌出的流水一起浮出水面，顺着水的流动方向而不凭个人的主观意愿而游。这就是我游泳时所遵循的方法。"

孔子问："什么叫做开始于本然，再顺着天性成长，最终成就自然天命呢？”

那男子回答说：“我出生在高地而习惯于高地，这就是安于本然；我长在水边而习惯于水边，这就是顺着天性成长；我不知道我为什么这样做而去做了，这就是顺应自然天命。”

【原典】

仲尼适楚，出于林中，见痀偻者承蜩[①]，犹掇之也[②]。

仲尼曰：“子巧乎！有道邪？”

曰：“我有道也。五六月，纍垸二而不坠[③]，则失者锱铢[④]；纍三而不坠，则失者十一；累五而不坠，犹掇之也。吾处也，若橛株驹[⑤]；吾执臂若槁木之枝。虽天地之大、万物之多，而唯蜩翼之知。吾不反不侧，不以万物易蜩之翼，何为而不得？”

孔子顾谓弟子曰："用志不分，乃凝于神。其痀偻丈人之谓乎！"

丈人曰[6]："汝逢衣徒也[7]，亦何知问是乎？修汝所以[8]，而后载言其上[9]。"

【注释】

①痀偻（jū lǚ）：弯腰驼背的老人。承蜩（tiáo）：指用粘蝉翼的方法捕蝉。蜩：蝉。②掇：拾取。③絫（lěi）：同"累"。垸：通"丸"，小圆球形状的物体。④锱铢（zī zhū）：古代计量单位，比喻极其微笑的数量。⑤橛：竖立。株驹：即株构，断树桩。驹：通"枸"，指树木的根干部分。⑥丈人：古代对老年男子的尊称。⑦逢衣：通"逢掖"，古代读书人穿的一种袖子宽大的衣服，后作为儒生的代称。⑧修：清洗，清除。⑨载：通"再"。

【译文】

孔子到楚国去，经过一片树林时，看见一位驼背的老人在粘蝉，就像在地上捡东西一样容易。

孔子说："您的技术太巧妙了！这里面有什么道术吗？"

老人回答说："我是有道术的。经过五六个月，我练到在竿头子上能累加两颗弹丸而不会掉下来，那么粘蝉失手的次数就很少了；累加三颗而不会掉下来，那么粘蝉失手的次数只有十分之一；累加五颗而不会掉下来，那么粘蝉就像在地上捡东西一样了。我站在地上，像残断的树桩那样静止不动，我伸出手臂就像枯槁的树枝。虽然天地很大，万物很多，而我只知道有蝉翼。我不会因为纷杂的万物分散我对蝉翼的注意力，怎么会粘不到蝉呢？"

孔子回过头对弟子们说："心志专一而不分散，精神凝聚专一就会达到神妙的境界，这就是这位驼背老人所说的道理啊！"

老人说："你们是穿着儒服的读书人，怎么也要来问这些事呢？

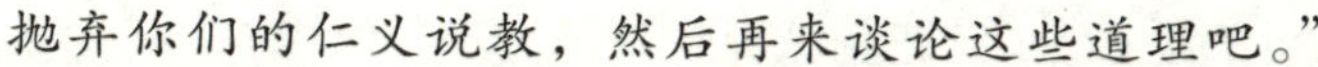

抛弃你们的仁义说教，然后再来谈论这些道理吧。”

【原典】

海上之人有好沤鸟者[1]，每旦之海上，从沤鸟游，沤鸟之至者百住而不止[2]。其父曰：“吾闻沤鸟皆从汝游，汝取来，吾玩之。”明日之海上，沤鸟舞而不下也[3]。

故曰：至言去言，至为无为。齐智之所知[4]，则浅矣。

【注释】

①沤（ōu）：通“鸥”，海鸥。②住：通“数”。③舞：这里指飞翔。④齐（jì）：限定。

【译文】

海边有一个喜欢海鸥的人，每天早上都到海上去，跟海鸥一起玩耍，飞来玩的海鸥有上百只不止。他父亲说：“我听说海鸥都跟你一起玩耍，你抓几只来，让我也玩玩。”第二天他来到海上，海鸥都在空中飞翔而不肯下来。

所以说，最精妙的语言是不用语言来表达，最高尚的作为是没有作为。只局限于一个人的智巧所知，那就非常浅薄了。

【原典】

赵襄子率徒十万[1]，狩于中山[2]，藉芿燔林[3]，扇赫百里[4]。有一人从石壁中出，随烟烬上下。众谓鬼物。火过，徐行而出，若无所经涉者。襄子怪而留之，徐而察之：形色七窍，人也；气息音声，人也。问奚道而处石？奚道而入火？

其人曰：“奚物而谓石？奚物而谓火？”

襄子曰：“而向之所出者，石也；而向之所涉者，火也。”

其人曰：“不知也。”

魏文侯闻之[5]，问子夏曰[6]："彼何人哉？"

子夏曰："以商所闻夫子之言，和者大同于物，物无得伤阂者。游金石，蹈水火，皆可也。"

文侯曰："吾子奚不为之？"

子夏曰："刳心去智[7]，商未之能。虽然，试语之有暇矣。"

文侯曰："夫子奚不为之？"

子夏曰："夫子能之而能不为者也。"

文侯大说。

【注释】

①赵襄子：人名，名无恤，春秋时期晋国大夫，战国时期赵国的创始人，赵简子之子。②狩：打猎，古代指冬天打猎。③藉芿（jiè rèng）：践踏乱草。燔（fán）：焚烧。④扇赫：此处指火焰炽烈旺盛。⑤魏文侯：人名，姓毕，名都，战国时期魏国的建立者，公元前446—前396年在位。⑥子夏：人名，姓卜，名商，春秋时期晋国人，一说卫国人，孔子的学生。⑦刳（kū）：从中间挖空，剔净，此处指摒弃杂念，是心空虚无执。

【译文】

赵襄子率领十万人在中山国境内打猎，践踏杂草，烧毁树林，炽烈的火势绵延百里。有一个人从石壁中走出来，跟随着烟火灰烬上下窜动，大家以为是鬼怪。火势过去以后，那个人慢慢地走出来，好像刚才什么也没有经历过一样。赵襄子感到奇怪，便把他留下来，慢慢地观察他：形貌、肤色与七窍是人的样子；呼吸、声音也是人的样子。于是问他："什么道术能使你待在石壁中？什么道术能使你走进火中？"

那人说："什么东西叫做石壁？什么东西叫做火焰？"

赵襄子说："你刚才走出来的地方就是石壁，你刚才所踩过的东西就是火焰。”

那人说：“不知道。”

魏文侯听说这件事后，问子夏说：“那是个什么样的人？”

子夏说：“我听孔子说过，得中和之气的人，能够与万物完全统一，万物就不会伤害与阻碍他。所以在金石中游玩，在水火中踩踏，都是可以做到的。”

魏文侯问：“您为什么不这样做呢？”

子夏说：“摒除杂念，抛弃思虑，我还不能办到。即使这样，但试着谈谈这些道理还是可以的。”

魏文侯说：“孔子为什么不这样做呢？”

子夏说：“孔子能够办得到，但他更不能去这样做。”

魏文侯听了，十分高兴。

【原典】

有神巫自齐来处于郑[①]，命曰季咸[②]，知人死生、存亡、祸福、寿夭，期以岁、月、旬、日[③]，如神。郑人见之，皆避而走。

列子见之而心醉，而归以告壶丘子，曰："始吾以夫子之道为至矣，则又有至焉者矣。"

壶子曰："吾与汝无其文，未既其实，而固得道与？众雌而无雄，而又奚卵焉？而以道与世抗，必信矣[④]。夫故使人得而相汝。尝试与来，以予示之。"

明日，列子与之见壶子。出而谓列子曰："嘻！子之先生死矣，弗活矣，不可以旬数矣。吾见怪焉，见湿灰焉[⑤]。"列子入，涕泣沾襟，以告壶子。

壶子曰："向吾示之以地文[⑥]，罪乎不誫不止[⑦]，是殆见吾杜德幾也[⑧]。尝又与来！"

明日，又与之见壶子。出而谓列子曰："幸矣！子之先生遇我也，有瘳矣[⑨]。灰然有生矣，吾见杜权矣[⑩]。"列子入告壶子。

壶子曰："向吾示之以天壤[⑪]，名实不入，而机发于踵，此为杜权。是殆见吾善者幾也[⑫]。尝又与来！"

明日，又与之见壶子。出而谓列子曰："子之先生坐不斋[⑬]，吾无得而相焉。试斋，将且复相之。"列子入告壶子。

壶子曰："向吾示之以太冲莫眹[⑭]，是殆见吾衡气幾也。鲵旋之潘为渊[⑮]，止水之潘为渊，流水之潘为渊，滥水之潘为渊[⑯]，沃水之潘为渊[⑰]，氿水之潘为渊[⑱]，雍水之潘为渊[⑲]，汧水之潘为渊[⑳]，肥水之潘为渊[㉑]，是为九渊焉。尝又与来！"

明日，又与之见壶子。立未定，自失而走。壶子曰："追之！"列子追之而不及，反以报壶子，曰："已灭矣，已失矣，吾不及也。"

壶子曰："向吾示之以未始出吾宗。吾与之虚而猗移[㉒]，不知其谁何，因以为茅靡[23]，因以为波流，故逃也。”

然后列子自以为未始学而归，三年不出，为其妻爨[24]，食豨如食人[25]，于事无亲，雕瑑复朴[26]，块然独以其形立[27]；份然而封戎[28]，壹以是终。

【注释】

①神巫：巫师，古代自称能以舞蹈降神的人，主职奉祀天帝鬼神及为人祈福禳灾，并兼事占卜、星历之术。②命：取名，命名。季咸：人名，姓季名咸，巫师，传说为春秋时期郑国人。③期：语言。岁月旬日：预定的某年、某月、某旬、某日。④信：通“伸”，表露，呈现。⑤湿灰：如湿灰不能复燃，指死亡之症，绝无生机可望。⑥地文：土地的纹理、外貌。⑦誫：通“震”，动。⑧殆：仅仅。杜：闭塞。⑨瘳（chōu）：疾病痊愈。⑩杜权：闭塞中显出一点活力。⑪天壤：指天上地下之间变化生长的气象。⑫善者幾（jī）：指生意萌动的机兆。幾：通“机”，机兆。⑬不齐：指精神、气色变化不定。⑭太冲：极度虚静。莫眹：没有任何固定的迹象。眹：通“朕”，征召，迹象。⑮鲵（ní）：此处泛指大鱼，如鲸之类。潘：回旋的深水。⑯滥水：泛涌而上的水流。⑰沃水：下注的水流。⑱氿（guǐ）水：从侧面流出的水流。⑲雍水：指泛滥决出水道后又回流的水。⑳汧（qiān）水：从地下冒出来后又积止的水。㉑肥水：不同源而后合流的水。㉒虚而猗（wēi）移：即“虚而委蛇”。虚：无所执著。猗移：通“委蛇”，委曲顺从的样子。㉓茅靡（mǐ）：指如茅草随风而伏的样子。㉔爨（cuàn）：烧火做饭。㉕食豨（xī）：喂猪。豨：大猪。㉖雕瑑（zhuàn）：雕琢，刻镂。㉗块然：无情无知的样子。㉘份（fēn）然：混乱、杂乱的样子，指外部世界万象纷呈。封戎：散乱的样子。

【译文】

有一个神巫从齐国来到郑国居住，名字叫季咸，能够测知人的生死存亡、祸福夭寿，并能预测出哪年、哪月、哪旬、哪日发生，无不准确如神。郑国人见了他，都躲开他跑得远远的。

列子见到他，却佩服得五体投地，并回来把这事告诉了壶子，说："原来我以为您的道术是最高深的了，没想到现在又出现了比您的道术更高深的人。"

壶子说："我教授给你的仅仅是道的外表，还没有教授给你道的实际内容，你就认为掌握道的根本了吗？只有许多雌性动物而没有雄性动物，又怎么能生出卵来呢？你拿表面之道去同世俗的东西周旋，必然会暴露出内心的真情，所以容易让人看透而为你相面。你请他到我这里来试试，让他给我看看相。"

第二天，列子和季咸一起来见壶子。季咸出来后对列子说："唉！你的先生将要死了，不能活了，过不了十几天了。我看他神色怪异，就像湿灰一样毫无生机。"列子走进屋，悲伤哭泣，眼泪湿透了衣襟，把季咸的话告诉了壶子。

壶子说："刚才我把寂静的心境显示给他看，茫然无知，不动不止，他这只是看见了我身心机制受塞的一方面。再请他来一趟吧！"

第二天，季咸又随列子来见壶子。季咸出来后对列子说："幸运啊！你的先生遇到了我，可以痊愈了。他全身都有生机了，我看见他闭塞的生机在萌动了。"列子进去把这话告诉了壶子。

壶子说："刚才我显示给他看的是天地间变化生长的气象，虚名实利都不能侵入，而生机从脚跟慢慢升起，这就是闭塞的生机在萌动，这是他看到我生机萌动的征兆了。再请他来一趟吧！"

第二天，季咸又随列子来见壶子。季咸出来后对列子说："你的

先生坐在那里神情恍惚不定，我没法给他看相。等他心神安定之后，我再给他看相。”列子进去把这番话告诉了壶子。

壶子说：“刚才我显示给他看的是没有任何迹象的极度虚静，所以他看到了心气平稳的机兆了。鲸鱼盘旋的深水成为深渊，静止的水成为深渊，流动的水成为深渊，泛涌而上的水成为深渊，下注的回旋的水流成为深渊，从侧面涌出的水成为深渊，决出水道而又回流的水成为深渊，从地下涌出后积止的水成为深渊，不同源头而后合流的水成为深渊，这是九种深渊。再请他来一趟吧！”

第二天，列子又带季咸来见壶子。季咸还没有站稳，就惊慌失色地逃走了。壶子说：“追上他！”列子没追上，回来报告壶子说：“已经不见了，已经不知去向了，我追不上他。”

壶子说：“刚才我显示给他看的是我还不曾从道的本原中产

生出来的样子。我只是显示出新低虚寂而随物顺化的样子，他搞不清我究竟是怎么回事，只看见我像草一样随风而倒，像波浪一样顺水流动，所以他就逃走了。”

从这以后，列子才明白自己还没有学到什么，便返回到家中，三年不出门，替妻子烧火做饭，喂猪像伺候人一样周到，对任何事物都没有偏爱，不事雕琢而返璞归真，无知无情的像槁木死灰一样，在纷繁的琐事中能封闭心窍而不被干扰，专心守一，直到终身。

【原典】

子列子之齐，中道而反，遇伯昏瞀人。

伯昏瞀人曰：“奚方而反?”

曰：“吾惊焉。”

“恶乎惊?”

“吾食于十浆[①]，而五浆先馈。”

伯昏瞀人曰：“若是，则汝何为惊已?”

曰：“夫内诚不解[②]，形谍成光[③]，以外镇人心，使人轻乎贵老，而整其所患[④]。夫浆人特为食羹之货，多余之赢；其为利也薄，其为权也轻，而犹若是，而况万乘之主，身劳于国，而智尽于事。彼将任我以事，而效我以功，吾是以惊。”

伯昏瞀人曰：“善哉观乎！汝处已，人将保汝矣。”

无几何而往[⑤]，则户外之屦满矣[⑥]。伯昏瞀人北面而立，敦杖蹙之乎颐[⑦]，立有间，不言而出。宾者以告列子[⑧]。列子提履徒跣而走[⑨]，暨乎门[⑩]，问曰：“先生既来，曾不废药乎[⑪]?”

曰：“已矣。吾固告汝曰：人将保汝，果保汝矣。非汝能使人保汝，而汝不能使人无汝保也，而焉用之感也？感豫出异。且必有感也，摇而本身，又无谓也。与汝游者，莫汝告也。彼所小言[⑫]，尽人毒也[13]。莫觉莫悟，何相孰也[14]。”

【注释】

①十浆：十家卖浆的店铺。浆：比较浓的液体，这里特指酒浆。②内诚：内心的情欲。③形：形体容貌。谍：通“渫”，泄。④整(jī)：招致。⑤无几何：不多时。⑥屦(jù)：古代用麻葛制成的一种鞋。⑦敦：拄，支撑。蹙(cù)：皱。颐：面颊，腮，此处指下巴。⑧宾者：即傧者，替主人导引宾客的人。⑨徒跣(xiǎn)：光着脚行走。⑩暨(jì)：到、至。⑪废：通“发”，发放。药：药石。废药：用来比喻规劝别人改过的话。⑫小言：细巧而不合大道的言论。⑬人毒：毒害人心的东西。⑭相孰：犹相善，互相得益。孰：善。

【译文】

列子到齐国去，半路上又返了回来，遇见伯昏瞀人。

伯昏瞀人问：“为什么中途就回来呢？”

列子说：“我感到吃惊。”

“为什么感到吃惊？”

“我曾到十家卖酒浆的店铺里喝酒，其中就有五家赠送给我。”

伯昏瞀人问：“原来如此，这有什么值得你吃惊的呢？”

列子说：“心中的情欲没有完全消融，形态举止就会媚俗，外表也会呈现出光彩，靠这外貌来压服人心，使人们轻易地把自己视为老者而被尊重，从而招致祸患。那些卖酒浆的人只是做点羹食的小买卖，赚些多余的利润；他们的盈利很少，他们的权势也很小，尚且如此尊敬我。又何况拥有万乘兵车的君主，他们为国事操劳，为事业耗尽心智；他们一定会把重任交给我而要我建功效力，所以我感到吃惊。”

伯昏瞀人说：“你真会观察问题啊！你等着吧，人们将会归附你的。”

没过多久，伯昏瞀人去列子家，看到门外都摆满了摆放着的鞋子。伯昏瞀人面向北站着，竖着拐杖支撑着下巴。站了一会儿，没有说话就走了。接待宾客的人把这事告诉了列子。列子提着鞋子，光着脚跑出来，追到大门口，问道："先生既然来了，就不说几句启发训导我的话吗？"

伯昏瞀人说："算了吧！我原来就是来告诉你说，人们将会归附于你，果然归附你了吧。这并不是你有能力使别人归附于你，而是你没有能力使别人不归附于你。那你用什么办法去感召别人呢？靠讨取别人的欢心而表现得与众不同。倘若一定要用感召的方法，那就会动摇你的本性，这就更没有意义了。同你交往的人，没有人会告诉你。他们所说的那些细巧之言，都是毒害人心的话。没有人能够从中觉悟，又怎么能互相获得教益呢？"

【原典】

杨朱南之沛[①]老聃西游于秦[②]，邀于郊。至梁而遇老子。老子中道仰天而叹曰："始以汝为可教，今不可教也。"杨朱不答。

至舍，进涫漱巾栉[③]，脱履户外，膝行而前，曰："向者夫子仰天而叹曰：'始以汝为可教，今不可教。'弟子欲请夫子辞，行不间，是以不敢。今夫子间矣，请问其过。"

老子曰："而睢睢[④]而盱盱[⑤]，而谁与居？大白若辱[⑥]，盛德若不足。"

杨朱蹴然变容曰[⑦]："敬闻命矣。"

其往也，舍者迎将家[⑧]，公执席，妻执巾栉，舍者避席[⑨]，炀者避灶[⑩]。其反也，舍者与之争席矣。

【注释】

①杨朱：人名，字子居，战国时期卫国人。沛：地名，在今江苏

徐州。②老聃：即老子，姓李名耳，字聃，楚国苦县厉乡曲仁里人，是我国古代伟大的哲学家和思想家、道家学派创始人。③涫（guàn）：通“盥”，盥洗，这里指洗脸洗手用的水。栉（zhì）：梳篦。④睢睢（suī suī）：张目，傲视貌。⑤盱盱（xū xū）：张目，直视貌。⑥辱：黑。⑦蹴（cù）然：惭愧不安的样子。⑧舍者：旅舍中的所有人。⑨避席：古代人席地而坐，离席而立，表示敬意。⑩炀（yàng）者：灶下烧火的人，即炊夫。

【译文】

杨朱向南到沛地去，老聃西游到秦地，相约一起从郊外的小路出发。到了梁地遇到了老子。老子在半路上仰天长叹道：“起初我以为你是可以教导的，现在看来是不可教导的了。”杨朱没有说话。

到了旅舍中，杨朱给老子送上洗脸水、漱口水，以及毛巾和梳子，把鞋子脱在门外，双膝跪地前行到老子面前说：“刚才先生您仰天长叹道：‘起初我以为你是可以教导的，现在看来是不可教导的了。’我想请教您这句话的含义，但忙于赶路，所以没敢打搅。现在您有空闲了，请问我哪里做错了。”

老子说：“你一副趾高气扬、盛气凌人的样子，谁还愿意和你相处呢？一生清白的人应该觉得仍有污点，真正道德高尚的人应该仍以谦恭卑下自居。”

杨朱听后，满面羞愧地说：“敬听先生的教诲了。”

杨朱前往沛地去，旅舍中的所有人都来迎送他，旅舍主人为他安排坐席，旅舍女主人为他拿来毛巾和梳子，先到的旅舍客人恭敬地离席起立，炊夫离开灶火。当他从沛地回来的时候，旅舍的客人们便和他争抢坐席了。

【原典】

杨朱过宋[①]，东之于逆旅。逆旅人有妾二人，其一人美，其一人恶；恶者贵而美者贱。杨朱问其故。逆旅小子对曰[②]：“其美者自美，吾不知其美也；其恶者自恶，吾不知其恶也。”

杨子曰：“弟子记之！行贤而去自贤之行，安往而不爱哉？”

【注释】

①宋：古国名，处建都商丘，战国初期迁至彭顺，包括今河南东部和山东、江苏、安徽等地。②逆旅：客舍，旅店。小子：指旅舍主人。

【译文】

杨朱经过宋国，向东投宿到一家旅舍。旅舍主人有两个小妾，

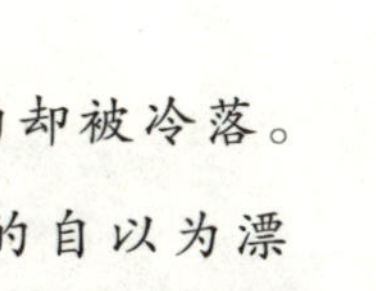

其中一个漂亮，一个丑陋；丑陋的受主人尊宠，而漂亮的却被冷落。杨子问这是什么缘故，旅舍的主人回答说：“那个漂亮的自以为漂亮，我并不觉得她漂亮；那个丑陋的自以为丑陋，我并不觉得她丑陋。”

杨子说：“弟子们记住！品行高尚而又能去掉自以为高尚之心的人，到哪里会不受人尊重呢？”

【原典】

天下有常胜之道，有不常胜之道。常胜之道曰柔，常不胜之道曰强。二者亦知[①]，而人未之知。故上古之言：强，先不已若者[②]；柔，先出于己者。先不已若者，至于若已，则殆矣。先出于己者，亡所殆矣。以此胜一身若徒[③]，以此任天下若徒，谓不胜而自胜，不任而自任也。

粥子曰[④]：“欲刚，必以柔守之；欲强，必以弱保之。积于柔必刚，积于弱必强。观其所积，以知祸福之乡[⑤]。强胜不若已，至于若已者刚[⑥]；柔胜出于已者，其力不可量。”

老聃（dān）曰：“兵强则灭。木强则折。柔弱者生之徒，坚强者死之徒。”

【注释】

①亦：当做“易”，容易。②先：指外界的事物。③若徒：如果徒役，意为甘心为下。④粥（yù）子：即鬻熊。⑤乡：通“向”，走向，趋势。⑥刚：应为“戕”，残害。

【译文】

天下有常胜的道，有不常胜的道。常胜之道叫做柔弱，不常胜之道叫做刚强。二者显而易见，但人们却多不之道。所以上古时的有句

话说：依靠刚强，可以战胜力量不如自己的；依靠柔弱，可以战胜力量超过自己的。只战胜力量不如自己的，等到他们的力量与自己相当了，就危险了。战胜力量超过自己的，就没有危险了。用来战胜身心的是这个道理，用来应付天下的也是这个道理，这叫做无意取胜却自然就已战胜，无意胜任却自然就已胜任。

鬻子说过：“要想刚，必须要坚守柔；要想强，必须要保持弱。柔软积聚起来一定刚硬，虚弱积聚起来一定坚强。观察他所积蓄的，就可以知道祸福的发展方向了。依靠刚强战胜力量不如自己的，等到他的力量与自己相当就会受挫折；靠柔弱战胜力量超过自己的，力量便不可估量。”

老子说：“兵马强大就会被消灭，树木强硬就会被折断。柔弱是生存的道路，坚强是死亡的途径。”

【原典】

状不必童[①]而智童；智不必童

而状童。圣人取童智而遗童状[2]，众人近童状而疏童智。状与我童者，近而爱之；状与我异者，疏而畏之。有七尺之骸[3]，手足之异，戴发含齿[4]，倚而趣者，谓之人；而人未必无兽心。虽有兽心，以状而见亲矣。傅翼戴角[5]，分牙布爪，仰飞伏走，谓之禽兽；而禽兽未必无人心。虽有人心，以状而见疏矣。庖牺氏、女娲氏、神农氏、夏后氏[6]，蛇身人面，牛首虎鼻：此有非人之状，而有大圣之德。夏桀、殷纣、鲁桓、楚穆[7]，状貌七窍，皆同于人，而有禽兽之心。而众人守一状以求至智，未可几也[8]。黄帝与炎帝战于阪泉之野，帅熊、罴、狼、豹、貙、虎为前驱[9]，雕、鹖、鹰、鸢为旗帜[10]，此以力使禽兽者也。尧使夔典乐[11]，击石拊石[12]，百兽率舞；箫韶九成[13]，凤皇来仪[14]：此以声致禽兽者也。然则禽兽之心，奚为异人？形音与人异，而不知接之之道焉。圣人无所不知，无所不通，故得引而使之焉。禽兽之智有自然与人童者，其齐欲摄生[15]，亦不假智于人也[16]：牝牡相偶[17]，母子相亲；避平依险，违寒就温；居则有群，行则有列；小者居内，壮者居外；饮则相携，食则鸣群。太古之时，则与人同处，与人并行。帝王之时，始惊骇散乱矣。逮于末世[18]，隐伏逃窜，以避患害。今东方介氏之国[19]，其国人数数解六畜之语者[20]，盖偏知之所得。太古神圣之人，备知万物情态，悉解异类音声。会而聚之，训而受之，同于人民。故先会鬼神魑魅[21]，次达八方人民，末聚禽兽虫蛾。言血气之类心智不殊远也。神圣知其如此，故其所教训者无所遗逸焉。

【注释】

①童：通“同”，下文“童”皆此义。②遗：放弃，不取。③骸：指身体。④戴发含齿：长着头发和牙齿。⑤傅：附着。戴角：头顶上生角。⑥庖（páo）牺氏：即伏羲氏，也称牺皇，神话中的人类始祖，

聪慧过人，相传其人首蛇身，与其妹女娲成婚而产生人类。女娲氏：中华上古之神，人首蛇身，为伏羲之妹，起初以泥土造人，创造人类社会并建立婚姻制度，而后世间天塌地陷，于是炼五彩石补天。神农氏：别名五谷帝仙，传说是农业和医药的发明者，曾尝百草，教人治病。夏后氏：古代部落名，禹是这个部落的首领，后由他的儿子启建立夏朝，一般便以夏后氏称禹。⑦夏桀（jié）：又名履癸，夏朝末代君主，文武双全，赤手可以把铁钩拉直，但荒淫无度，暴虐无道，是历史上著名的暴君，在位52年，国亡后被放逐而饿死。殷纣：即帝辛，名纣，商朝末代君主，著名的暴君。鲁桓：即鲁桓公，姓姬，名子允，春秋时期鲁国国君，谋杀其兄鲁隐公而自立。楚穆：即楚穆王，熊氏，名商臣，春秋时期楚国国君，逼死其父楚成王而自立。⑧几：通“冀”，希望，期待。⑨罴（pí）：熊的一种，哺乳动物，体大肩部隆起，能爬树、游水，掌和肉可以食用，皮可以做褥子，胆可入药。貙（chū）：古书上说的一种似狸而大的猛兽。前驱：先头部队，先锋。⑩鹖（hé）：鸟名，一种像雉而善斗的鸟。鸢（yuān）：鸟鸣，鹰类猛禽。⑪尧：人名，姓伊祁，名放勋，传说中陶唐氏部落首领。夔（kuí）：人名，相传为尧、舜时的乐官。典乐：官名，掌管朝廷的音乐事务。⑫击石拊石：敲打石磬。石：石制的磬，悬于架上，打击而鸣。拊：轻轻拍打。⑬箫韶：相传为舜时的乐舞。⑭凤皇来仪：凤凰来舞，仪表非凡，古代指吉祥的征兆。⑮齐：都。摄生：保养身体，养生。⑯假：通“遐”，远。⑰牝牡（pìn mǔ）：鸟兽的雌性和雄性。⑱逮：到，及。⑲介氏之国：虚构的国名。⑳数数（shuò shuò）：急迫的样子。六畜：指鸡、犬、牛、马、羊、猪六种家畜。㉑魑魅（chī mèi）：古代传说中能害人的山泽鬼怪。

形貌不一定相同而心智相同；心智不一定相同而形貌相同。圣人选取心智相同而遗弃形貌相同，世人却接近形貌相同而疏远心智相同。形貌与自己相同的，便亲近并且喜爱他；形貌与自己不同的，便疏远并且畏惧它。凡有七尺长的身躯，手与脚的功能不相同，头上长头发，口中生牙齿，能直立行走的，就叫做人；但人不一定没有禽兽之心。即使有禽兽之心，也因为形貌相同而得到他人的亲近。身上附有翅膀，头上长触角，龇着牙齿，张着脚爪，抬着头飞，低着头奔跑，叫做禽兽；但禽兽不一定没有人心。即使有人心，但因为形貌不相同而被人疏远。庖牺氏、女娲氏、神农氏、夏后氏，长着蛇身人面，牛头虎鼻：有着不同于人的形貌，却具有大圣人的品德。夏桀、殷纣、鲁桓、楚穆，他们的形貌七窍都与人相同，但却怀着禽兽之心。世人固守着同一形貌去寻求最高智慧的人，这是办不到的。黄帝在阪泉的原野上与炎帝作战，黄帝统帅熊、罴、狼、豹、貙、虎为先锋，以雕、鹖、鹰、鸢为旗帜，这是用威力来役使禽兽。尧任用夔主管音乐，他敲击着石磬打拍子，百兽纷纷跟着跳舞；他演奏虞舜的《萧韶》乐曲九阙，凤凰也飞来朝拜：这是用乐声招来禽兽。既然如此，禽兽之心，与人有什么不同呢？只是它们的形貌声音与人不同，而人们不知道用什么办法与它们交流罢了。圣人没有不知道的，没有不通晓的，所以能够召集并役使它们。禽兽的心智生来就有与人相同的地方，它们都想要求得生存，这方面的智力也不比人低。雌雄结成配偶，母子互相亲爱；避开平地而依附险峻，躲开寒冷而寻求温暖；居住时结伙成群，出行时依次成列；幼小的住在里面，强壮的守在外面；饮水时互相提携，找到食物就呼朋引伴。上古的时候，禽兽同人类在一起居住，和人类一同出行。到帝王出现的时候，禽兽才开始见人惊惶恐惧而四散乱窜。等到衰败的乱世，禽兽更是见人就隐藏逃窜，以躲避祸害。现在东方有个介氏之国，那里的人们勉勉强强懂一些六畜的语言，这是他们靠片面的知识而得到的。上古时代的神圣之人，对万物的性情状态完全知晓，对异类的语言声音全都了解。把它们会集起来，训练它们接受调教，看待它们像看待人民一样。所以首先朝会鬼神妖怪，然后招致八方人民，最后聚集禽兽昆虫。这说明凡是有血气的动物，心智相差得不会太远。神圣之人明白这个道理，所以他们所教化训练的物类没有什么遗漏。

【原典】

宋有狙公者[1]，爱狙，养之成群，能解狙之意。狙亦得公之心。损其家口，充狙之欲。

俄而匮焉，将限其食。恐众狙之不驯于己也，先诳之曰："与若芧，朝三而暮四，足乎？"众狙皆起而怒。

俄而曰[2]："与若芧[3]，朝四而暮三，足乎？"众狙皆伏而喜。

物之以能鄙相笼[4]，皆犹此也。圣人以智笼群愚，亦犹狙公之以智笼众狙也。名实不亏，使其喜怒哉！

【注释】

①狙（jū）公：古代喜好养猴子的老头。②俄而：不久，顷刻。③芧（xù）：橡栗。④能：智巧。

【译文】

宋国有个饲养猴子的老头，很喜欢猴子，在家里养了一大群猴子。他能理解猴子的想法，猴子也懂得他的心意。老头减少家里人的口粮，以满足猴子的食欲。

不久，家里的粮食就匮乏了，他打算限制猴子的口粮。担心猴子不受自己的驯服，便先欺骗它们说："喂你们吃的橡栗，早上三颗，晚上四颗，够吗？"猴子们都跳起来发怒。

过了一会儿，老头又说："喂你们吃橡栗，早上四颗，晚上三颗，够吗？"猴子们听了，都趴在地上，十分高兴。

世间万物之所以用智巧或鄙俗的方法可以笼络，都像这个故事讲的道理。圣人用智慧来笼络愚笨的人，也就像养猴人用智巧笼络猴子一样。名义与实际都没有亏损，却能使它们高兴或愤怒啊！

【原典】

纪渻子为周宣王养斗鸡[①]。

十日而问："鸡可斗已乎？"

曰："未也，方虚骄而恃气[②]。"

十日又问。

曰："未也，犹应影响[③]。"

十日又问。

曰："未也，犹疾视而盛气[④]。"

十日又问。

曰："几矣。鸡虽有鸣者，已无变矣。望之似木鸡矣，其德全矣。异鸡无敢应者，反走耳[5]。”

【注释】

①纪渻（shěng）子：虚构的人物。周宣王：周朝地十一位君王，姬姓，名静，公元前 827—前 781 年在位。②虚骄：虚浮而骄矜。③影：指鸡的身影。响：指鸡鸣声。④疾视：怒目而视。⑤反走：掉身逃走。

【译文】

纪渻子为周宣王饲养斗鸡。

过了十天，周宣王问：“鸡可以斗了吗？”

回答说：“不行，它现在还没有真本领，正虚浮骄妄，自恃意气。”

过了十天又问。

回答说：“不行，它还对别的鸡的影子和鸣声有所反应。”

过了十天又问。

回答说：“不行，它对别的鸡还是怒目而视，气势旺盛。”

过了十天又问。

回答说：“差不多了。即使别的鸡大声鸣叫，它已经不为所动了。看上去就像一只木鸡，它的自然德行已经完备了。别的鸡没有敢应战于它的，纷纷转身逃跑了。”

【原典】

惠盎见宋康王[1]。康王蹀足謦欬[2]，疾言曰：“寡人之所说者，勇有力也，不说为仁义者也。客将何以教寡人？”

惠盎对曰：“臣有道于此，使人虽勇，刺之不入；虽有力，击之弗中。大王独无意邪？”

宋王曰：“善，此寡人之所欲闻也。”

惠盎曰："夫刺之不入，击之不中，此犹辱也。臣有道于此，使人虽有勇，弗敢刺；虽有力，弗敢击。夫弗敢，非无其志也。臣有道于此，使人本无其志也。夫无其志也，未有爱利之心也③。臣有道于此，使天下丈夫女子莫不驩然皆欲爱利之④。此其贤于勇有力也，四累之上也⑤。大王独无意邪？"

宋王曰："此寡人之所欲得也。"

惠盎对曰："孔墨是已⑥。孔丘、墨翟，无地而为君，无官而为长；天下丈夫女子莫不延颈举踵而愿安利之。今大王万乘之主也，诚有其志，则四竟之内皆得其利矣⑦，其贤于孔墨也远矣。"宋王无以应。

惠盎趋而出。宋王谓左右曰："辩矣，客之以说服寡人也！"

【注释】

①惠盎：人名，亦作惠孟，与战国时期哲学家惠施同族，宋国人。宋康王：或称宋王偃，宋国地三十三任国君。②蹀（dié）足：踏足顿脚。謦欬（qǐng kài）：咳嗽。③爱利：指爱护、加惠于他人。④驩（huān）然：欢乐的样子。驩：通"欢"。⑤四累：即指上文所说，"勇有力也"，"夫刺之不入，击之不中"，"弗敢刺""弗敢击""本无其志"四种情况。⑥墨：墨子，名翟，春秋战国时期墨家学派的创始人。⑦四竟之内：指全国。竟：通"境"。

【译文】

惠盎拜见宋康王。康王顿着脚咳嗽，急躁地说："我所喜欢的是勇武有力的人，不喜欢谈论仁义道德的人。你打算用什么来教导我呢？"

惠盎回答说："我这里有道术，能使别人虽然勇猛，却刺不进我的身体，虽然有力量，却也击不中我。难道大王对此不感兴趣吗？"

宋康王说："好，这正是我所想要听到的。"

惠盎说："刺我不进，击我不中，这对我来说还是一种侮辱。我这里有道术，能使人虽然勇敢却不敢来刺我，虽有力量也不敢来击我。这种不敢，并不等于没有刺人击人的想法。我这里有道术，能使人根本就没有刺人击人的想法。没有刺人击人的想法，但还没有爱护和实惠于他人的想法。我这里有道术，能使天下的男人女子没有不高高兴兴地爱护和有利于他人的。这要比勇猛有力更加高明，是在上述四种道术之上。难道大王对此没有兴趣吗？"

宋康王说："这是我想要得到的。"

惠盎回答说："孔子和墨子就是这样。孔丘、墨翟没有土地却成为君主，没有官职却成为官长；天下的男人

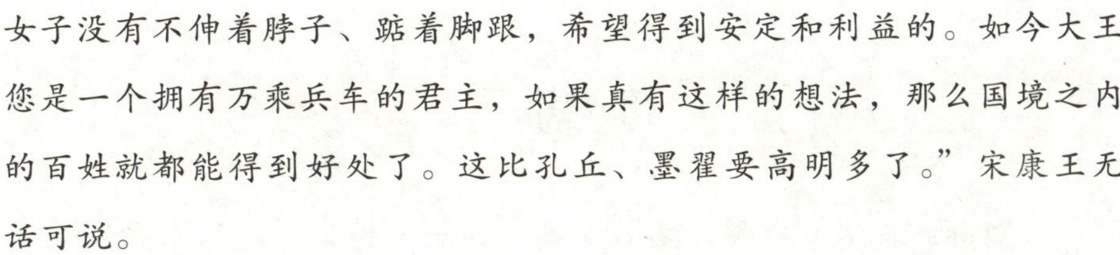

女子没有不伸着脖子、踮着脚跟，希望得到安定和利益的。如今大王您是一个拥有万乘兵车的君主，如果真有这样的想法，那么国境之内的百姓就都能得到好处了。这比孔丘、墨翟要高明多了。”宋康王无话可说。

惠盎快步走了出去。宋康王对身边的近臣说：“真是能说会道啊，他竟然用这番话把我说服了。”

相关链接

商鞅立木为信

战国时期，商鞅应秦孝公求贤令入秦，说服秦孝公变法图强。

起初，商鞅将变法的法令全部准备就绪，但并没有立刻公布。因为他担心百姓不相信自己，从而在执行力度上会大打折扣。为了让百姓知道他商鞅是一个说话算话的人，于是，他想出了一个办法。

一天，商鞅带着手下在国都集市的南门外竖起了一根三尺高的木头，并在旁边贴上告示说：谁能够把这根木头搬到集市的北门去，就奖赏给他十金。起初，百姓们都只是好奇围观，却没有人敢来搬动，因为他们不相信这么容易就能得到这么多钱。商鞅只好又出示布告说：谁能够搬动这根木头就奖赏他五十金。百姓们一见赏金居然提高到了五十金，都有些心动了。终于，有一个人壮着胆子走了出来，把木头从集市南门搬到了集市北门，商鞅见了立刻就令人给了他五十金，以表明他说到做到。后来，百姓之间就传扬开了，都说商鞅大人是个信守承诺的人。紧接着，商鞅就下令变法，由于他之前说到做到的行为，使得新法很快在全国推广开来。

慈母训子

战国时，将军子发领兵攻打秦国，粮食断绝，于是派人回去向楚国国君求援，顺便问候一下自己的母亲。子发母亲问使者：“士兵生活得好吗？”使者答道：“士兵们分一些豆子之类的粗粮充饥。”子发母亲又问：“将军生活得好吧？”使者答道：“很好，将军每天可以吃稻米肉食。”

后来，子发得胜而归，他母亲却关起家门不让他进去，并狠狠责备儿子说：“你没听说过越王勾践讨伐吴国之事吗？有客人献了一壶美酒，越王叫人把酒倒入大江的上游，让士兵在下游喝水分享美酒。其实根本连酒都喝不到，但士兵受了感动，打起仗来一个顶五个。后来又有人献一袋干粮，越王又平分给士兵们吃，虽然每人几乎没分到什么，但士兵们打起仗来一个顶十个。现在你当了将军，士兵吃粗粮，你却吃细米精肉，为什么？让士兵在战场上出生入死，而自己却高高在上享乐，虽然打了胜仗，但毕竟不是治军之道。你不是我的儿子，不要进家门！”

子发听了，赶紧向母亲请罪，承认错误，这才进了家门。

齐宣王时，田稷任齐相。

三年后，田稷退休回家，下属送给他黄金百镒。田稷把黄金带回家，献给母亲。母亲问他说：“你做三年宰相，不会有这么多的俸禄，你哪来这么多金子？”田稷老实答道：“是下属送给我的。”母亲听了，立刻不快地说：“做人应注意自身修养，做到品行高洁。为人要诚实不欺，不做不义之事，不取不义之财。如果你要孝敬长辈，应该尽心诚实地办事，否则就是不孝！不义之财，不是我应该有的东西；不孝

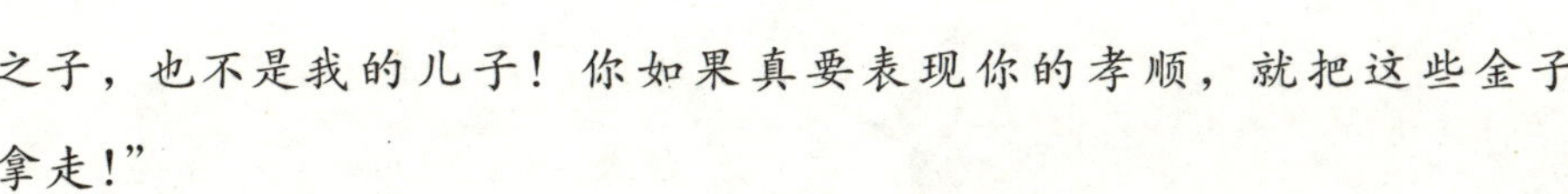

之子，也不是我的儿子！你如果真要表现你的孝顺，就把这些金子拿走！”

田稷听了母亲的一番话，十分惭愧，将金子全部退还给下属，又主动到朝廷请罪。齐宣王听了事情经过，对田母十分赞赏。他赦免了田稷，仍然让他为相，而用朝廷的金子赏赐给田母。

汉昭帝时，隽不疑任京兆尹，很有威信，京城中的士兵百姓都敬服他。每天他办完公事后回家，他的母亲总是要问他：“有没有平反一些案件，使多少人免于冤枉而死?”如果听到隽不疑说有所平反，隽母就十分高兴，笑逐颜开，吃饭、说话都不同于往常；如果听到儿子说没有平反什么案件，隽母就很不高兴，甚至连饭都不肯吃。正因隽母如此严加督促，所以隽不疑在任京兆尹时虽然法令森严，却从不滥施刑罚，使无辜者受屈。

王莽大义灭亲

西汉哀帝时，宠信董贤，外戚丁、傅两家得势，王莽家门前车马日渐稀少，王莽审时度势，决定暂时退职，以图东山再起，他上书请求退职，皇上马上批准了。

王莽虽然退职在家，仍杜门自守，一点也没有放纵自己，对外人以礼相待，对家人严格要求。一天，王莽刚吃完早饭，正在太师椅上闭目养神，听到门外吵吵闹闹，还夹着女人的哭声，王莽推开大门，走了出去，只见一个妇人抱着个未满周岁的孩子跪在院子中间，大声喊冤，王家仆人怎么劝她，她也不起来。

王莽忙走过去，从那妇女手中接过正在哭的孩子，温和地对她说：“大嫂，你有什么事站起来说吧，我就是王莽，如果有什么我能替你

出气的话，我一定帮助你。”

妇人一见王莽，抱着他的双腿，号啕大哭，边哭边诉：“大司马，可找到你了，我这天大的冤屈，可有处可申了，我早就听说大司马办事秉公执法，廉洁公正，从不徇私枉法。”

王莽道：“大嫂，你有什么冤屈就说出来吧！”

妇人道：“大司马，你有所不知，我家的丈夫是你二儿子王获的家奴，他为人老实，本来在王获那儿干得好好的，可不知为啥，昨天二公子将他活活打死了，我后来才听说是二公子与他因一件小事发生了争执，公子才下此毒手。可怜我们这孤儿寡母的，以后日子可怎么办？王大人，你可得为我做主啊！”

王莽也知道王获一直在外面惹事，但不知竟闯下如此大祸也不说一声。他脸色阴沉，对家人说：“快去将二公子叫来。”

王获在路上还不以为意：“父亲也是的，为了这么一点小事也值

得兴师动众吗?”

见到王莽，王获道:“父亲，你有何事找我?”

王莽气不打一处来:“你还在这儿装糊涂，我问你，昨天你干了什么错事?”

王获道:“昨天? 错事? 噢，不就是打死了一个家奴吗! 有什么大不了的事，谁让他与我顶撞的，如果以后……”

王莽呵斥道:“给我住口! 你这个畜生，草菅人命，还在这儿胡说八道。我想，你自己该知道如何解决这个问题。”

王获一看父亲真的动怒了，这才害怕起来，求情道:“父亲，你就饶了孩儿这一回吧，以后我一定好好听你的话，不干这种蠢事。”

王莽道:“哼，下次? 以后? 已经晚了，你自杀吧，这样可以落得一个好一点的名声。”

王获浑身发抖，众仆人都呼啦一声跪倒了一大片，纷纷说:“大人，你念公子年幼，又是初犯，姑且饶过他这一次吧。”

王莽道:“王子犯法，也要与庶民同罪。况且王获现在视杀人如儿戏，以后还了得。王获，刀在这儿，你自己了断吧。”

王获还是在那儿跪着叩头，众仆人也在求情，王莽道:“好，好，你杀了人，是因为我这个做父亲的教子无方，你不偿命，就由我来偿命吧。”说完就要往墙上撞。王获无奈，只好当着那孤儿寡母的面自杀身亡。

王莽对那妇人道:“大嫂，凶手已偿命了，你也不要太伤心，你以后的生活问题由我解决，我一直供养你们母子直到老，怎么样?”

那妇人:“王大人可真是大义灭亲，你是天下最公正无私的人。”

这件事一时间在京城传为佳话，街头巷尾，都能听到人们对王莽的赞美。同时，贤良周护、宋崇等又上书说王莽如何如何贤明，哀帝于是又将王莽召进宫中，服侍太后。

周穆王篇

【题解】

周穆王，西周王朝的第五位帝王，名姬满，周昭王之子，是中国古代历史上最富于传奇色彩的帝王之一，世称“穆天子”，关于他的传说，层出不穷。本篇有八个故事，运用“如梦如幻”的论说文字说明世界万物都是虚妄不实的，旨在宣扬浮生若梦，得失哀乐均为虚妄的思想。开篇讲述了“穆王西游”的情景，讲化人所展现的都是幻境，是暂时的虚无的东西，虽然雕梁画栋、美不胜收，但毕竟“变化之极，徐疾之间”，不能以一种模式来看待；穆王“穷当身之乐”，不过是一场梦幻而已。随后通过“老成子学幻术”，进一步讲述世界万物的虚妄不实，从而引出“觉有八征，梦有六候”的论说，而后征引列子“神遇为梦，形接为事”一语，觉醒时的行为反应与梦境的产生，都是由于人们的形体和精神与外界有所接触。又讲到役夫白天劳累得筋疲力尽，夜晚梦做人君，极尽人间之乐，反之尹氏位足荣身，远胜他人，但夜夜梦见被人驱使，辛苦至极，说明人间贫富、主仆皆虚幻。“梦争鹿”说明觉醒时有幻梦，幻梦时有觉醒，觉梦难辨。“华子病忘”讲失忆状态而返真，即使“顿拾既往，数十年来存亡得失、哀乐好恶，扰扰万绪起矣”，不如再回到“病忘”状态。还有“逢氏之子”患迷惘之疾，以白为黑，以是为非，列子指出这是天下人的通

病，他认为天下人无不生活在虚幻中，而人们不要被表面的幻化现象所迷惑，不要被颠倒黑白、混淆是非的病态行为所干扰，要牢牢把握事物的规律，道的本质。

【原典】

周穆王时[①]，西极之国有化人来[②]，入水火，贯金石；反山川，移城邑；乘虚不坠，触实不硋[③]。千变万化，不可穷极。既已变物之形，又且易人之虑。穆王敬之若神，事之若君。推路寝以居之[④]，引三牲以进之，选女乐以娱之。化人以为王之宫室卑陋而不可处[⑤]，王之厨馔，腥蝼而不可飨[⑥]，王之嫔御膻恶而不可亲[⑦]。穆王乃为之改筑。土木之功。赭垩之色[⑧]，无遗巧焉。五府为虚[⑨]，而台始成。其高千仞，临终南之上[⑩]，号曰中天之台。简郑、卫之处子娥媌靡曼者[⑪]，施芳泽[⑫]，正蛾眉[⑬]，设笄珥[⑭]，衣阿锡[⑮]，曳齐纨[⑯]，粉白黛黑[⑰]，佩玉环，杂芷若以满之[⑱]；奏《承云》、《六莹》、《九韶》、《晨露》以乐之[⑲]。月月献玉衣，旦旦荐玉食。化人犹不舍

然[20]，不得已而临之。

居亡几何，谒王同游。王执化人之祛[21]，腾而上者，中天乃止。暨及化人之宫。化人之宫，构以金银，络以珠玉；出云雨之上而不知下之据，望之若屯云焉。耳目所观听，鼻口所纳尝，皆非人间之有。王实以为清都、紫微、钧天、广乐[22]，帝之所居。王俯而视之，其宫榭若累块积苏焉[23]。王自以居数十年不思其国也。化人复谒王同游，所及之处，仰不见日月，俯不见河海。光影所照，王目眩不能得视；音响所来，王耳乱不能得听。百骸六藏[24]，悸而不凝。意迷精丧，请化人求还。化人移之，王若殒虚焉[25]。既寤（wù），所坐犹向者之处，侍御犹向者之人。视其前，则酒未清，肴未昲[26]。王问所从来。左右曰："王默存耳。"

由此穆王自失者三月而复。更问化人。化人曰："吾与王神游也，形奚动哉？且曩之所居，奚异王之宫？曩之所游，奚异王之圃？王闲恒有，疑暂亡[27]。变化之极，徐疾之间，可尽模哉[28]？"王大悦。不恤国事，不乐臣妾，肆意远游。命驾八骏之乘[29]，右服䮦骝而左绿耳[30]，右骖赤骥而左白[31]，主车则造父为御[32]，离𦧝为右[33]；次车之乘，右服渠黄而左逾轮，左骖盗骊而右山子，柏夭主车，参百为御，奔戎为右。驰驱千里，至于巨蒐氏之国[34]。巨蒐氏乃献白鹄之血以饮王[35]，具牛马之湩以洗王之足[36]，及二乘之人。已饮而行，遂宿于昆仑之阿[37]，赤水之阳[38]。别日升于昆仑之丘，以观黄帝之宫，而封之以诒后世[39]。遂宾于西王母[40]，觞于瑶池之上[41]。西王母为王谣，王和之，其辞哀焉。西观日之所入。一日行万里。王乃叹曰："於乎！予一人不盈于德而谐于乐[42]，后世其追数吾过乎！"

穆王幾神人哉[43]！能穷当身之乐，犹百年乃徂[44]，世以为登假焉。

【注释】

①周穆王：名姬满，西周国王，周昭王之子。②西极之国：西方

遥远的国家，古代对玉门关以西地区的泛称，包括亚洲中西部、印度半岛、欧洲东部和非洲北部。化人：有幻术的人。③硋（ài）：通“碍”，阻碍。④路寝：古代君王处理政务的宫室。⑤卑陋：低矮简陋。⑥厨馔（zhuàn）：食物。腥蝼：腥臭累死蝼蛄。飨（xiǎng）：享用。⑦嫔御：古代帝王、诸侯的侍妾和宫女。⑧赭垩（zhě è）：红土和白土，古代用来做建筑涂料。⑨五府：指太府、玉府、内府、外府、膳府，古代国家用来收藏财货的五个府库。⑩终南：即终南山，是秦岭山脉的一段，西起陕西宝鸡眉县，东至陕西蓝田，素有“仙都”、“天下第一福地”的美称。⑪简：选择，挑选。郑：古代国名。卫：古代国名。娥媌（miáo）：轻盈，妖艳。靡曼：纤弱柔美。⑫芳泽：泛指香气，这里指化妆用的脂粉香膏。⑬蛾眉：美人的秀眉。⑭笄（jī）：古代妇女用来束发的簪子。珥（ěr）：珠玉做的耳饰。⑮阿：东阿，在今山东东阿。锡：细布。⑯齐纨：齐地出产的白色细绢。⑰粉白黛黑：用粉扑面，用黛画眉，指女子修饰容颜。⑱芷若：香草名，白芷和杜若。⑲《承云》、《六莹》、《九韶》、《晨露》：都是传说中的古乐曲名。⑳舍然：释然。舍：通“释”。㉑袪（qū）：衣袖。㉒清都、紫微：神话传说中天帝居住的宫阙。钧天、广乐：神话传说中天上的音乐，这里指弹奏仙乐的地方。㉓累块：堆积的土块。积苏：堆放的柴草。㉔百骸：指人的所有骨节。六藏：即六脏。藏：通“脏”。㉕殒虚：从虚空中坠落。殒：通“陨”，坠落。㉖晞（fèi）：曝晒，晒干。㉗蹔：通“暂”，暂时。㉘模：揣测，捉摸。㉙八骏：指周穆王的八匹名马，即下文所说的：骟（huá，古“骅”字）骝、绿耳、赤骥、白㵒（yì）、渠黄、逾轮、盗骊、山子。㉚服：古代一车驾四马，中间挨着的两匹叫“服”。㉛骖（cān）：古代驾在车前两侧的两匹叫“骖”。㉜造父：人名，传说中善于驾驭马车的人，为周穆王驾车西游巡狩。㉝䍦芮（tài bǐng）：人名，也是周穆王之善御者。㉞巨蒐（qú sōu）氏之国：即"渠搜"，西戎国名。㉟白鹄：鸟名，即白天鹅。㊱湩（dòng）：乳汁。㊲昆仑：山名，即昆仑山，在今新疆、西藏之间，西接帕米尔高原，东延入青海境内。㊳赤水：水名，源于昆仑山的水流。阳：山的南面，水的北面。㊴封：堆积。诒（yí）：遗留，传给。㊵西王母：神话人物，民间称为"王母娘娘"，原是掌握灾疫和刑罚的大神，后于流传过程中逐渐女性化与温和化，而成为慈祥的女神。㊶瑶池：古代传说中昆仑山上的池名，西王母的居所。㊷盈：积累，修行。㊸幾：通"岂"，难道。㊹徂（cú）：死亡。

【译文】

周穆王时，从西方遥远的国家来了一个会幻化术的人，能进入水火之中，穿过金石；能颠倒山河，移动城池；能够飘摇在空中不坠落，碰到实物不被阻碍。千变万化，无穷无尽。他既能改变物体的形态，又能改变人们的思想。周穆王对他像神灵一样的尊敬，像国君一样的侍奉，把最好的宫室让出来给他居住，拿出祭拜神灵的膳食向他进献，挑选能歌善舞的美女供他娱乐。这个幻术师却认为周穆王的宫殿卑陋不可以居住，周穆王的食物腥臭不可以享用，周穆王的嫔妃膻恶不可以亲近。于是周穆王为他另筑宫殿。土木雕刻精工细作，装饰粉刷斑斓五彩，巧妙的程度无与伦比。府库的钱财为之耗尽，才把楼台建成。楼台高达千仞，俯临终南山峰，称做中天之台。挑选郑国和卫国妖艳柔媚的女子，涂抹香膏，修饰娥眉，戴上首饰耳环，穿上东阿的细布，腰系齐国的绢带，以粉扑面，以黛画眉，戴着精美的玉环，再戴上白芷、杜若各类香草，演奏《承云》、《六莹》、《九韶》、《晨露》等古曲来取悦幻术师，每月送去华美的衣服，每天送上美味的膳食。可是那位幻术师仍然不觉得满足，不得已才到中天之台居住。

没住多久，他邀请周穆王一同出去游玩。周穆王拉着他的衣袖，腾云而上，飞到半空中才停下来。于是就到了幻术师的宫殿。幻术师的宫殿用金银建筑，用珠玉装饰；耸立在云雨之上而不知下面用什么为依托，看上去好像聚集的云霞一般。耳朵听到的，眼睛看到的，鼻子闻到的，口舌尝到的，都是人间所没有的东西。周穆王真以为到了清都、紫微这些天帝所居住的地方，这声音就是钧天、广乐曲。周穆王再低头俯视，见自己的宫殿楼台简直像垒起来的土块和堆积起来的茅草。周穆王自己觉得即使在这里住上几十年也不会想念自己的国家。幻术师又邀请穆王一起去游玩，所到之处，抬头看不见太阳月亮，低头看不见江河海洋。光影照耀的地方，周穆王眼花缭乱

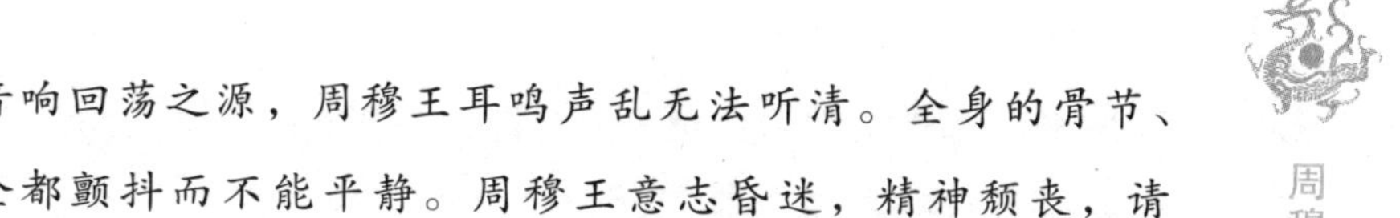

无法直视；音响回荡之源，周穆王耳鸣声乱无法听清。全身的骨节、五脏六腑，全都颤抖而不能平静。周穆王意志昏迷，精神颓丧，请求幻术师带他回去。幻术师推了他一把，周穆王好像从虚空之中坠落下来。醒来以后，还是坐在原来的地方，两旁还是原来侍候他的人。看看眼前的东西，那酒浆还未澄清，菜肴还没有变干。周穆王问左右自己刚才是从哪里来的？左右的人说："大王您不过是静默了一会儿。"

至此，周穆王精神恍惚了三个月才恢复正常。周穆王再去问幻术师。幻术师说："我与大王是在梦中神游，身体何尝移动过呢？而且您神游所居住的宫殿，与大王的宫殿有什么不同呢？先前神游的花园，与大王的花园有什么不同呢？大王习惯了经常看到的东西，对暂时虚无的东西感到疑惑。事物变化的极致，时光流逝的缓急，哪能全部透彻把握呢？"周穆王听了，十分高兴。从此不过问国家大事，不亲近大臣与嫔妃，毫无顾忌地到遥远的地方去游玩。他命令侍从驾驶由八匹骏马拉的马车。第一乘中间有服马两匹，右边的叫骅骝，左边的叫绿耳，旁侧的两匹骖马，右边的叫赤骥，左边的叫白𣶒，周穆王坐在主车位上，由造父驾驭，离离在车右协助；随从的第二辆车中间有服马两匹，右边的叫渠黄，左边的叫逾轮；旁侧两匹骖马，左边的叫盗骊，右边的叫山子，柏夭坐在主车位上，由参百驾驭，奔戎在车右协助。奔驰了一千里，来到了巨蒐氏之国。巨蒐氏于是献上白天鹅的血液供周穆王饮用，准备牛马的乳汁给周穆王洗脚，还招待了所有乘车与驾车的人。吃喝以后继续出发，又歇宿在昆仑山麓，赤水的北面。第二天便登上了昆仑山，观赏黄帝的宫殿，并堆起土堆，为后世留下标记。随后到西王母处做客，在瑶池上宴饮。西王母为周穆王朗诵歌谣，周穆王也跟着唱和，词调哀婉动人。又西去观赏了太阳入山的情景，一天走了一万里。周穆王于是叹道："哎呀！我这个人不积恩德，反而追求逸乐，后世的人恐怕要谴责我的罪过了吧！"

周穆王难道是神人吗？享尽了此生的快乐，活到了一百岁才去世，世人都以为他升天成仙了呢。

【原典】

老成子学幻于尹文先生[①]，三年不告。老成子请其过而求退。

尹文先生揖而进之于室，屏左右而与之言曰："昔老聃之徂西也[②]，顾而告予曰：有生之气，有形之状，尽幻也。造化之所始，阴阳之所变者，谓之生，谓之死。穷数达变，因形移易者，谓之化，谓之幻。造物者其巧妙，其功深，固难穷难终。因形者其巧显，其功浅，故随起随灭。知幻化之不异生死也，始可与学幻矣。吾与汝亦幻也，奚须学哉？"

老成子归，用尹文先生之言深思三月，遂能存亡自在，憣校四时[③]；冬起雷，夏造冰；飞者走，走者飞。终身不箸其术[④]，故世莫传焉。

子列子曰："善为化者，其道密庸[⑤]，其功同人。五帝之德[⑥]，三王之功[⑦]，未必尽智勇之力，或由化而成。孰测之哉？"

【注释】

①老成子：人名，战国时宋国大夫。尹文：人名，战国时期思想家，齐国人。②徂（cú）：去，往。③憣（fān）校：通"翻"，翻转，颠倒。校：亦作"交"，交错，错杂。④箸：同"著"，明显。⑤密庸：暗中显功效。⑥五帝：中国传说中的上古五位帝王：黄帝、颛顼、帝喾、唐尧、虞舜。⑦三王：指夏禹、商汤、周文王三位帝王。

【译文】

老成子向尹文先生学习幻化之术，过了三年尹文先生也没有传授给他。老成子请他指出自己的过错，并表示要告退。

尹文先生拱手作揖，把老成子请进内室，屏退左右的人，对他说："从前老聃去往西方的时候，回头告诉我说：一切有生命的气息，具有形状的事物，都是虚幻的。创造万物的开始，阴阳之气的变化，就叫做生，叫做死。懂得这个规律而顺应这种变化，随着事物形体而推移变易，就叫做化，叫做幻。创造万物的自然，它的天机巧妙，功夫高深，本来就难以穷尽，难以探究。根据具体情形变易的，技巧明显，功夫低浅，所以随时发生，又随时消灭。只有懂得了幻化与生死没有什么不同，才可以开始学习幻化之术。我和你都处于幻化之中，为什么还要学习幻化呢？"

老成子回去后，把尹文先生的话深思了三个月，于是便能自在地掌握存亡的规律，变幻四季的运转；可以使冬天打雷，夏天结冰；使飞鸟在地上行走，走兽在天上飞。老成子终生不显露自己的道术，因而后世没有留传下来。

列子先生说："善于幻化的人，他的道术总是暗暗地发生作用，他的功绩也与一般人相同。五帝的德行，三王的功绩，不一定全凭智慧和勇猛的力量，也许可能是凭借幻化的作用而成就的。谁又能推测到这些呢？"

【原典】

觉有八徵[①]，梦有六侯[②]。奚谓八徵？一曰故，二曰为，三曰得，四曰丧，五曰哀，六曰乐，七曰生，八曰死。此者八徵，形所接也。奚谓六侯？一曰正梦，二曰蘁梦[③]，三曰思梦，四曰寤梦[④]，五曰喜梦，六曰惧梦。此六者，神所交也。

不识感变之所起者，事至则惑其所由烈；识感变之所起者，事至则知其所由然。知其所由然，则无所怛[⑤]。一体之盈虚消息，皆通于

天地，应于物类。故阴气壮，则梦涉大水而恐惧；阳气壮，则梦涉大火而燔焫[6]；阴阳俱壮，则梦生杀。甚饱则梦与，甚饥则梦取。是以以浮虚为疾者，则梦扬；以沉实为疾者，则梦溺。藉带而寝则梦蛇；飞鸟衔发则梦飞。将阴梦火，将疾梦食。饮酒者忧，歌舞者哭。

子列子曰："神遇为梦，形接为事。故昼想夜梦，神形所遇。故神凝者想梦自消。信觉不语，信梦不达；物化之往来者也。古之真人，其觉自忘，其寝不梦，幾虚语哉？"

【注释】

①觉：睡醒，指人清醒的状态。徵：表露出来的迹象。②候：预测，占验。③蘁（è）梦：即"噩梦"，使人恐惧的梦。④寤梦：指醒时有所见而成之梦，与无所见而全凭想象者异。⑤怛（dá）：惊惧，惊疑。⑥燔焫（fán ruò）：燃烧。

【译文】

人睡醒后有八种状况，睡梦中有六种占验。什么是八种征兆？一是在重复过去的事，二是做新的事，三是有所收获，四是有所损失，五是有所悲哀，六是有所喜悦，七是繁衍生命，八是即将死亡。这八种状况，是形体与外界接触所产生的。什么是六种占验？一是因为日常而做梦，二是受到惊悸而做梦，三是心有所思而做梦，四是醒来依旧出神而做梦，五是喜乐欢愉而做梦，六是心生畏惧而做梦。这六种预测，都是精神与外界相沟通而产生的。

不懂得感应变化的起源，事情一旦发生，就会对它的由来感到迷惑；懂得感应变化的起源，事情一旦发生就能够明白它的由来。理解了事情的由来，便无所畏惧了。人的身体的充实、空虚、衰弱、繁殖，都与天地相通，与外物相应。所以阴气过于旺盛，就会梦涉足大河而感到恐惧；阳气过于旺盛，就会梦徒步大火而被烧灼；阴阳二气都过于旺盛，就会梦见生死残杀。吃太饱会梦见给别人财物，肚子饿就会梦见夺取别人财物。所以，元气浮虚而得病的人，会梦见身体飞扬，元气沉实而得病的人，就会梦见身体向下沉溺。压着衣带睡觉就会梦见蛇；飞鸟衔住头发，就会梦见飞翔。气血将转为阴症就会梦见大火，身体即将生病就会梦见吃饭。饮酒的人会在梦中忧愁，唱歌跳舞的人会在梦中哭泣。

列子说："精神与外界相沟通便会成为梦，形体与外物接触就会发生事情。所以白天有思虑、夜晚就会做梦，这是因为精神、形体与外界接触的缘故。所以精神宁静的人，种种想法，种种梦境都自然不会存在。真正清醒的人无须用语言表达，最真实的梦境无法完全明白，都只是随着事物的变化而变化的结果。古代的真人，醒着的时候连自己都忘记了，睡眠的时候不会做梦，这难道说的是假话吗？"

【原典】

西极之南隅有国焉，不知境界之所接，名古莽之国[①]。阴阳之气所不交，故寒暑亡辨；日月之光所不照，故昼夜亡辨。其民不食不衣而多眠。五旬一觉，以梦中所为者实，觉之所见者妄。

四海之齐[②]谓中央之国，跨河南北，越岱东西[③]，万有余里。其阴阳之审度，故一寒一暑；昏明之分察，故一昼一夜。其民有智有愚。万物滋殖[④]，才艺多方。有君臣相临，礼法相持。其所云为不可称计[⑤]。一觉一寐，以为觉之所为者实，梦之所见者妄。

东极之北隅有国，曰阜落之国[⑥]。其土气常燠[⑦]，日月余光之照。其土不生嘉苗[⑧]。其民食草根木实，不知火食，性刚悍，强弱相藉[⑨]，贵胜而不尚义；多驰步，少休息，常觉而不眠。

【注释】

①古莽之国：作者虚构的国名。②四海：指全国各地。齐：通“脐”，中央，中部。③岱：即泰山。④滋殖：增加，增长。⑤云为：言论行为。⑥阜落之国：作者虚构的国名。⑦燠（yù）：暖，热。⑧嘉苗：禾苗，此处泛指庄稼。⑨藉：践踏，欺凌。

【译文】

遥远的西方南部有一个国家，不知道国境的边界与何处交接，名叫古莽之国。在这个国家，阴阳之气不相交合，因而没有寒暑的差别；太阳与月亮的光芒照耀不到，因而没有昼夜的差别。那里的百姓不吃饭、不穿衣，睡觉的时候很长。他们五十天醒来一次，将梦中的所做当做真实，醒来的所见当做虚妄。

四海的正中叫中央之国，横跨黄河南北，横越泰山东西，方圆超过万里。这里的阴阳节度分明，所以一年中有一个时期寒冷，一个时期炎热；黑暗与光明的分界清晰，所以一天中有一段时间是白天，一段时间是黑夜。这里的百姓有的聪明，有的愚昧。万物滋养繁衍，人们的才艺多种多样。有君主和臣下临朝执政，有礼仪与法制维持统治。

人们的言论与行为，多得难以列举和计数。每天一醒一睡，认为醒时的所作所为是真实，梦中的所见所闻是虚妄。

遥远的东方北部有一个国家，名叫阜落之国。那里的土地与气候常常干旱燥热，昼夜都有日月光芒照耀着大地，土地里不长庄稼。那里的人们只吃草根与果实，不知道用火烧熟食物。性情刚强凶悍，强大的欺凌弱小的，崇尚胜利而不崇尚仁义；多奔跑而少休息，经常醒着而不睡觉。

【原典】

周之尹氏大治产，其下趣役者侵晨昏而弗息[①]。有老役夫筋力竭矣，而使之弥勤。昼则呻呼而即事，夜则昏惫而熟寐。精神荒散，昔昔梦为国君[②]。居人民之上，总一国之事。游燕宫观[③]，恣意所欲，其乐无比。觉则复役。人有慰喻其懃者[④]，役夫曰："人生百年，昼夜各分。吾昼为仆虏，苦则苦矣；夜为人君，其乐无比。何所怨哉？"

尹氏心营世事，虑钟家业，心形俱疲，夜亦昏惫而寐。昔昔梦为人仆，趋走作役，无不为也；数骂杖挞，无不至也。眠中啽呓呻呼[⑤]，彻旦息焉。尹氏病之，以访其友。友曰："若位足荣身，资财有余，胜人远矣。夜梦为仆，苦逸之复，数之常也。若欲觉梦兼之，岂可得邪？"尹氏闻其友言，宽其役夫之程，减己思虑之事，疾并少间[⑥]。

【注释】

①趣役者：来到尹氏家服役的人。趣：奔走，来到。②昔昔：通"夕"，夜夜。③燕：通"宴"，宴饮。④懃（qín）：同"勤"，劳苦。⑤啽呓（ān yì）：说梦话。⑥疾：此处指痛苦，忧虑。少：稍稍。间：间歇，此处意为缓解。

【译文】

周朝有个姓尹的人大规模地经营产业，在他手下服役的人从清晨

忙到黄昏都不得休息。其中有个老役夫，已经累得筋疲力尽了，但对他的使唤却越发频繁了。老役夫白天呻吟呼喊着去干活，晚上就昏沉疲惫地熟睡。精神恍惚散漫，每天夜里都梦见自己当了国君。地位在百姓之上，总揽一国大事。在宫殿花园中游玩饮宴，恣意寻欢，为所欲为，其中的乐趣无可比拟。早上醒来后还是继续服役。有人劝慰开导他的劳苦，老役夫却说："人生顶多活一百年，白天与黑夜各有一半。我白天做人家的奴仆，辛苦是辛苦点；但夜里却做国君，快乐无比。还有什么可抱怨的呢？"

姓尹的人整天钻营世事，思虑都集中在家业上，精神与形骸都很疲劳，晚上也昏沉疲惫而熟睡。每天夜里梦见自己变成了别人的奴仆，奔走服役，什么活都干；挨骂挨打，什么罪都受。睡眠中呻吟呼

喊，一直到天亮才停止。姓尹的人为此而忧苦困扰，便去拜访自己的朋友。朋友说："你的地位足以使你荣耀，你的财产用也用不完，远远超过别人了。夜里梦见做了奴仆，劳苦和安逸循环往复，这是自然的规律。你想在醒时与梦中都很快乐，怎么可能做到呢？"姓尹的人听了朋友的话，放宽役夫干活的期限，减少了自己思虑的事情，痛苦忧虑由此稍稍减轻了。

【原典】

郑人有薪于野者，遇骇鹿，御而击之[①]，毙之。恐人见之也，遽而藏诸隍中[②]，覆之以蕉，不胜其喜。俄而遗其所藏之处，遂以为梦焉。顺途而咏其事。傍人有闻者，用其言而取之。既归，告其室人曰[③]："向薪者梦得鹿而不知其处；吾今得之，彼直真梦矣。"室人曰："若将是梦见薪者之得鹿邪？讵有薪者邪[④]？今真得鹿，是若之梦真邪？"夫曰："吾据得鹿，何用知彼梦我梦邪？"薪者之归，不厌失鹿[⑤]，其夜真梦藏之之处，又梦得之之主。爽旦[⑥]，案所梦而寻得之[⑦]。遂讼而争之，归之士师[⑧]。

士师曰："若初真得鹿，妄谓之梦；真梦得鹿，妄谓之实。彼真取若鹿，而与若争鹿。室人又谓梦仞人鹿，无人得鹿。今据有此鹿，请二分之。"

以闻郑君。郑君曰："嘻！士师将复梦分人鹿乎？"访之国相。国相曰："梦与不梦，臣所不能辨也。欲辨觉梦，唯黄帝、孔丘。今亡黄帝、孔丘，孰辨之哉？且恂士师之言可也[⑨]。"

【注释】

①御（yà）：迎。②遽：急忙，匆忙。隍：没有谁的城壕，这里指干涸的水沟。③室人：古时指妻妾。④讵：反问语气词，这里相当于"难道"。⑤厌：这里指甘心，安心。⑥爽旦：黎明，清晨。⑦案：

通“按”，根据。⑧士师：亦作“士史”，古代执掌禁令刑狱的官名。⑨恂（xún）：相信，顺从。

【译文】

郑国有个樵夫在野外砍柴，遇上一只受了惊的鹿，便迎上去把它打死了。他怕别人看见，连忙把死鹿藏在干涸的水沟里，并用砍下的柴草盖好，心里高兴得不得了。没过多久，他忘了藏鹿的地方，于是自以为做了个梦而已。沿途回家，嘴里不断念叨着这件事。路旁有个人听他这么说，便按照他的话找到了那只鹿。回家以后，告诉妻子说：“刚才有个樵夫梦见自己得到了一只鹿，而忘记了藏在什么地方；我现在得到了它，他做的梦简直和真的一样。”妻子说：“你大概是梦到樵夫得到了鹿吧？难道真有那个樵夫吗？现在你真的得到了鹿，是你自己做了个真实的梦吧？”丈夫说：“我已经真的得到了鹿，哪里用得着搞清楚是他做梦还是我做梦呢？”樵夫回到家后，不甘心丢掉了那只鹿，当天夜里真的梦到了藏鹿的地方，并且梦见了拿走鹿的那个人。第二天天一亮，他就按照梦中的情景找到了拿走鹿的人。于是两个人为这只鹿而吵起来，最后告到了士师那里。

士师对樵夫说：“你最初真的得到了鹿，却胡说是梦；明明是在梦中得到了鹿，又胡说是事实。他是真的拿走了你的鹿，你又和他争这只鹿。他妻子又说他是在梦中拿走了别人的鹿，可见并没有人真的得到过这只鹿。现在既然有这只鹿，就请你们平分了吧！”

这事被郑国的国君知道了。郑国国君说：“唉！这士师大概也是在梦中给他们分鹿的吧？”为此他去询问宰相。宰相说：“是梦不是梦，不是我所能分辨清楚的。要想辨别是清醒还是做梦，只有黄帝和孔丘能做到。现在黄帝与孔丘已不在世上，谁还能分辨得清呢？姑且按着士师的话裁决吧。”

【原典】

宋阳里华子中年病忘[①]，朝取而夕忘，夕与而朝忘；在途则忘行，在室而忘坐；今不识先，后不识今。阖室毒之[②]。谒史而卜之，弗占；谒巫而祷之，弗禁；谒医而攻之，弗已。

鲁有儒生自媒能治之，华子之妻子以居产之半请其方。儒生曰："此固非封兆之所占，非祈请之所祷，非药石之所攻。吾试化其心，变其虑，庶幾其瘳乎[③]！"于是试露之，而求衣；饥之，而求食；幽之，而求明。儒生欣然告其子曰："疾可已也。然吾之方密，传世不以告人。试屏左右，独与居室七曰。"从之。莫知其所施为也，而积年之疾一朝都除。

华子既悟，乃大怒，黜妻罚子[④]，操戈逐儒生。宋人执而问其以。华子曰："曩吾忘也，荡荡然不觉天地之有无[⑤]。今顿识既往，数十年来存亡、得失、哀乐、好恶，扰扰万绪起矣。吾恐将来之存亡、得失、哀乐、好恶之乱吾心如此也，须臾之忘，可复得乎？"

子贡闻而怪之，以告孔子。孔子曰："此非汝所及乎！"顾谓颜回纪之。

【注释】

①宋：古国名，战国时期在豫东商丘一带。阳里：宋国地名。华子：人名，作者虚构的人物。②毒：痛苦。③瘳（chōu）：病愈。④黜（chù）：贬斥，训骂。⑤荡荡然：浩大空旷的样子。

【译文】

宋国阳里的华子中年时得了健忘症，早晨拿的东西到晚上就忘记，晚上给的东西到早晨就忘记；在路上忘记走路，在家里忘记坐下；现在记不起先前，以后又记不得现在。全家都为他的这种病而苦恼。

请史官来为他占卜，不能灵验；请巫师来为他祈祷，没有效果；请医生来为他诊治，也不见好转。

鲁国有个儒生，自我推荐说能治好他的病，华子的妻子和儿女就以家产的一半作为报酬，求取他的药方。儒生说：“这种病本来就不是算卦龟卜所能占验的，也不是祈祷请求所能生效，同样也不是药物针灸所能诊治的。我试着感化他的心灵，改变他的思想，也许能使他痊愈吧。”于是试着让华子脱掉衣服，一感到冷他便去寻找衣服；故意不给他吃饭，一感到饿他便去寻找食物；把他关在黑暗处，一感到黑暗他便去寻找光明。儒生高兴地告诉华子的儿子说：“这病有救了。但我的方法是保密的，世代相传，不可以告诉旁人。请屏退左右服侍的人，让我单独和他在屋里待七天。”华子的儿

子按他的要求办了。没有人知道儒生在屋里施了什么法术，但华子多年积累起来的病居然彻底痊愈了。

华子清醒以后，就大发雷霆，赶走妻子，惩罚儿子，并拿起戈矛来驱逐儒生。宋国人把他捉住并问他为什么这样做。华子说："以前我健忘，脑子里空空荡荡不知道天地是否存在。现在突然明白了过去的一切，数十年来的生死存亡、荣辱得失、哀痛欢乐、好恶喜厌，千头万绪纷纷扰扰全部出现了。我恐怕将来的生死存亡、荣辱得失、哀痛欢乐、好恶喜厌就像现在一样扰乱我的心灵，那时要想有片刻的忘却，还能得到吗？"

子贡听说这件事后感到奇怪，就告诉了孔子。孔子说："这不是你所能理解的啊！"于是回过头叫颜回把此事记录下来。

【原典】

秦人逢氏有子[1]，少而惠[2]，及壮而有迷罔之疾[3]。闻歌以为哭，视白以为黑，飨香以为朽[4]，尝甘以为苦，行非以为是。意之所之，天地、四方，水火、寒暑，无不倒错者焉。

杨氏告其父曰："鲁之君子多术艺，将能已乎？汝奚不访焉？"

其父之鲁。过陈[5]，遇老聃，因告其子之证[6]。

老聃曰："汝庸知汝子之迷乎？今天下之人皆惑于是非，昏于利害。同疾者多，固莫有觉者。且一身之迷不足倾一家，一家之迷不足倾一乡，一乡之迷不足倾一国，一国之迷不足倾天下。天下尽迷，孰倾之哉？向使天下之人其心尽如汝子[7]，汝则反迷矣。哀乐、声色、臭味、是非，孰能正之？且吾之此言未必非迷，而况鲁之君子迷之邮者[8]，焉能解人之迷哉？荣汝之粮[9]，不若遄归也[10]。"

【注释】

①逢（páng）：古代姓氏。②惠：通"慧"，聪慧。③迷罔：指精

神错乱失常。④飨：同“享”，享受，享用。朽：腐臭气味。⑤陈：古国名，地有今河南东部和安徽一部分，公元前478年被楚所灭。⑥证：通“症”，病症。⑦向使：假使。⑧邮：通“尤”，甚，尤其。⑨荣：负担。⑩遄（chuán）：快，迅速。

【译文】

秦国的逄家有个儿子，小时候很聪明，长大以后却得了精神错乱的病症。听到歌声以为是哭泣，看到白色以为是黑色，闻到香气以为是臭气，尝到甜味以为是苦味，做错了事却以为是对的：意识所到的地方，无论是天地、四方、水火、寒暑，没有不颠倒错乱的。

有个姓杨的人告诉这个孩子的父亲说：“鲁国的读书人多才多艺，或许能治好你儿子的病吧！你为什么不去拜访他们呢？”

孩子的父亲去了鲁国，路过陈国时，遇见了老聃，于是把儿子的病症告诉老聃。

老聃说：“你又怎么知道你儿子的精神错乱呢？现在天下的人都分不清是非、辨不清利害。患同一种病的人很多，本来就没有什么清醒的。况且一个人的迷乱并不能使一家倾覆，一家人的迷乱不能使一乡倾覆，一乡人的迷乱不能使一国倾覆，一国人的迷乱不能使天下倾覆。天下人都精神错乱了，还有什么可倾覆的呢？如果天下人的心思都像你儿子一样，你反而成为精神错乱的人了。哀乐、声色、气味、是非，又有谁能分辨清楚呢？而且我的这些话也未必不是迷乱失常的表现，更何况鲁国那些读书人精神尤其错乱，又怎么能解除别人的错乱迷惑呢？背上你的粮食，不如赶快回家去吧！”

【原典】

燕人生于燕[①]，长于楚[②]，及老而还本国。

过晋国[③]，同行者诳之，指城曰：“此燕国之城。”其人愀然变

容[4]。指社曰："此若里之社[5]。"乃喟然而叹[6]。指舍曰："此若先人之庐。"乃涓然而泣[7]。指垅曰[8]："此若先人之冢。"其人哭不自禁。同行者哑然大笑[9]，曰："予昔绐若[10]，此晋国耳。"其人大惭。

及至燕，真见燕国之城社，真见先人之庐冢，悲心更微。

【注释】

①燕：古国名，姬姓，相当于河北北部和辽宁西端一带，公园前222年为秦所灭。②楚：古国名，芈姓，战国时期疆域西北到今陕西商县东，东南至今江苏、浙江，公元前223年为秦所灭。③晋国：古国名，姬姓，地有劲山西大部，河北、河南和陕西各一部，公元前376年分为韩、赵、魏三国。④愀（qiǎo）然：形容神色变得严肃或者不愉快。⑤社：古代祭祀社神的地方，俗称"土地庙"。⑥喟然：叹气的样子。⑦涓然：慢慢流泪的样子。⑧垅：坟冢。⑨哑（è）然：形容笑声。⑩绐（dài）：欺骗，欺诈。

【译文】

有个燕国人出生在燕国，长在楚国，到了老年才回到燕国去。

路过晋国时，同行的人欺骗他，指着一座城墙说："这就是燕国的城墙。"那人听后，凄怆地改变了脸色。同行的人指着土地庙说："这是你家乡的土地庙。"那人听了，长叹了一声。同行的人指着房屋说："这是你祖先的房屋。"那人听了，流着眼泪哭了起来。同行的人又指着一座坟墓说："这是你祖先的坟冢。"那人禁不住号啕大哭起来。同行的人失声大笑，说："我刚才是在欺骗你，这里是晋国！"那人大为羞愧。

等到了燕国，真的见到了燕国的城墙和土地庙，真的见到祖先的旧居和坟墓，悲伤的心情反而减轻了很多。

相关链接

黄粱一梦

唐朝年间，有一个姓卢的书生，离开家乡进京赶考，走到邯郸时在一家旅馆里投宿，遇到了一位姓吕的道士，两人一见如故，谈得十分投机。谈话中，卢生感叹自己一生是如何穷困潦倒，认为自己本应当早早考取功名，做上高官，痛痛快快过一生，可是却没有赶上好运气，直到现在还这样穷困，他真是厌倦了这样的生活。听了卢生的话，吕翁笑了笑，从挎袋里掏出一个青瓷枕头，递给卢生说："你枕上这个枕头睡一觉，就什么都有了。"

这时天色已晚，店主人正在生火做饭，洗好的黄粱米刚刚下到锅里。卢生按着道士的说法，枕上青瓷枕头，由于一路旅途艰辛，非常疲惫，没多久他就进入了梦乡。

在梦中，卢生梦见自己先是娶了一位富贵人家的小姐，小姐不但美貌动人，而且陪嫁了许多东西，卢生十分高兴，他的家里很快富裕起来。

第二年，他进京参加进士考试，一举得中，在京城里做起了官。很快，他步步高升，官衔一个接着一个，地位一天比一天高。

后来，爆发了边境战争，他被任命为节度使，率兵打退了边境异族首领的侵扰，立下了汗马功劳。回朝后继续升官，一直升到了宰相，并一做就做了十年 。

这时的他，位高权大，满朝文武官员都深为折服，但也遭到了奸臣的妒忌。他们指责他沽名钓誉，结党营私，勾结边将，图谋造反。很快，皇帝下诏将他逮捕入狱。

在狱中，他哭着对妻子说："多年来追求功名利禄，真是何苦啊！现在我但愿还能穿着粗布袄，无拘无束地在邯郸道上自由往来。"他越想越懊恼，想拔刀自杀，却没有成功。后来，因为皇帝宠幸的太监作保，他才被免了死罪，被流放到了偏远蛮荒的地方。

过了几年，皇帝发现这是一桩冤案，知道他是被人诬陷的，因此又重新起用他做宰相，加赐给他的恩典格外隆重。

他一共有五个儿子，十多个孙子，全都当了官，成了国家的栋梁之材，卢家一族声势显赫，成为当时的名门望族。他真是子孙满堂，福禄齐全，享受到了人间的奢华富贵。这样一直活到八十多岁。

就在这时，一声鸡叫，卢生从梦中醒来。他睁眼一看，发现自己正睡在旅店里，吕翁仍然坐在旁边，而店主人蒸煮的黄粱饭还没有熟呢。而自己已在梦中度过一生。

卢生这才有所醒悟，感到荣华富贵如同一场梦，一时万念俱灰，遂跟着吕道士潜心修道去了。

道法自然，超然旷达

有一天，秋高气爽，太阳已爬在半空，庄子还长卧未醒。忽然，门外车马滚滚，喧嚣非凡，随后有人轻轻叩门。

原来是楚威王久仰庄周大名，欲将他招进宫中，辅佐自己完成图霸天下的伟业。

楚威王派了几位大夫充当使者，抬着猪羊美酒，携带黄金千两，驾着驷马高车，郑重其事地来请庄周去楚国当卿相。

半个时辰过后，庄子才睡眼惺忪地开门出来。

使者拱手作揖，说明来意，呈上礼单。

不料庄子连礼单瞟也不瞟一眼，仰天大笑，说了一套令众使者大跌眼镜的话：

“免了！千金是重利，卿相是尊位，请转告威王，感谢他的厚爱。”

“诸位难道没有看见过君王祭祀天地时充作牺牲的那头牛吗？想当初，它在田野里自由自在；一旦作为祭品被选入宫中，给予很好的照料，生活条件是好多了，可是这牛想不当祭品，还有可能吗？还来得及吗？”

“去朝廷做官，与这头牛有什么差别呢？天下的君主，在他势单力孤、天下未定时，往往招揽海内英才，礼贤下士。一旦夺得天下，便为所欲为，视民如草芥，视功臣为敌手，真所谓‘飞鸟尽，良弓藏；狡兔死，走狗烹’。”

“你们说，去做官又有什么好结果？放着大自然的清风明月、荷色菊香不去观赏消受，偏偏费尽心机去争名夺利，岂不是太无聊

了吗?”

使者见庄子对于世情功名的洞察如此深刻，也不好再说什么，只得怏怏告退。

其中一位使者还如临当头一棒，看破数十年做官迷梦，决定回朝后上奏威王告老还乡。

庄周仍然过着无忧无虑的生活。登山临水，笑傲烟霞，寻访故迹，契合自然，抒发感情，盘膝静坐，冥思苦想，在贫穷中享受人生的快乐和尊严。

坚持学习，提高修养

三国时，东吴有位名将叫吕蒙。吕蒙打起仗来非常勇敢，但是他不喜欢读书，文化水平低，影响了才干的增长。

有一次，孙权和吕蒙一同讨论打仗的方案。吕蒙说不出多少自己的见解。孙权因此而受到启发，他认为：这些打仗勇敢的将领应该提高文化，增长才能才是。

于是，孙权对吕蒙说：“你现在掌握了军权，身上的担子很重，应该多读点书，努力提高自己的水平。”

吕蒙不以为然地回答道：“军队里的事务工作已经够忙的了，哪里还有时间读书啊!”

孙权说：“如果说忙，难道你们比我还忙吗？我小时候读过《诗经》、《礼记》、《左传》、《国语》；管理国家大事以后，又读了许多历史书和兵法之类的书籍，都觉得受益匪浅。

我希望你多学点历史知识，可以读读《孙子》、《六韬》、《左

传》、《国语》等书。像你们这样天资聪颖的人，又加上有多年的战争经验，只要抓紧时间学，就会有收获的。”

吕蒙说：“我怕自己年龄大了，学习起来会有困难。”

孙权说：“学习不只是年轻人的事，从前光武帝在打仗的时候都手不释卷。还有曹操，年纪愈大愈好学。你又有什么顾虑呢？”吕蒙听了孙权的教导，就开始读书学习。开始读书时常打瞌睡，提不起兴趣。但他仍坚持不懈怠。学了一段时间觉得有些收获，决心就更大了。

就这样，天长日久学习了各种书籍，使吕蒙成为一个知识渊博、有智有谋的人了。

有一次，鲁肃执行

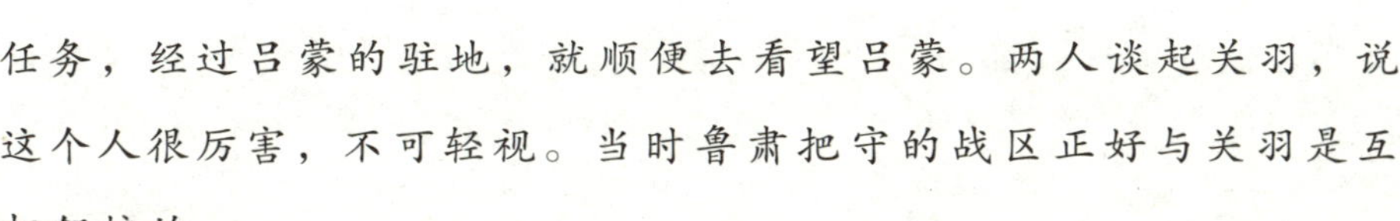

任务，经过吕蒙的驻地，就顺便去看望吕蒙。两人谈起关羽，说这个人很厉害，不可轻视。当时鲁肃把守的战区正好与关羽是互相邻接的。

吕蒙问鲁肃："你现在离关羽的驻地这么近，责任重大啊！不知有什么防止事变的策略？"鲁肃原本认为吕蒙是个武将，心里并不怎样看得起他，因此，就随口回答："到时候再说吧！"吕蒙听了鲁肃这样漫不经心的回答，就批评他说："你可不能如此大意啊！关羽是个智勇双全的大将。我还听别人说，他特别好学，尤其对《左传》研究得更为深透。现在东吴和西蜀表面上好像很友好，但我们还是要提高警惕，以防不测。跟关羽这种人打交道，没有准备是要吃亏的啊！"

鲁肃问道："那你有什么好办法吗？"

吕蒙见鲁肃征求自己的意见，就献上了三条计策，讲得有理有据。

鲁肃一听大为惊讶，没有想到吕蒙会有这样高的水平。他连连点头，极为赞赏地拍着吕蒙的肩膀说："老弟啊！我原来只知道你是个武将，谁知道如今你的学识已有这样高的水平，再也不是从前的吕蒙了！"

吕蒙也高兴地说："士别三日，当刮目相看嘛！"

后来鲁肃把这件事告诉了孙权。孙权很高兴，感叹地说："像吕蒙这样的武将，读书学习之后，都有这样大的进步，实在是没有想到的啊！"

鲁肃说："吕蒙能听从您的教导，刻苦学习，虚心求教，的确是一件令人高兴的事情！"后来，孙权以吕蒙为榜样，鼓励其他将士也要多读点书，抽时间坚持学习，以提高自身的水平。

吕蒙受了孙权的教育，读书学习，持之以恒，最终取得显著的进步。

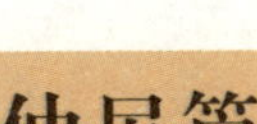

仲尼篇

【题解】

仲尼，即孔子，春秋末期著名的思想家、政治家、教育家，儒家学派的创始人，其言论和思想对后世影响深远。列子以仲尼为本篇命名，意在利用孔子的巨大影响来说明认识“道”、体验“道”和把握“道”的重要意义。本篇由十二个故事和三段议论组合而成，主要论述如何遵循“道”的本性来认识世界，其中兼述养生体道方面的内容，全篇虽然难以截然划分各部分的中心思想，但大体可以分为五个部分：第一部分，文中以孔子与颜回的对话引出“无乐无知，是真乐真知”的观点，主要讲述如何做到无乐无知，真乐真知的境界，那就是亢仓子所说的“体合于心、心合于气，气合于神，神合于无”。至于什么是“圣人”，孔子认为只有顺物之情才能体现无为无不为，在回答子夏提问时他说，即使四贤的仁、智、勇、庄加起来也不及一圣。第二部分中讲到南郭子的“貌充心虚、耳无闻、目无视、口无言、心无知、形无惕”，列子的“心凝形释、骨肉都融”、“物物皆游，物物皆观”，龙叔的“方寸之地虚矣，几圣人也”等言行，都体现了养生体道的内修功夫。第三部分由两段议论和一个故事组成，论述了生与死有幸运与不幸运之说、物极必反、无知主宰有知，从不同角度说明道与常理无处不在。第四部分的内容从公仪伯所讲善于使用气力胜过

以力气自负，公子牟与乐正子舆争论公孙龙的言论是谬论还是“至言”，到尧治理天下“不识不知，顺帝之则”，讲的是处事、治国要遵循“道”，按照“道”的本性去认识和把握客观事物，不能任意逞志。最后一部分是关于关尹论道，是对上述四个部分的故事、议论加以概括和总结，提出“物自违道，道不违物”，只有人违反自然规律，规律是不会违反人的，告诉人们要顺应自然规律，不能违背“道”的本质。本篇侧重于养生养神以通其“道”，从而在养生养神的基础上，真正把握“道”的本质，更加客观地认识世界。

【原典】

仲尼闲居，子贡入侍，而有忧色。子贡不敢问，出告颜回。

颜回援琴而歌。孔子闻之，果召回入，问曰：“若奚独乐[①]？”

回曰：“夫子奚独忧？”

孔子曰：“先言尔志。”

曰：“吾昔闻之夫子曰：‘乐

天知命故不忧'，回所以乐也。"孔子愀然有间曰[2]："有是言哉？汝之意失矣。此吾昔日之言尔，请以今言为正也。汝徒知乐天知命之无忧，未知乐天知命有忧之大也。今告若其实：修一身，任穷达，知去来之非我，亡变乱于心虑，尔之所谓乐天知命之无忧也。曩吾修《诗》《书》[3]，正礼乐，将以治天下，遗来世；非但修一身，治鲁国而已。而鲁之君臣日失其序，仁义益衰，情性益薄。此道不行一国与当年，其如天下与来世矣？吾始知《诗》《书》礼乐无救于治乱，而未知所以革之之方。此乐天知命者之所忧。虽然，吾得之矣。夫乐而知者，非古人之谓所乐知也。无乐无知，是真乐真知；故无所不乐，无所不知，无所不忧，无所不为。《诗》《书》礼乐，何弃之有？革之何为？"

颜回北面拜手[4]，曰："回亦得之矣。"

出告子贡。子贡茫然自失，归家淫思七日[5]，不寝不食，以至骨立[6]。颜回重往喻之，乃反丘门，弦歌诵书，终身不辍。

【注释】

①若奚：如何，怎样。②愀（qiǎo）然：形容神色变得严肃或不愉快。③曩（nǎng）：以前，以往。④北面拜手：古代的学生敬师的一种跪拜礼，老师坐北朝南，学生向北叩拜，行礼时，两膝跪地，两手拱合到地，俯头至手与心平，而不至地。⑤淫思：沉思，深思。⑥骨立：骨头突出来，形容人极度消瘦。

【译文】

孔子在家中闲坐，子贡进屋去侍奉他，看见孔子面带愁容。子贡不敢问原因，出来告诉了颜回。

颜回便一面弹琴一面唱歌。孔子听到了，果然把颜回叫了进去，问道："你为什么独自快乐？"

颜回说："先生为什么独自忧愁？"

孔子说："先说说你的想法吧。"

颜回说："我从前听先生说：'乐于顺从天道、懂得命运规律，就不会有忧愁。'这就是我快乐的原因。"

孔子的脸色变得严肃起来，过了一会儿说："有这话吗？你的理解错了。这是我以往说过的话罢了，让我用现在的话来为你纠正吧。你只知道乐于顺应天道、懂得命运规律而没有忧愁的一面，却不知道乐于顺应天道、懂得命运规律也包含着巨大的忧愁。现在告诉你其中的道理：修养自身，听任命运的穷困与富贵，懂得人生的生死存亡都不由自己决定，内心不因外界纷扰而迷失错乱，这就是你所说的乐于顺应天道、懂得命运规律而没有忧愁的一面。过去我修编《诗经》、《尚书》，订正礼制与乐律，是要用来治理天下，并且流传后世；不仅为了修养自身、治理鲁国而已。而鲁国的国君和大臣日益丧失其应有的尊卑等级秩序，仁义道德也一天天衰败，人性与真情日益淡薄。这种政治主张在一个国家、在我有生之年还不能实现，那又如何在全天下、在后世推行呢？我这才知道《诗经》、《尚书》、礼制乐律对于治理社会混乱并没有什么作用，但同时我又不知道如何根治这种局面。这正是乐于顺应天道、懂得命运规律的人所忧愁的。虽然如此，我还是明白了一些。现在所说的乐于顺应天道、懂得命运规率，并不是古人所说的乐于顺应天道、懂得命运规律。无乐无知，才是真正的乐，真正的知；所以无所不乐，无所不知，无所不忧，无所不为。对于《诗经》、《尚书》、礼制乐律，又何必去舍弃呢？又为什么还要去改革呢？"

颜回面向北下跪叩拜说："我也明白了。"

他出来告诉子贡。子贡茫然不知所措，回家反复琢磨了七天，不睡不吃，以至于变得骨瘦如柴。颜回又去开导他，他才回到孔子门下，弹琴唱歌，诵读诗书，一辈子也没停止过。

【原典】

陈大夫聘鲁[①]，私见叔孙氏[②]。

叔孙氏曰："吾国有圣人。"

曰："非孔丘邪?"

曰："是也。"

"何以知其圣乎?"

叔孙氏曰："吾常闻之颜回，曰：'孔丘能废心而用形。'"

陈大夫曰："吾国亦有圣人，子弗知乎?"

曰："圣人孰谓?"

曰："老聃之弟子有亢仓字者，得聃之道，能以耳视而目听。"

鲁侯闻之大惊，使上卿厚礼而致之。亢仓子应聘而至[③]。鲁侯卑辞请问之[④]。

亢仓子曰："传之者妄。我能视听不用耳目，不能易耳目之用。"

鲁侯曰："此增异矣。其道奈何？寡人终愿闻之。"

亢仓子曰："我体合于心，心合于气，气合于神，神合于无。其有介然之有[⑤]，唯然之音[⑥]，虽远在八荒之外，近在眉睫之内，来干我者，我必知之。乃不知是我七孔四支之所觉[⑦]，心腹六藏之所知[⑧]，其自知而已矣。"

鲁侯大悦。他日以告仲尼，仲尼笑而不答。

【注释】

①大夫：古代官名，西周以后先秦诸侯国中，在国君以下有卿、大夫、士三级。大夫世袭，有封地。聘：古代国与国之间派使者互相访问。②叔孙氏：鲁国的贵族。春秋后期，鲁国政权落在了季孙氏之手，公室季孙氏、孟孙氏和叔孙氏三家瓜分。③亢仓子：人名，又作

"庚桑子"、"亢桑子"，曾向老子学道。④卑辞：言辞谦恭。⑤介然：形容坚定执著的样子。⑥唯然：形容声音轻微。⑦四支：即四肢。⑧六藏：一般说五脏，即心、肺、肝、脾、肾。

【译文】

陈国大夫到鲁国出访，私下去会见了叔孙氏。

叔孙氏："我国有一位圣人。"

陈国大夫问："莫非是孔丘？"

叔孙氏说："是的。"

陈国大夫问："怎么知道他是圣人呢？"

叔孙氏说："我经常听颜回说：'孔丘能舍弃心智而只用形体。'"

陈国大夫说："我国也有一位圣人，您不知道吗？"

叔孙氏问："这位圣人是谁？"

陈国大夫说："老聃的弟子中有个叫亢仓子的，掌握了老聃的道术，能用耳朵看东西，用眼睛听声音。"

鲁侯听说了这件事，大为震惊，派上卿带着丰厚的礼物去邀请亢仓子。亢仓子应邀来到鲁国。鲁侯以谦卑的言辞向他请教。

亢仓子说："传说的人说错了。我能不用眼睛看东西，不用耳朵听声音，但并不能改变耳朵和眼睛原来的功能。"

鲁侯说："这就更奇怪了。那么你的道术是什么样的呢？我很想听听。"

亢仓子说："我的形体合于心智，心智合于元气，元气契合与精神，精神契合于虚空。那些极细微的形物，极轻微的声音，即使远在八方荒远之地以外，或是近在眉睫以内，凡是来干扰我的，我一定都能知道。我也不晓得是我的七窍四肢所感觉到的，还是心腹六脏所知道的，自然而然就知道罢了。"

鲁侯十分高兴。过后把这事告诉孔子，孔子笑了笑，没有回答。

【原典】

商太宰见孔子[①]，曰："丘圣者欤？"

孔子曰："圣则丘何敢，然则丘博学多识者也。"

商太宰曰："三王圣者欤[②]？"

孔子曰："三王善任智勇者，圣则丘弗知。"

曰："五帝圣者欤[③]？"

孔子曰："五帝善任仁义者，圣则丘弗知。"

曰："三皇圣者欤[④]？"

孔子曰："三皇善任因时者，圣则丘弗知。"

商太宰大骇，曰："然则孰者为圣？"

孔子动容有间，曰："西方之人有圣者焉，不治而不乱，不言而自信，不化而自行，荡荡乎民无能名焉[⑤]。丘疑其为圣。弗知真为圣欤？真不圣欤？"

商太宰嘿然心计曰[⑥]："孔丘欺我哉！"

【注释】

①商：春秋时期诸侯国宋国的别称，周灭商后，封商贵族微子的后代于宋，故宋国又称商。太宰：古代官名，殷代始置，西周时掌管王室内外事务，有的还辅佐国君处理政事。②三王：指夏、商、周三代之君。③五帝：指皇帝、颛顼、帝喾、尧、舜。④三皇：传说中的古代帝王，一说为天皇、地皇、泰皇；一说为天皇、地皇、人皇；一说为伏羲、女娲、神农；一说为伏羲、神农、祝融；一说为伏羲、神农、黄帝；一说为燧人、伏羲、神农。⑤名：指称呼，或指名声、名誉。⑥嘿（mò）然：沉默的样子。

【译文】

宋国的太宰见到孔子，问："孔丘，你是圣人吗？"

孔子说："圣人，我哪里敢当，不过，我是个学问广博知识丰富的人。"

宋国太宰问："三王是圣人吗？"

孔子说："三王善于任用智慧勇敢的人，至于是不是圣人，那我不知道。"

宋国太宰问："五帝是圣人吗？"

孔子说："五帝善于任用推行仁义道德的人，至于是不是圣人，那我也不知道。"

宋国太宰问："三皇是圣人吗？"

孔子说："三皇善于任用顺应时势的人，至于是不是圣人，那我也不知道。"

宋国太宰大为惊诧，说："那么谁是圣人呢？"

孔子的神色有所改变，过了一会儿，说："西方有一位圣人，不治理国家而国家不乱，不发表言论而自然得到信任，不施行教化而教

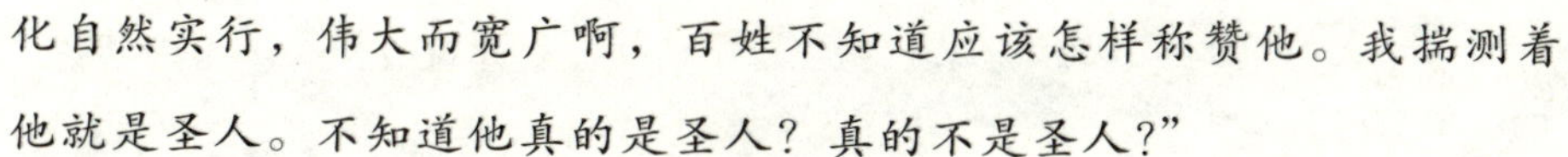

化自然实行，伟大而宽广啊，百姓不知道应该怎样称赞他。我揣测着他就是圣人。不知道他真的是圣人？真的不是圣人？”

宋国太宰听了，默思忖道：“孔丘在欺哄我吧！”

【原典】

子夏问孔子曰[①]：“颜回之为人奚若[②]？”

子曰：“回之仁贤于丘也。”

曰：“子贡之为人奚若[③]？”

子曰：“赐之辩贤于丘也。”

曰：“子路之为人奚若[④]？”

子曰：“由之勇贤于丘也。”

曰：“子张之为人奚若[⑤]？”

子曰：“师之庄贤于丘也。”

子夏避席而问曰[⑥]：“然则四子者何为事夫子？”

曰：“居！吾语汝。夫回能仁而不能反，赐能辩而不能讷，由能勇而不能怯，师能庄而不能同。兼四子之有以易吾，吾弗许也。此其所以事吾而不贰也[⑦]。”

【注释】

①子夏：人名，行卜名商，卫国温人，是孔子晚年的得意弟子之一。②颜回：人名，曹姓，颜氏，名回，字子渊，春秋末期鲁国人，孔子最得意弟子。奚若：如何，怎样。③子贡：人名，复姓端木，名赐，字子贡，是孔子的弟子。④子路：人名，仲氏，名由字子路，是孔子的弟子。⑤子张：人名，复姓颛孙，名师，字子张，是孔子的弟子。⑥避席：古代人席地而坐，离席起立，表示敬意。⑦贰：怀疑，变心。

【译文】

子夏问孔子说："颜回的为人怎么样？"

孔子说："颜回的仁慈之心胜过我。"

子夏问："子贡的为人怎么样？"

孔子说："端木赐的辩说能力胜过我。"

子夏问："子路的为人怎么样？"

孔子说："仲由的英勇胜过我。"

子夏问："子张的为人怎么样？"

孔子说："颛孙师的庄重严肃胜过我。"

子夏站起来，离开坐席，问道："既然这样，那么这四个人为什么还要来拜您为师并侍奉您呢？"

孔子说："坐下！我告诉你。颜回能够仁慈却不能适时变通，端木赐能够辩论却不能缄默内敛，仲由能够勇敢却不能适时退让，颛孙师能够庄重却不能谦逊和群。把他们四个人的优点合起来同我交换，我也不会答应。这就是他们拜我为师并侍奉我而从不三心二意的原因。”

【原典】

子列子既师壶丘子林，友伯昏瞀人，乃居南郭[1]。从之处者，日数而不及。虽然，子列子亦微焉[2]，朝朝相与辩[3]，无不闻。而与南郭子连墙二十年[4]，不相谒请；相遇于道，目若不相见者。门之徒役以为子列子与南郭子有敌不疑[5]。

有自楚来者，问子列子曰：“先生与南郭子奚敌?”

子列子曰：“南郭子貌充心虚，耳无闻，目无见，口无言，心无知，形无惕[6]。往将奚为? 虽然，试与汝偕往。”

阅弟子四十人同行。见南郭子，果若欺魄焉[7]，而不可与接。顾视子列子，形神不相偶，而不可与群。南郭子俄而指子列子之弟子末行者与言，衎衎然若专直而在雄者[8]。子列子之徒骇之。反舍，咸有疑色。

子列子曰：“得意者无言，进知者亦无言[9]。用无言为言亦言，无知为知亦知。无言与不言，无知与不知，亦言亦知。亦无所不言，亦无所不知；亦无所言，亦无所知。如斯而已。汝奚妄骇哉?”

【注释】

①南郭：南面的外城。②微：指道术精微，精妙。③辩：通“辨”。④南郭子：人名，春秋末期著名的隐士。⑤徒役：门徒弟子。⑥惕：通“易”，变易。⑦欺魄：古代用来祈雨的土偶。⑧衎衎（kàn kàn）：刚直。专直：指专断直率。在雄：指争雄雌，求胜负。⑨进知：完全知道。进：通“尽”。

【译文】

列子拜壶丘子林为师，以伯昏瞀人为友之后，便在外城南面居住下来。跟列子交往的人，每天都不可计数。即使这样，列子的道术也堪称精妙，每天与来往的人一起谈说论辩，远近闻名。可是，他与南郭子隔墙为邻二十年，却从不互相拜访来往；在路上相遇，也好像不认识对方似的。列子的门徒弟子们都以为列子与南郭子之间一定有仇怨。

有一个从楚国来的人，问列子说："先生与南郭子有什么仇怨？"

列子说："南郭子形貌充实而心灵空虚，耳无所闻，目无所见，口无所言，心无所知，形体没有变易。如果去拜访他又能干什么呢？即使这样，我还是试着和你一起去看看吧。"

于是列子挑选了四十个弟子一起去。看到南郭子，果然和求雨的土偶一样，旁人不能同他进行交流接触。他回头看看列子，形骸和精神似乎已经分离，而别人根本不能同他相处。过了一会儿，南郭子指着列子的弟子中站在最后的那个，和他谈话，轻松快活，侃侃而谈，露出一副追求真理，无往不胜的样子。列子的弟子们对此大为惊骇。回到住处，都还带着疑惧的神色。

列子说："领悟事物真谛的人无须言说，什么都知道的人也无须言说。以无言作为有声言语表述，也是一种言语；以无知作为外在的知晓，也是一种有知。而以无言作为不加表示，以无知作为不知道，也是一种言说和有知。所以，也就没有什么不能说的，也就没有什么不知道的；也没有什么值得说的，也就没有什么要知道的。道理不过如此而以，你们为什么要胡乱惊惧呢？"

【原典】

子列子学也，三年之后，心不敢念是非，口不敢言利害，始得老商一眄而已[①]。五年之后，心更念是非，口更言利害，老商始一解颜而笑。七年之后，从心之所念，更无是非；从口之所言，更无利害，

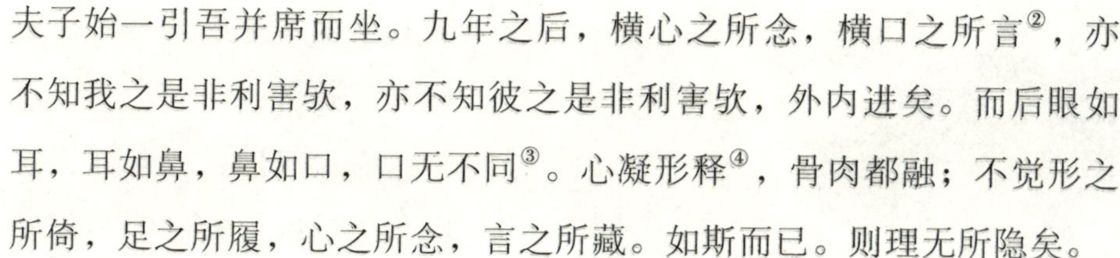

夫子始一引吾并席而坐。九年之后，横心之所念，横口之所言[②]，亦不知我之是非利害欤，亦不知彼之是非利害欤，外内进矣。而后眼如耳，耳如鼻，鼻如口，口无不同[③]。心凝形释[④]，骨肉都融；不觉形之所倚，足之所履，心之所念，言之所藏。如斯而已。则理无所隐矣。

【注释】

①眄（miǎn）：斜着眼看。②横（hèng）：这里指放纵。③口：这里是衍文，当删。④心凝形释：精神凝聚，形体散释，指思想极为专注，忘记了自己身体的存在。

【译文】

列子学习道术，三年之内，心中不敢计较是与非，嘴上不敢言说利与害，才得到老商氏斜着眼睛看了一眼。五年之后，心中更加不敢计较是与非，嘴上更加不敢言说利与害，老商氏才舒展面容，对他笑了笑。七年之后，任凭心里怎样去想，更加没有是与非，任凭口中怎样去言说，更加没有利与害，先生这才叫列子和他并席而坐。九年之后，放纵心思去想，放纵口舌去言说，也不知道自己的是非利害，也不知道别人的是非利害，身心内外完全融合于大道了。从此以后，眼睛的作用就像耳朵一样，耳朵的作用就像鼻子一样，鼻子的作用就像嘴巴一样，没有什么区别了。心神凝聚，形体消散，骨骸血肉相互融合；感觉不到形体所倚赖的，脚下所踩踏的，心中所牵念的，言语所蕴藏的。不过如此而已。那么一切道理也就没有什么可隐藏的了。

【原典】

初，子列子好游。

壶丘子曰："御寇好游，游何所好？"

列子曰："游之乐所玩无故[①]。人之游也，观其所见；我之游也，

观其所变。游乎游乎！未有能辨其游者。”

壶丘子曰：“御寇之游固与人同欤，而曰固与人异欤？凡所见，亦恒见其变。玩彼物之无故，不知我亦无故。务外游，不知务内观。外游者，求备于物；内观者，取足于身。取足于身，游之至也；求备于物，游之不至也。”

于是列子终身不出，自以为不知游。

壶丘子曰：“游其至乎！至游者，不知所适；至观者，不知所眂[②]。物物皆游矣，物物皆观矣，是我之所谓游，是我之所谓观也。故曰：游其至矣乎！游其至矣乎！”

【注释】

①无故：故，旧，这里指所到的地方没有陈旧事物，给人以新鲜感。②眂（shì）：同“视”。

【译文】

早些时候，列子非常喜欢到处游览。

壶丘子问他说：“御寇，你喜欢游览，游览中你的爱好是什么呢？”

列子说："游览的快乐，在于所欣赏的东西没有陈旧的。别人游览，欣赏的是所见到的东西；我的游览，是为了观察事物的变化。游览啊游览！没有人能分辨这两种不同的游览。"

壶丘子说："御寇，你的游览本来就与别人一样，为什么还要说与别人不同呢！凡是观察事物，也必然能从中看到这些事物的变化。只知道欣赏外物的变化，却不知道自身也在不停地变化之中。只知道欣赏外物，却不知道审视自身的变化。欣赏外物，希望把外物都看遍；审视自己，也应把自身都看遍。把自身都看遍，这是最高境界的游览；把外物都看遍，并不是最高境界的游览。"

从此以后，列子终身不再外出游览，认为自己不懂得游览的道理。

壶丘子说："这是最高境界的游览啊！最高境界的游览不知道要去的地方，最高境界的欣赏不知道要欣赏的事物。任何地方都游览了，任何事物都欣赏了，这就是我所说的游览，这就是我所说的欣赏。所以说：这才是最高境界的游览啊！这才是最高境界的游览啊！"

【原典】

龙叔谓文挚曰[①]："子之术微矣。吾有疾，子能已乎[②]？"

文挚曰："唯命所听。然先言子所病之证[③]。"

龙叔曰："吾乡誉不以为荣，国毁不以为辱；得而不喜，失而弗忧；视生如死，视富如贫，视人如豕，视吾如人；处吾之家，如逆旅之舍[④]；观吾之乡，如戎蛮之国[⑤]。凡此众疾，爵赏不能劝，刑罚不能威，盛衰、利害不能易，哀乐不能移。固不可事国君，交亲友，御妻子[⑥]，制仆隶。此奚疾哉？奚方能已之乎？"

文挚乃命龙叔背明而立，文挚自后向明而望之，既而曰："嘻！吾见子之心矣：方寸之地虚矣[⑦]。几圣人也！子心六孔流通，一孔不达。今以圣智为疾者，或由此乎？非吾浅术所能已也。"

【注释】

①龙叔：人名，相传为春秋时期宋国人。文挚：人名，相传为战国时期宋国人，洞明医术，曾为齐闵王治病，但后来被齐闵王杀害。②已：指至于。③证：同“症”，症状，症候。④逆旅：客舍，旅店。⑤戎蛮：古代称西方和南方在边远地区生活的少数民族，泛指落后荒蛮的偏远国家。⑥御：主宰，统治。⑦方寸之地：指人心。

【译文】

龙叔对文挚说：“您的医术相当精深。我现在有病，您能治好吗?”

文挚说：“一切听从您的吩咐。不过，请您先说说您的病症吧。”

龙叔说：“我受到全乡人的赞誉，并不觉得光荣，受到全国人的诋毁，不觉得耻辱；有所获得时并不感到欢喜，有所损失也不感到忧愁；看待活着就像是死亡，看待富贵就像是贫穷，看待人如同猪，看待自己如同别人。住在自己家中，像是住在旅馆；看待自己的家乡，就像是偏远的荒蛮之国。所有这些病状，爵位赏赐不能将其劝止，严刑峻法不能将其威吓，盛衰利害不能将其改变，悲哀快乐不能将其动摇。我这样做自然不能辅佐国君，交结亲友，主宰妻子儿女，管制仆役奴隶。这是什么病呢？什么药方能治好它呢?”

文挚于是叫龙叔背朝光亮站着，他从后面对着光亮观望，过了一会儿说：“呀！我看到您的心了：您的心里已经空虚了。差不多就是圣人了！您的心已有六个孔流通了，只有一个孔还没有通达。现在您把圣人的心智当做疾病的，大概就是这个原因吧！并不是我浅陋的医术所能治愈的。”

【原典】

无所由而常生者，道也。由生而生，故虽终而不亡，常也。由生

而亡，不幸也。有所由而常死者，亦道也。由死而死，故虽未终而自亡者，亦常也。由死而生，幸也。故无用而生谓之道，用道得终谓之常；有所用而死者亦谓之道，用道而得死者亦谓之常。

季梁之死[①]，杨朱望其门而歌[②]。随梧之死[③]，杨朱抚其尸而哭。隶人之生[④]，隶人之死，众人且歌，众人且哭。

【注释】

①季梁：人名，战国时期魏国人，杨朱的好友。②杨朱：人名，字子居，战国时期魏国人，先秦哲学家。③随梧：人名，与杨朱同时代的人，事迹不详。④隶人：这里指一般人，众人。

【译文】

无所凭借而永远存在的，是自然之道。顺应生存规律而存在，所以即使生命终结了，为生之道也不会灭亡，这是正常现象。根据生存规律而死亡的，是一种不幸。有所凭借而经常死亡的，也是自然之道。依照死亡之道而死亡，所以尽管生命尚未终结而自行消亡的，也是正常现象。依照死亡之道而活着的，是一种侥幸。所以无所凭借而活着叫做自然之道，依照自然之道而生命得以终结的也叫做正常现象；有所凭借而死亡的也叫做自然之道，依照死亡之道而得夭亡的也叫做正常现象。

季梁死了，杨朱望着他家的大门唱歌。随梧死了，杨朱抚着他的尸体哭泣。一般人的诞生，一般人的死亡，大家或者唱歌，或者哭泣。

【原典】

目将眇者[①]，先睹秋毫[②]；耳将聋者，先闻蚋飞[③]；口将爽者[④]，先辨淄渑[⑤]；鼻将窒者[⑥]，先觉焦朽[⑦]；体将僵者，先亟犇佚[⑧]；心将迷者，先识是非：故物不至者则不反。

【注释】

①眇（miǎo）：瞎，失明，这里指严重眼疾。②秋毫：指鸟兽在秋天新长出的细毛，后用来比喻极细微的事物。③蚋（ruì）：蚊子。④爽：差。⑤淄、渑：皆为水名，即淄水和渑水，皆在今山东省。⑥窒：堵塞不通，这里指失去嗅觉。⑦焦朽：指火焦木朽的气味。⑧亟（jí）：急切。犇（bēn）佚：疾驰。

【译文】

眼睛将要失明的人，先能看清秋毫一样细微的东西；耳朵将要变聋的人，先能听到蚊子乱飞的声音；口舌将要失去味觉的人，先能分辨出淄水和渑水滋味的差别；鼻子将要失去嗅觉的人，先能闻到焦烂腐朽的气味；身体将要僵硬的人，先能轻快地奔驰；心智将要迷乱的人，先能识别是非：所以事物不发展到极点，就不会走到它的反面。

【原典】

郑之圃泽多贤[①]，东里多才[②]。

圃泽之役有伯丰子者[③]，行过东里，遇邓析。

邓析顾其徒而笑曰[④]："为若舞，彼来者[⑤]，奚若?"

其徒曰："所愿知也。"

邓析谓伯丰子曰："汝知养养之义乎？受人养而不能自养者，犬豕之类也；养物而物为我用者，人之力也。使汝之徒食而饱，衣而息，执政之功也。长幼群聚而为牢藉庖厨之物[⑥]，奚异犬豕之类乎?"

伯丰子不应。

伯丰子之从者越次而进曰[⑦]："大夫不闻齐鲁之多机乎？有善治土木者，有善治金革者，有善治声乐者，有善治书数者，有善治军旅者，有善治宗庙者，群才备也。而无相位者，无能相使者。而位之者无知，使之者无能，而知之与能为之使焉。执政者乃吾之所使，子奚矜焉[⑧]?"

邓析无以应，目其徒而退。

【注释】

①圃泽：地名，在今河南中牟县西。②东里：地名，在今河南新郑城内。③役：门徒，弟子。伯丰子：人名，又名百丰，列子的学生。④观析：人名，河南新郑人，郑国大夫，春秋末期思想家。⑤舞：通"侮"，舞弄，嘲弄。⑥牢：关牲畜的栏圈。藉：竹木围绕成的栅栏。⑦越次：越过尊卑秩序。⑧矜：自尊、自大。

【译文】

郑国的圃泽有许多贤能之士，东里有许多有才之士。

圃泽的弟子中有个叫伯丰子的，路过东里，遇到了邓析。

邓析回头对弟子笑着说："我为你们戏弄戏弄那个走来的人，怎么样?"

邓析的弟子们说："这正是我们所希望能看到的。"

邓析对伯丰子说："你知道受人供养与自己养活自己的含义吗？受人供养而不能自己养活自己的，便是狗猪一类的动物；养育他物而使他物为自己所用的，这是人的能力。让你们这些人吃得饱，穿得暖，睡得好，都是我们这些掌握政权的人的功劳。而你们只会老老少少聚集在一起，就好比住在牛羊栅圈里，嚼着厨房里的饭菜，这与狗猪一类的动物有什么区别？"

伯丰子不搭理他。

伯丰子的弟子越过尊卑秩序，上前对邓析说："大夫没有听说过齐国和鲁国有许多很有才能的人吗？有的擅长设计土木建筑，有的擅长制造兵器铠甲，有的擅长谱曲奏乐，有的擅长写书算术，有的擅长带兵作战，有的擅长主持宗庙祭祀活动，各种各样的人才都具备了。但他们中间却没有居于相应高位的人，没有谁能支使谁。凌驾于他们之上的人没有知识，支使他们的人没有能力，而有知识和能力人却被他们使唤。你们这些掌握政权的人，都是被我们所使唤的，你还有什么值得矜持自大的呢？"

邓析无言以对，用眼神示意他的弟子们转身离开了。

【原典】

公仪伯以力闻诸侯[①]，堂谿公言之于周宣王[②]，王备礼以聘之。公仪伯至。观形，懦夫也。宣王心惑而疑曰："女之力何如？"

公仪伯曰："臣之力能折春螽之股[③]，堪秋蝉之翼[④]。"

王作色曰："吾之力者能裂犀兕之革[⑤]，曳九牛之尾，犹憾其弱。女折春螽之股，堪秋蝉之翼，而力闻天下，何也？"

公仪伯长息退席，曰："善哉王之问也！臣敢以实对。臣之师有商丘子者，力无敌于天下，而六亲不知[⑥]，以未尝用其力故也。臣以死事之。乃告臣曰：'人欲见其所不见，视人所不窥；欲得其所不得，

修人所不为、故学睬者先见舆薪[⑦]，学听者先闻撞钟。夫有易于内者无难于外。于外无难，故名不出其一家。’今臣之名闻于诸侯，是臣违师之教，显臣之能者也。然则臣之名不以负其力者也，以能用其力者也，不犹愈于负其力者乎？”

【注释】

①公仪伯：人名，周朝隐士，复姓公仪。②堂谿公：人名，周朝隐士，复姓堂谿。③春螽（zhōng）：昆仲，又名螽斯，样子像蚱蜢，身体草绿色或褐色，以翅摩擦发出声音。④堪：胜任，一说通“戡”，刺破。⑤兕（sì）：古代犀牛一类的兽名。⑥六亲：指父、母、兄、弟、妻、子，泛指亲戚，亲人。⑦舆薪：满车的柴，比喻大而易见的事物。

【译文】

公仪伯以力气大而闻名于各诸侯国，堂谿公把这件事告诉了周宣王，周宣王准备了厚礼去聘请他。公仪伯来了，宣王看他的样子，像是个懦弱无力的人。宣王心中疑惑，问道：“你的力气怎么样？”

公仪伯说：“我的力气能折断春螽的大腿，刺穿秋天知了的翅膀。”

宣王脸色大变，说：“我的力气能撕开犀兕的皮革，拖住九头牛的尾巴，心里还嫌力气太小。你只能折断春螽的大腿，刺穿秋天知了的翅膀，却以力气大而闻名天下，这是为什么呢？”

公仪伯长叹一声，离开坐席，说：“大王问得好啊！我大胆地把实际情况告诉您。我有位老师叫商丘子，力气大得天下没有对手，而他的父母兄弟妻子却不知道；这是他从来没有用过他的力气的缘故。我死心塌地侍奉他。他才对我说：‘一个人要想看见别人看不见的事物，观察别人没有观察到的地方；要得到别人得不到的东西，就要从事别人所不干的事情。所以练习眼力，要先去观察车上的柴草；练习

听力的人，要先去聆听撞钟的声音。在心里觉得容易办到了，实际做起来就不会觉得难了。做起来感觉没有困难，因而名声也就传不出自己的家。’现在我的名声传遍了各诸侯国，是我违背了老师的教导，显示了自己能力的缘故。然而我的名声不是凭着自己的力气得到的，而是由于我善于运用自己的力气获得的，这不是胜过那些仅凭自己的力气而得到名声的人吗？”

【原典】

中山公子牟者[①]，魏国之贤公子也。好与贤人游[②]，不恤国事，而悦赵人公孙龙[③]。乐正子舆之徒笑之[④]。

公子牟曰：“子何笑牟之悦公孙龙也？”

子舆曰：“公孙龙之为人也，行无师，学无友，佞给而不中[⑤]，漫衍而无家，好怪而妄言。欲惑人之心，屈人之口，与韩檀等肄之[⑥]。”

公子牟变容曰：“何子状公孙龙之过欤？请闻其实。”

子舆曰：“吾笑龙之诒孔穿[⑦]，言‘善射者能令后镞中前括[⑧]，发发相及，矢矢相属[⑨]，前矢造准而无绝落[⑩]，后矢之括犹衔弦，视之若

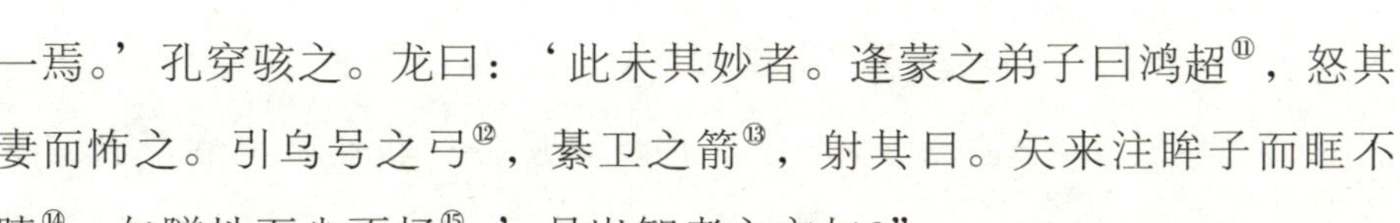

一焉。’孔穿骇之。龙曰：‘此未其妙者。逢蒙之弟子曰鸿超[11]，怒其妻而怖之。引乌号之弓[12]，綦卫之箭[13]，射其目。矢来注眸子而眶不睫[14]，矢隧地而尘不扬[15]。’是岂智者之言与?”

公子牟曰：“智者之言固非愚者之所晓。后镞中前括，钧后于前。矢注眸子而眶不睫，尽矢之势也。子何疑焉?”

乐正子舆曰：“子，龙之徒，焉得不饰其阙？吾又言其尤者。龙诳魏王曰：‘有意不心。有指不至。有物不尽。有影不移。发引千钧。白马非马。孤犊未尝有母[16]。’其负类反伦[17]，不可胜言也。”

公子牟曰：“子不谕至言而以为尤也[18]，尤其在子矣。夫无意则心同。无指则皆至。尽物者常有。影不移者，说在改也。发引千钧，势至等也。白马非马，形名离也孤犊未尝有母，非孤犊也。”

乐正子舆曰：“子以公孙龙之鸣皆条也[19]。设令发于余窍[20]，子亦将承之。”

公子牟默然良久，告退，曰：“请待余日，更谒子论。”

【注释】

①中山公子牟：即魏牟，战国时期人，魏国公子，因封于中山，故名中山公子牟，与公孙龙交好。②游：指交往，来往。③公孙龙：人名，姓公孙，名龙，字子秉，赵国人，战国时期哲学家，提出了“离坚白”、“白马非马”等论题。④乐正子舆：人名，姓乐正，名子舆，战国时人。⑤佞给：巧言善辩。不中：不合常理。⑥韩檀：人名，即桓团，姓桓，名团，战国时期赵国辩士。⑦诒（dài）：欺骗。孔穿：人名，孔子的六世孙，字子高。⑧镞（zú）：箭头。括：通“栝”，箭的末端。⑨相属（zhǔ）：连缀，接连。⑩造准：射中箭靶。⑪逢蒙：亦作逄门，古人名，夏朝擅长射箭的人。鸿超：人名，逢蒙的弟子，善射。⑫乌号之弓：黄帝的弓，泛指好弓。⑬綦（qí）卫之箭：古代

綦地出产的利箭。⑭眶：眼的四周。睫：眨眼。⑮隧：通“坠”，掉落。⑯孤犊：失去母亲的小动物。⑰负类反伦：和同类事物所具有的特性想悖逆。⑱谕：同“喻”，明白，理解。至言：极有道理的话。⑲鸣：鸣叫，是对公孙龙言论的贬语，意即将它当做叫唤。条：条理，逻辑。⑳余窍：指肛门。

【译文】

中山公子牟，是魏国贤能的公子。喜欢与贤能的人交往，不关心国家事务，却欣赏赵国人公孙龙。乐正子舆一伙人为此而笑话他。

公子牟问：“你们为什么笑话我欣赏公孙龙呢？”

子舆说：“公孙龙的为人、言行没有老师指导，学习没有朋友相助，巧言善辩而不合事理，思想散漫而不成学派，喜欢奇谈怪论而胡说八道。企图迷惑别人的心灵，折服别人的口舌，专与韩檀这些人一起研习歪门邪道。”

公子牟变了脸色，说：“你对公孙龙的描述怎么这样过分呢？请说出具体的根据。”

子舆说：“我笑话公孙龙欺哄孔穿的情形，说：‘善于射箭的人能使后面一支箭的箭头射中前面一支箭的箭尾，一箭挨着一箭，一箭连着一箭；最前面的箭射中靶心，中间的箭也不曾跌落，最后面那支箭的箭尾正好搭在弓弦上，看上去就好像连成了一支长箭。’孔穿大为惊异。公孙龙说：‘这还不是最奇妙的。逢蒙的弟子叫鸿超，对妻子发脾气的时候就吓唬她。拉开黄帝的乌号良弓，搭上綦卫的利箭，直射她的眼睛。箭飞到眼前，她却没有眨一下眼睛，箭掉落到地上，却没有扬起一点儿尘土。’这难道是聪明人应当说的话吗？”

公子牟说：“聪明人说的话本来就不是愚笨的人所能明白的。后

一支箭的箭头射中前一支箭的箭尾，是因为每一支箭的力度和瞄准点都是一样的。箭射到眼睛而没有眨一下眼睛，是因为箭的力量到了眼前刚好用尽了。你有什么怀疑的呢？”

乐正子舆说：“你和公孙龙是一类人，怎么会不掩饰他的错误呢？我再说说他更荒谬的地方。公孙龙欺骗魏王说：‘产生思虑并不是人的本心；有名称的不是具体的事物。物体永远分割不尽。影子是不会移动的。头发丝可以牵引千斤重的物体。白马不是马。孤牛犊不曾有过母亲。’他那些背离事物类别，违反世人常理的言论，真是举不胜举。”

公子牟说：“你不理解这些至理名言，反而认为它们是谬论，真正错误的是你。没有了意念就与本心相同。事物没有名称指称就可以说是任何具体事物。物体分割到最后，剩下的也还是客观存在的物体。影子不移动，是因为它处在不断的改换之中。头发丝能牵引千斤重的物体，是由于力量分配得十分均衡。白马不是马，是由于形体和名称有区别。孤牛犊不曾有过母亲，要是它母亲还在，它就不能称做孤牛犊了。”

乐正子舆说：“你把公孙龙的奇谈怪论都当成条理贯通的常理。假如他放个屁，你恐怕也会奉承的。”

公子牟沉默了好久，告辞说：“请过些时间，我再来找你辩论。”

【原典】

尧治天下五十年，不知天下治欤，不治欤？不知亿兆之愿戴己欤[①]，不愿戴己欤？顾问左右，左右不知。问外朝[②]，外朝不知。问在野，在野不知[③]。

尧乃微服游于康衢[④]，闻儿童谣曰：“立我蒸民[⑤]，莫匪尔极[⑥]。不识不知，顺帝不则[⑦]。”尧喜问曰：“谁教尔为此言？”童儿曰：“我

闻之大夫。”问大夫。大夫曰：“古诗也。”

尧还宫，召舜，因禅以天下。舜不辞而受之。

【注释】

①亿兆：泛指庶民百姓。②外朝：指在外朝参政诸官，后泛指朝臣。③在野：原指不在朝做官，后也指不当政。④康衢（qú）：指四通八达的大路。⑤蒸民：百姓。蒸：通“烝”，众。⑥匪：同“非”。极：中正的准则。⑦则：榜样，准则。

【译文】

尧治理天下五十年，不知道天下治理好了呢，还是没有治理好？不知道天下百姓愿意拥戴自己，还是不愿意拥戴自己？环顾询问左右近臣，近臣都不知道。询问外朝的官员，外朝的官员也不知道。询问在野的贤人，

在野的贤人也不知道。

于是尧穿上百姓的衣服，打扮成百姓的样子，在大街上私自察访，听到有儿童唱的歌谣说：“养育我众多子民，无不是您那崇高的美德。不用知识也不用智慧，只需遵循自然的法则。”尧高兴地问道：“谁教你们唱这首歌的？”儿童回答说：“我们是从大夫那里听来的。”尧又去问大夫。大夫说，“这是一首古诗。”

尧回到宫中，召见舜，于是将帝位禅让给了他。舜没有推辞就接受了。

【原典】

关尹喜曰[①]：“在已无居[②]，形物其箸[③]。其动若水，其静若镜[④]，其应若响。故其道若物者也。物自违道，道不违物。善若道者，亦不用耳，亦不用目，亦不用力，亦不用心。欲若道而用视听形智以求之，弗当矣。瞻之在前，忽焉在后；用之弥满六虚[⑤]，废之莫知其所[⑥]。亦非有心者所能得远，亦非无心者所能得近。唯默而得之而性成之者得之。知而亡情，能而不为，真知真能也。发无知[⑦]，何能情？发不能，何能为？聚块也，积尘也，虽无为而非理也。”

【注释】

①关尹喜：人名，关尹，春秋时任，字公文，是早期道家代表人物之一。②在已：对于自己。居：固执，偏执。③箸：同：“著”，显著，显明。④若：指顺从，顺应。⑤六虚：六合，即东、南、西、北、上、下。⑥废：通“发”。⑦发：通“废”。

【译文】

关尹喜说：“自己对事物的认知能做到不偏执，外界的事理就会自然显著。这时行动起来就会像水一样自然，静下来就会像镜子一样平静，反应外物时就会像回声一样发出声响。所以说道是顺应事物的变化的。只有事物违背了道，道却不会违背事物。善于顺应道的人，也不用耳朵，也不用眼睛，也不用体力，也不用心思。想要体悟道而又用视觉、听觉、形体与心智去追求，是很不恰当的。道看上去在前面，忽然又到了后面；它发生作用时能充满上下四方，不起作用时又不知道去往何处。也不是有心求道的人能使它远离，也不是无心求道的人能使它靠近。只有虚静默然地体察本性的人才能够得到它。懂得了事理而舍弃情欲，有能力而不去作为，这才是真正的知、真正的能。从无知出发，如何还能动情？从无能出发，如何还能作为？那聚集起来的土块，积累起来的尘埃，虽然无所作为，但并非没有一点儿存在的合理因素。”

相关链接

庖丁解牛

有一个名叫丁的厨师替梁惠王宰牛，梁惠王在一旁观看，见他手接触的地方，肩靠着的地方，脚踩着的地方，膝顶着的地方，动作都极其娴熟自如。他每将屠刀刺入牛身时，都发出皮骨相离的声音，那声音就像乐章般动听，而他运刀时的动作就像舞蹈一般优美，声音与动作互相配合，显得很和谐一致。

梁惠王在一旁不觉看呆了，禁不住高声赞叹道：“好啊！你宰牛的技术怎么会高明到这种程度呢？”

庖丁听了，赶紧放下刀子回答说：“我所探究的是事物的规律，这已经超过了对于宰牛技术的追求。当初我刚开始宰牛的时候，对于牛体的结构还不了解，眼前看到的只是一整头牛。等我有了三年的宰牛经历后，我对牛的构造已经完全了解了，见到的是牛的内部肌理筋骨，不再是整头的牛，而是许多可以拆卸下来的零部件了。现在宰牛的时候，我不需要用眼睛去看它，而只是用意念去感触牛的身体就可以了，就像感觉器官停止活动了而全凭意念在活动。我顺着牛体的肌理结构，劈开筋骨间大的空隙，沿着骨节间的空穴使刀，都是依顺着牛体本来的结构，这样就不会使屠刀受到丝毫损伤。我宰牛的刀从来没有碰过经络相连的地方、紧附在骨头上的肌肉和肌肉聚结的地方，更何况股部的大骨呢？技术高明的厨工每年换一把刀，因为他们用刀子去割肉。技术一般的厨工每月换一把刀，因为他们用刀子去砍骨头。现在我这把刀已

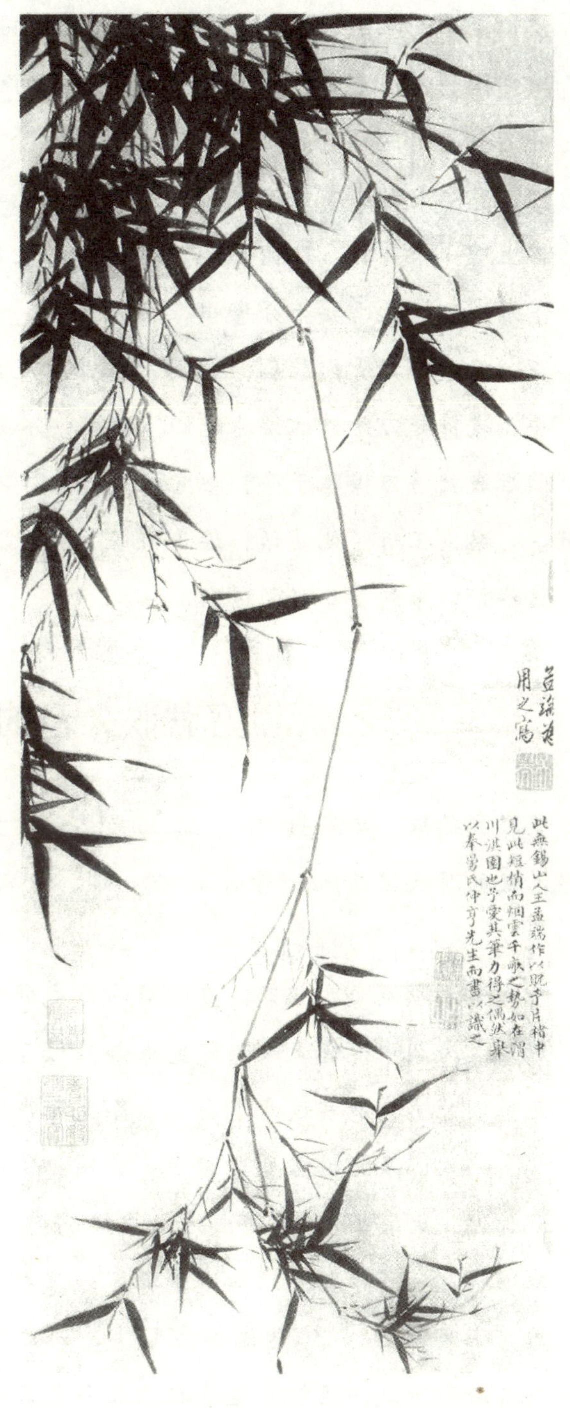

经用了十几年了，宰牛数千头，可刀口却还像刚从磨刀石上磨出来的一样锋利。这是为什么呢？因为牛身上的骨节是有空隙的，而刀刃又并不厚，用这样薄的刀刃刺入有空隙的骨节中，那么在运转刀刃时就显得宽绰而游刃有余了。所以我用了十几年的刀而刀刃还像刚从磨刀石上磨出来一样。即便如此，每当我碰上筋骨交错的地方，还是难以下刀，这时就需要十分警惧，目光集中，动作放慢，刀子轻轻地动一下，哗啦一声骨肉就已经分离，像一堆泥土一样散落在地上了。宰完牛，我提起刀站着，得意地四下环顾，不免感到悠然自得、浑身畅快。然后我就将刀擦拭干净，把它收藏起来，以备下次再用。”

梁惠王听了他的话，连连点头，感叹地说：“好啊！我听了您的这些话，学到了养生之道啊。”

见好就收，及时后退

郭德成，元末明初人，性格豁达，十分机敏，喜爱喝酒。在元末动乱的时代里，他和哥哥郭兴一起，随朱元璋转战沙场，立了不少战功。

朱元璋做了明朝开国皇帝后，原先的将领纷纷加官晋爵，待遇优厚，成为朝中达官贵人。郭德成却只做了骁骑舍人这样一个小官。朱元璋因此感到有些过意不去，准备提拔郭德成。

一次，朱元璋召见郭德成，说道：“德成啊，你的功劳不小，我让你做个大官吧。”郭德成连忙推辞说：“感谢皇上对我的厚爱，但是我脑袋瓜不灵，整天只知道喝酒，一旦做大官，那不是害了国家又害了自己吗？”朱元璋见他辞官坚决，内心赞叹。于是将大量好酒和钱财赏给郭德成，还经常邀请郭德成去皇家后花园喝酒。

一次，郭德成陪朱元璋喝酒；花园内景色优美，桌上美酒香味四溢，他忍不住酒性大发，连声说道："好酒，好酒！"随即陪朱元璋喝起酒来。杯来盏去，郭德成喝个不停。眼看时间不早，郭德成烂醉如泥，踉踉跄跄走到朱元璋面前，弯下身子，低头辞谢，结结巴巴地说道："谢谢皇上赏酒！"朱元璋见他醉态十足，衣冠不整，头发纷乱，笑着说道："看你头发披散，语无伦次，真是个醉鬼疯汉。"郭德成摸了摸散乱的头发，脱口而出："皇上，我最恨这乱糟糟的头发，要是剃成光头，那才痛快呢。"朱元璋年少时，在皇觉寺做过和尚，最忌讳的就是"光"、"僧"等字眼。朱元璋一听此话，脸涨得通红，心想，这小子怎么敢这样大胆侮辱自己。他正要发怒，看见郭德成仍然傻乎乎地笑着，便沉默下来，转而一想："也许是郭德成酒后失言，不妨冷静观察，以后再整治他不迟。"想到这里，朱元璋虽然闷闷不乐，还是高抬贵手，让郭德成回了家。

郭德成酒醉醒来，一想到自己在皇上面前失言，恐惧万分，冷汗直流。想不到自己这样糊涂，这样大胆，竟然戳了皇上的痛处。

郭德成知道朱元璋对这件事不会轻易放过，自己以后难免有杀身之祸。怎么办呢？郭德成深深思考着：向皇上解释，不行，更会增加皇上的嫉恨；不解释，自己已铸成大错，难道真的为这事赔上身家性命不成。郭德成左右为难，苦苦地为保全自身寻找妙计。

过了几天，郭德成继续喝酒，狂放不羁，和过去一样。只是这次进寺庙剃了光头，真的做了和尚。整日身披袈裟，念着佛经。

朱元璋看见郭德成真做了和尚，心中的疑虑、嫉恨全消，还向自己的妃子赞叹说："德成真是个奇男子，原先我以为他讨厌头发是假，想不到真是个醉鬼和尚。"说完，他哈哈大笑起来。

后来，朱元璋猜忌有功之臣，原先的许多大将纷纷被他找借口杀掉了，而郭德成竟保全了性命。

顺势则昌，逆势则亡

商汤征伐夏桀之前，曾做了一篇“汤誓”，以鼓舞军队的士气。这篇短文后来收录在《尚书》一书中。在文中，商汤说：“来吧，你们各位！都来听我说。不是我敢于贸然进攻夏朝！实在是因为夏王犯下大罪，上天命令我去讨伐他。现在你们大家会说：‘我们的国君不体贴我们，不让我们种庄稼，却去攻打夏王。’这样的话我早就听过。夏王剥削他的人民，大家都说：‘这个太阳什么时候才能落下？我们宁可和你一起灭亡。’夏桀的德行败坏到这种程度，现在我一定要去讨伐他。”

果然，商汤打败了人民痛恨的夏桀，建立了商朝。商朝末年，王位落到了纣王的手中，政治黑暗，民不聊生，而西边的周族

逐渐兴起，在周文王的领导下，实力已足以与商相抗衡。然而，深通易理的文王没有贸然兴兵东进，而是对内施以仁政，对外铲除商纣的帮凶，同时扩大自己的势力范围。武王即位后，认为伐商的准备工作尚未完成，仍然韬光养晦，耐心地等待时机。据司马迁在《史记·周本纪》中所说，武王曾率兵东进至孟津，天下诸侯纷纷响应，但武王认为商朝气数未尽，于是果断退兵。在吕尚等一班贤臣良将的辅佐之下，周族的实力得以迅速增长。与此同时，商朝统治集团内部的矛盾却在激化，商纣王饰过拒谏，肆意胡为，残杀王族重臣比干，囚禁箕子，逼走微子。武王、吕尚等人遂把握这一有利战机，决定大举伐纣，经过牧野之战，一役而胜，结束了商朝的统治。

老马识途

春秋时代，齐桓公亲率大军进攻山戎，将其击溃。当齐军要返回时，却在深山中迷了路。当时已是冬天，白雪皑皑，山路弯曲多变，走着走着就辨不清方向了。这时，管仲说："不要紧，老马可以做我们的向导，它们认得路。"齐桓公立刻让人挑选了几匹老马，放开缰绳，让它们在前面随意地走，军队跟在马的后边。没多久，在几匹老马的带领下，齐军果然走出了山谷，找到了回齐国的路。

管仲知道老马识途，得益于他早年的经历。年轻时候，管仲家里很穷，经常和鲍叔牙一起做生意，两人乘骑的都是宝马。一次，两人住在一家客店，遭遇盗贼，两匹马都被偷了。两人报了官，等了两天，毫无音信。然而到了第三天，管仲、鲍叔牙正闷坐店中，忽听附近有"咴、咴"的马叫声，两人出门一看，竟是被盗的马自己回来了。管仲、鲍叔牙回到家中，就把宝马失而复得的事告诉了鲍父，并问是何原因。老人见多识广，对他俩说：“这有什么奇怪的，俗话说，‘猫记千，狗记万，老母鸡还记二里半’，何况是宝马良驹。”

汤问篇

【题解】

《汤问》一连讲了十五个恢诡谲怪的海外奇谈，并都以寓言故事的形式出现，多运用问答方式表述。在“殷汤问于夏革”的故事中，作者试图以科学的思维方式来认识宇宙万物，提出“物之始终，初无极已”，用宏观思维方式认识浩瀚的宇宙的无限性；针对“上下八方有极尽”的局限，提出宇宙“无极无尽”；针对当时只知“四海之内”的局限，提出万物“大小相含，无穷极也”；针对人们强自分辨事物的巨细、修短，大者有东海之东的“归墟”，小者有焦螟群飞集于蚊子的睫毛上，虽然形气各异，但是各自情性相对于生态都是均衡的，这些故事有的完全是作者的奇诡想象，看似荒诞不经，但叙述起来自然得体，其中还蕴藏着深刻的人生体验和哲理智慧。故事“穆王西巡”中，展示了一个人们见所未见、闻所未闻的“机器人”，其技术比现代机器人还要先进。“鲁公扈、赵齐婴”讲的是换心术，其水平高超已经达到现代医学水准。“造父学御”、“瓠巴鼓琴”、“钟子期与伯牙”、“甘蝇善射”等故事旨在说明学习技术是无止境的，人们不应自以为是，要懂得天外有天，必须孜孜以求，刻苦地进行实践锻炼，坚持不懈，精益求精。“大禹迷途”、“两小儿辩日”、“火浣之布”等故事说明天下之大，任何一个具体的个人，都不可能对道、对宇宙做出全面的认识和彻底的了解，就算是圣人也不是完人，也有做不到的事情，同时向人们展示了大千世界的恢弘奇伟。“愚公移山”、“夸父追日”两个故事则告诫人们不应急功近利，要以愚公的“无心而为功”为榜样，以夸父为戒，切忌“恃能以求胜”，而要努力打破认为的各种限制，发展智力，开阔视野，使自己不断接近于“道”。

【原典】

殷汤问于夏革[①]，曰：“古初有物乎？”

夏革曰：“古初无物，今恶得物？后之人将谓今之无物，可乎？”

殷汤曰：“然则物无先后乎？”

夏革曰：“物之终始，初无极已。始或为终，终或为始，恶知其纪？然自物之外，自事之先，朕所不知也。”

殷汤曰：“然则上下八方有极尽乎[②]？”

革曰：“不知也。”

汤固问。

革曰：“无则无极，有则有尽，朕何以知之？然无极之外复无无极，无尽之中复无无尽。无极复无无极，无尽复无无尽。朕以是知其无极无尽也，而不知其有极有尽也。”

汤又问曰：“四海之外奚有？”

革曰：“犹齐州也[③]。”

汤曰：“汝奚以实之？”

革曰：“朕东行至营[④]，人民犹是也。问营之东，复犹营也。西行至豳[⑤]，人民犹是也。问豳之西，复犹豳也。朕以是知四海、四荒、四极之不异是也[⑥]。故大小相含，无穷极也。含万物者，亦如含天地；含万物也故不穷，含天地也故无极。朕亦焉知天地之表不有大天地者乎？亦吾所不知也。然则天地亦物也。物有不足，故昔者女娲氏练五色石以补其阙[⑦]；断鳌之足以立四极。其后共工氏与颛顼争为帝[⑧]，怒而触不周之山[⑨]，折天柱，绝地维[⑩]；故天倾西北，日月星辰就焉；地

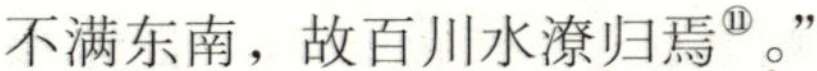
不满东南，故百川水潦归焉[11]。”

汤又问：“物有巨细乎？有修短乎？有同异乎？”

革曰：“渤海之东不知几亿万里，有大壑焉[12]，实惟无底之谷，其下无底，名曰归墟[13]。八紘九野之水[14]，天汉之流[15]，莫不注之，而无增无减焉。其中有五山焉：一曰岱舆[16]，二曰员峤[17]，三曰方壶[18]，四曰瀛洲[19]，五曰蓬莱[20]。其山高下周旋三万里，其顶平处九千里。山之中间相去七万里，以为邻居焉。其上台观皆金玉，其上禽兽皆纯缟[21]。珠玕之树皆丛生[22]，华实皆有滋味，食之皆不老不死。所居之人皆仙圣之种，一日一夕飞相往来者，不可数焉。而五山之根无所连箸[23]，常随潮波上下往还，不得暂峙焉[24]。仙圣毒之[25]，诉之于帝。帝恐流于西极，失群仙圣之居，乃命禺疆使巨鳌十五举首而戴之[26]。迭为三番，六万岁一交焉。五山始峙而不动。而龙伯之国有大人[27]，举足不盈数步而暨五山之所，一钓而连六鳌，合负而趣[28]归其国，灼其骨以数焉[29]。于是岱舆、员峤二山流于北极，沉于大海，仙圣之播迁者巨亿计[30]。帝凭怒[31]，侵减龙伯之国使阨[32]，侵小龙伯之民使短。至伏羲、神农时，其国人犹数十丈。从中州以东四十万里得僬侥国[33]，人长一尺五寸。东北极有人名曰诤人[34]，长九寸。荆之南有冥灵者[35]，以五百岁为春，五百岁为秋。上古有大椿者[36]，以八千岁为春，八千岁为秋。朽壤之上有菌芝者[37]，生于朝，死于晦。春夏之月有蠓蚋者[38]，因雨而生，见阳而死。终北之北有溟海者[39]，天池也，有鱼焉，其广数千里，其长称焉，其名为鲲[40]。有鸟焉，其名为鹏，翼若垂天之云，其体称焉。世岂知有此物哉？大禹行而见之，伯益知而名之[41]，夷坚闻而志之[42]。江浦之间生么虫[43]，其名曰焦螟[44]，群飞而集于蚊睫，弗相触也。栖宿去来，蚊弗觉也。离朱、子羽方昼拭眦扬眉而望之[45]，弗见其形；鯱俞、师旷方夜擿耳俛首而听之[46]，弗闻其声。唯黄帝与容成子居空

峒之上[47]，同斋三月，心死形废；徐以神视，块然见之[48]，若嵩山之阿；徐以气听，砰然闻之[49]，若雷霆之声。吴、楚之国有大木焉，其名为櫾[50]，碧树而冬生，实丹而味酸。食其皮汁，已愤厥之疾[51]。齐州珍之，渡淮而北而化为枳焉[52]。鸜鹆不逾济[53]，貉逾汶则死矣[54]，地气然也。虽然，形气异也，性钧已，无相易已。生皆全已，分皆足已。吾何以识其巨细？何以识其修短？何以识其同异哉？"

【注释】

①殷汤：人名，又称武汤、汤武、天乙、成汤，姓子，名履，商朝的建立者。夏革（jí）：人名，字子棘，汤大夫，商之贤士，汤尊之以师。②八方：指东、西、南、北、东南、西南、西北、东北八个方向。极尽：终点，尽头。③齐州：中央之州，泛指中原。齐：通"脐"，意即中央。④营：地

名，营洲，古十二州之一，在今辽宁一带。⑤豳（bīn）：古地名，在今陕西省境内。⑥四海：四荒：泛指全国各地。四极：泛指地方荒远之地。泛指四方极远之地。⑦女娲氏：中华上古之神，人首蛇身，为伏羲之妹，起初以泥土造人，创造人类社会并建立婚姻制度，而后世间天塌地陷，于是炼五彩石补天。五色石：古代传说中女娲炼的补天石。阙：豁口，空缺。⑧共工氏：古代神话人物，传说为人面蛇身赤发，身乘二龙，据古史记载他曾与颛顼争为帝。颛顼：传说中古代部落首领，号高阳氏，为“五帝”之一。⑨不周之山：即不周山，古代传说中的山名。不周：即有缺口的意思。⑩地维：指地的四角。古人以为天圆地方，天有九柱支撑，地有四维系缀。⑪潦（lǎo）：积水。⑫大壑：即大海，指渤海、东海、太平洋。⑬归墟：指大海最深处，意即众水汇聚之地。⑭八纮：泛指八方极远的地方。九野：古代指天的中央和八方，即钧天、苍天、玄天、幽天、昊天、朱天、炎天、阳天。⑮天汉：天河，即银河，传说中天河与海相通。⑯岱舆（dài yú）：古代传说中的海上神山。⑰员峤：古代传说中的海上神山。峤（qiáo）：山锐而高，故以形而名。⑱方壶：古代传说中的海上神山。⑲瀛洲：古代传说中的海上神山。⑳蓬莱：又称“蓬壶”，古代传说中的海上神山。㉑缟：白色。㉒玕（gān）：一种类似珠玉的美石。㉓箸:同“著”，着。㉔暂峙：短暂停留。㉕毒：恨，烦恼。㉖禺疆：古代传说中的北极之神，人首鸟身。㉗龙伯之国：古代传说中的大国。㉘趣：赶路。㉙数：占卜。㉚播迁：迁移。㉛憑（píng）：愤懑，大怒。㉜阨：通“隘”，狭小。㉝僬侥（jiāo yáo）：古代传说中的矮人国。㉞诤人：古代传说中的矮小之人。㉟荆：荆州，古代九州之一。冥灵：神话传说中的树木名，生艰难，以叶生为春，叶落为秋。㊱大椿：木名，传说中的神树，以八千年为春，八千年为秋。㊲朽壤：指由腐败植物所构成的土壤。㊳蠓蚋（měng ruì）：小飞虫。㊴终北：传说中古国名，位于极北处。溟海：传说中极北处的大海，水黑色。㊵鲲：古代传说中的大鱼。㊶伯益：人名，古代嬴姓各族的祖先，传说善于畜牧和狩猎，被舜任为虞，掌管草木鸟兽，供应鲜食。㊷夷坚：人名，古代传说中博闻多识的人。㊸江浦：水滨，江边。㊹焦螟：传说中极小的虫。㊺离朱：人名，古代传说中的明目者，能在百步之外看见秋毫之末。子羽：古代传说中的明目者。㊻觝（zhì）俞：古代传说中的善听者。师旷：人名，春秋时期晋平公的乐师，字子野，目盲，善弹琴，精于辨音。擿（zhì）：搔，挠。俛首：低头。㊼容成子：人名，古代传说中的仙人。空峒：亦作"崆峒"，山名，在今甘肃平凉西。㊽块然：高大的样子。㊾砰然：雷声或水流激荡声等。㊿櫾（yòu）：同"柚"，柚树。(51)愤厥：由于愤气郁结造成的痉挛昏厥。(52)淮：水名，淮河。枳（zhǐ）：亦作"枸橘"，果肉少而味酸，不堪食用。(53)鸜鹆（qú yù）：鸟名，即八哥。济：古称济水。(54)貉（hé）：兽名，俗称"狗獾"，哺乳动物，外形像狐，穴居河谷、山边和田野间，食鱼、鼠、蛙、虾和野果等，皮很珍贵。汶：汶水，当为今四川岷江。

【译文】

商汤问夏革说："远古之初有物存在吗？"

夏革回答说："如果远古之初没有物的存在，那么现在的物是从哪儿来的呢？今后的人如果说我们现在没有物的存在，可以吗？"

商汤问："那么物的产生就没有先后之别吗？"

夏革说："物的终结与离开时，本来就没有什么界定。开始也许就是终结，终结或许就是开始，又怎么能弄清它们的头绪呢？至于物质之外是什么，事情发生之前又是怎样，我就不知道了。"

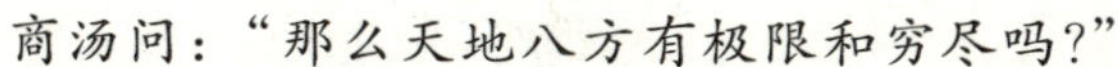

商汤问："那么天地八方有极限和穷尽吗？"

夏革说："不知道。"

商汤再三询问。

夏革说："虚空自然没有极限，实有自然不会穷尽；我怎么能知道呢？没有极限之外更是连没有极限都没有，没有穷尽之中更是连没有穷尽都没有。没有极限再加上没有没有极限，没有穷尽再加上没有没有穷尽。我因此知道它们是没有极限、没有穷尽的，而不知道它们是有极限、有穷尽的。"

商汤又问道："四海之外还有什么呢？"

夏革说："同四海之内一样。"

商汤问："你用什么来证实这个看法呢？"

夏革说："我向东走到营州，看见那里的人民同这里一样。问他们营州的东面怎么样，说是也像营州一样。我向西走到豳州，看见那里的人民也同这里一样。问他们豳州的西面怎么样，说是也同豳州一样。我因此知道四海之内、四方边荒、世界尽头都同我们这里没有什么两样。所以大小事物互相包含，没有尽头和极限。包含万物，就像包含天地一样。包含万物所以就没有穷尽；包含着天地所以就没有极限。我又怎么能知道天地之外没有比天地更大的存在呢？这也是我所不知道的。但是天地也不过是物体。既然是物，必定会有不足之处，所以过去女娲氏采炼五色石去弥补天空的缺损；拗断大龟的四肢来支撑天地的四角。那以后共工氏与颛顼争夺帝位，一怒之下，撞到了不周山，撞断了擎天柱，扯断了系地绳；所以天空就往西北方向倾斜，日月星辰也跟着移向那里；大地在东南方向塌陷，百川积水也就全都流淌汇集到了那里。"

商汤又问："事物有大小之分吗？有长短之别吗？有同和异的分

辨吗？”

夏革说：“在渤海东面不知道几亿万里远的地方，有一片大海深沟，实际上是一个没有底的深谷，那下面没有底，所以名字叫归墟。天上地下八极九方的流水，天际银河的巨流，没有不流到那里的，而那里的水位并不因此而增高或减退。那里有五座山：第一座叫岱舆山，第二座叫员峤山，第三座叫方壶山，第四座叫瀛洲山，第五座叫蓬莱山。每座山高低方圆达三万里，山顶上的平坦处有九千里。山与山之间相隔七万里，相邻矗立在海上。山上的楼台宫殿都由金银珠玉建成，奔驰的飞禽走兽都是皮毛雪白。珍珠宝玉之树木在山上遍地生长，丰盛的瓜果味道都很鲜美，吃了之后可以长生不老。山上住着的都是神仙、圣人一类；朝朝暮暮，在空中飞来飞去，数也数不清。但是，那五座山的根部并没有和海底相连，经常跟随潮水的波浪上下漂移，不得片刻的稳定。神仙和圣人

们为此感到苦恼，便报告了天帝。天帝担心这五座山流到最西边去，使神仙与圣人们失去居住的地方，于是命令禹指挥十五只大鳌抬起头把这五座山顶住。他把大鳌分为三批，六万年交换一次。这五座山才开始稳定下来不再漂动。但是龙伯之国有个巨人，抬起脚没走几步就到了这五座山前，一下就钓上了六只大鳌，他把它们一块儿背在肩上赶路，回到了自己的国家，然后烧灼大鳌的甲骨来占卜。于是岱舆和员峤两座大山便漂流到了北极，沉入了大海，神仙和圣人流离迁徙的不可计数。天帝勃然大怒，逐渐缩减龙伯之国的国土，使它越来越狭小，又逐渐缩小龙伯之国的人的身高，使他们越来越矮小。即便如此，到了伏羲、神农时代，那个国家的人还有数十丈高呢。从中州往东四十万里有一个僬侥国，人们的身高只有一尺五寸。最东北边有种人名叫诤人，身高只有九寸。荆州南面有一种冥灵树，以五百年为一春，以五百年为一秋。上古时有一种大椿树，以八千年为一春，以八千年为一秋。腐烂的土壤上有一种菌芝，早上才长出来，夜里就死去。春夏之际有一种叫蠓蚋的小飞虫，下雨时就会出生，见到太阳就死亡。终北国的北边有一片溟海，叫做天池，那儿有一种鱼，鱼背就宽达数千里，身体长度和宽度相称，鱼的名字叫做鲲。那儿有一种鸟，名字叫做鹏，它的翅膀像天空中无边的云彩，它的身体的大小和翅膀相称。世上的人哪里知道有这些东西呢？大禹治水出行时见到了它们，伯益知道后给它们起了名字，夷坚听说后把它们记录了下来。江边生长着一种极细小的虫子，名字叫焦螟。它们成群飞舞，聚集在蚊子的眼睫毛上，互相之间也碰不到。它们在睫毛上休息、住宿，蚊子一点也不觉察。离朱、子羽在大白天擦拭眼睛瞪着眼仔细观察，也看不见它们的身影；觞俞、师旷在深夜里俯首搔耳地倾听，也听不到它们的声音。只有黄帝和容成子，居住在崆峒山上，一块儿斋戒三个月，达到心如死灰，形如废木的境界；然后慢慢地用心神去观察，才能看到焦螟的形躯，居然好像嵩山的山丘一般大；再慢慢地用元气去倾听，才能听到它们砰然作响的声音，如同天上雷电轰鸣的声音。吴国和楚国有一种大树，名字叫做柚，绿色的树叶到冬天还是青青的，果实是红的，味道是酸的；吃它的果皮和果汁，可以治愈体内气郁而引发的痉挛和昏厥。中原人十分珍爱它，但一种到淮河以北便变成了酸涩难食的枳。八哥不能渡过济水，狗獾渡过岷江就死了；这些都是各地水土气候不同的缘故。尽管万物的形状和气质不同，但各自的习性相对于各自生长环境而言是平衡均等的，无法互相转换。天性都已完备，天分也都充足。我又怎么能辨别它们的大小？怎么能辨别它们的长短？怎么能辨别它们的同异呢？"

【原典】

太形、王屋二山[①]方七百里，高万仞，本在冀州之南[②]，河阳之北[③]。

北山愚公者[④]，年且九十，面山而居。惩山北之塞[⑤]，出入之迂也，聚室而谋，曰："吾与汝毕力平险，指通豫南[⑥]，达于汉阴[⑦]，可乎？"杂然相许[⑧]。其妻献疑曰："以君之力，曾不能损魁父之丘[⑨]，如太形、王屋何？且焉置土石？"杂曰："投诸渤海之尾[⑩]，隐土之北[⑪]"遂率子孙荷担者三夫，叩石垦壤，箕畚运于渤海之尾。邻人京城氏之孀妻有遗男[⑫]，始龀[⑬]，跳往助之。寒暑易节，始一反焉。

河曲智叟笑而止之[⑭]，曰："甚矣汝之不惠！以残年余力，曾不能毁山之一毛；其如土石何？"北山愚公长息曰："汝心之固，固不可彻，曾不若孀妻弱子。虽我之死，有子存焉。子又生孙，孙又生子，子又有子，子又有孙，子子孙孙，无穷匮也；而山不加增，何苦而不平？"河曲智叟亡以应。

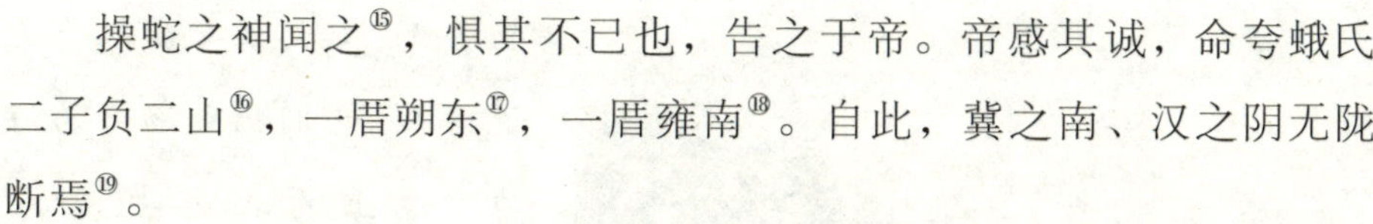

操蛇之神闻之[15]，惧其不已也，告之于帝。帝感其诚，命夸蛾氏二子负二山[16]，一厝朔东[17]，一厝雍南[18]。自此，冀之南、汉之阴无陇断焉[19]。

【注释】

①太形：山名，即太行山，在今山西高原与河北平原之间。王屋：山名，即王屋山，在今山西境内。②冀州：古地名，九州之一，现河北、山西、河南以北和辽宁的辽河以西地区。③河阳：地名，在今河南孟县西。④愚公：虚构的人物。⑤惩：苦于。⑥指通豫南：一直通向豫州的南部。⑦汉阴：汉水的南岸。⑧杂然：纷纷的样子。⑨魁父：小土山名，在今河南开封境内。⑩渤海之尾：渤海的边上。⑪隐土：古代地名，地处中原的东北。⑫孀妻：寡妇。遗男：遗腹子。⑬龀（chèn）：小孩换牙。⑭智叟：虚构的人物。⑮操蛇之神：神话传说中手中拿着蛇的山神。⑯夸蛾氏：古代传说中的大力神。⑰厝（cuò）：放置。朔：朔方，在今山西北部、内蒙古一带。⑱雍：指雍州，古代州名，在今山西、陕西一带。⑲陇断：通“垄”，土丘。断：阻断，阻碍。

【译文】

太行、王屋两座山，方圆七百里，高八千丈，本来坐落在冀州的南部、河阳的北面。

北山有个叫愚公的老头，年纪将近九十岁了，面对着大山居住。他苦于大山堵塞了山北的道路，出入都要绕许多弯路，就召集全家人商议说：“我和你们竭尽全力去削平险峻，让道路直通豫州南边，到达汉水南面，行吗？”全家纷纷表示赞成。他的妻子却提出了疑问，说：“凭你的力量，连魁父这类小小的土丘也没法对付，又能对太行、王屋这两座山怎样呢？况且，那些挖出来的土块、石头，又能放到哪

里去呢?”大家七嘴八舌地说:“把它们扔到渤海的海边、隐土的北边去。”于是,愚公就带领儿孙中能挑担子的三个人,敲石挖土,用簸箕装上,运到渤海的海边上去。邻居京城氏的寡妇有个遗腹子,刚到换牙齿的年龄,也跑来帮忙。冬夏季节变换一次,才能往返一趟。

河曲有个叫智叟的老头,笑着劝阻愚公说:“你也太不明智啦!凭着你风烛残年余下的那点力气,连山上的一株小草也动不了;还能对那些土块和石头怎么样呢?”北山愚公长叹一声说:“你的思想太顽固,顽固得不能开窍,连人家寡妇家的小孩子都不如。即使我死了,还有儿子在;儿子又生孙子,孙子又生儿子;孙子的儿子又有他的儿子,他的儿子又有孙子,子子孙孙,没有穷尽,而山是不会再增高了的,还愁挖不平吗?”河曲智叟无话回答。

山神听说这件事了,怕他们没完没了地挖下去,就去禀告天帝。天帝被愚公的诚心所感动,于是命令夸娥氏的两个儿子背走了这两座大山,一座放到了朔州的东面,一座放到了雍州的南面。从此以后,

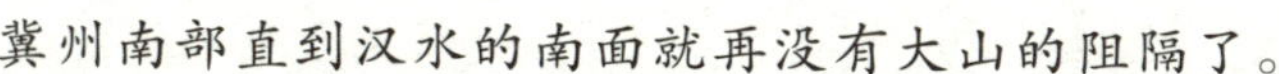
冀州南部直到汉水的南面就再没有大山的阻隔了。

【原典】

夸父不量力[1]，欲追日影，逐之于隅谷之际[2]。渴欲得饮，赴饮河、渭[3]。河、谓不足，将走北饮大泽[4]。未至，道渴而死。弃其杖，尸膏肉所浸[5]，生邓林[6]。邓林弥广数千里焉[7]。

【注释】

①夸父：古代传说中的人物。②隅（yú）谷：古代神话传说中太阳西落的地方。③河：黄河。渭：渭河，在今陕西境内，是黄河的大支流之一。④大泽：大湖，传说在雁门以北。⑤膏肉：泛指脂肉。⑥邓林：桃林。⑦弥广：辽阔，广阔。

【译文】

夸父自不量力，想要去追逐太阳的影子，一直追到太阳落山的隅谷边上。他口渴了想喝水，就跑到黄河与渭水边喝水，黄河、渭河的水不够喝，就准备到北面去喝大泽里的水。还没到达，就渴死在路上了。他扔掉的手杖，浸湿在他尸体的脂膏血肉之中，生长成了一片桃林。桃树林绵延弥漫，方圆达好几千里。

【原典】

大禹曰："六合之间[1]，四海之内，照之以日月，经之以星辰[2]，纪之以四时[3]，要之以太岁[4]。神灵所生，其物异形，或夭或寿，唯圣人能通其道。"

夏革曰："然则亦有不待神灵而生，不待阴阳而形，不待日月而明，不待杀戮而夭，不待将迎而寿，不待五谷而食，不待缯纩而衣[5]，不待舟车而行。其道自然，非圣人之所通也。"

【注释】

①六合：指上下和四方，泛指天地或宇宙。②经：经纬，这里引申为布满。③纪：原指整理，这里引申为安排秩序。④太岁：星宿名，俗称“岁星”，即木星。⑤缯纩（zēng kuàng）：泛指四周。缯：古代对丝织品的总称。纩：丝绵。

【译文】

大禹说：“上下四方，四海之内，日月照耀，星辰漫步，四季更替，以太岁星的循环来规定纪年。神灵所孕育产生的万物，形状性质各不相同；有的短命，有的长寿，只有圣人才能够明白其中的道理。”

夏革说：“但是也有不靠神灵的孕育就能产生的，不需要阴阳交合就形成的，不依赖日月的照耀就光亮的，不遭到杀戮就夭亡的，不特意保养就长寿的，不食用五谷就饱腹的，不穿着丝绸就暖身的，不凭借车船就能行路的。这一切的规律都是自然而然，不是圣人所能通晓的。”

【原典】

禹之治水土也，迷而失涂[①]，谬之一国。滨北海之北[②]，不知距齐州几千万里[③]，其国名曰终北[④]，不知际畔之所齐限[⑤]。无风雨霜露，不生鸟兽、虫鱼、草木之类。四方悉平，周以乔陟[⑥]。当国之中有山，山名壶领，状若甔甀[⑦]。顶有口，状若员环[⑧]，名曰滋穴[⑨]。有水涌出，名曰神瀵[⑩]，臭过兰椒，味过醪醴[⑪]。一源分为四埒[⑫]，注于山下。经营一国，亡不悉遍。土气和，亡札厉[⑬]。人性婉而从物，不竞不争；柔心而弱骨，不骄不忌；长幼侪居[⑭]，不君不臣；男女杂游，不媒不聘；缘水而居，不耕不稼；土气温适，不织不衣；百年而死，不夭不病。其民孳阜亡数[⑮]，有喜乐，亡衰老哀苦。其俗好声，相携而迭谣，终日不辍音。饥惓则饮神瀵[16]，力志和平。过则醉，经旬乃醒。沐浴神瀵，肤色脂泽，香气经旬乃歇。

周穆王北游过其国，三年忘归。既反周室，慕其国，憋然自失[17]。不进酒肉，不召嫔御者[18]，数月乃复。

管仲勉齐桓公因游辽口[19]，俱之其国，幾尅举，隰朋谏曰[20]："君舍齐国之广，人民之众，山川之观，殖物之阜[21]，礼义之盛，章服之美[22]，妖靡盈庭[23]，忠良满朝。肆咤则徒卒百万，视㧑则诸侯从命[24]，亦奚羡于彼而弃齐国之社稷，从戎夷之国乎？此仲父之耄[25]，奈何从之？"桓公乃止，以隰朋之言告管仲。仲曰："此固非朋之所及也。臣恐彼国之不可知之也。齐国之富奚恋？隰朋之言奚顾？"

【注释】

①涂：同"途"，道路。②滨：通"濒"，靠近，临近。③齐州：犹中州，古时指中原。④终北：古国名，又称穷发，言其极幽、极微的玄默之地。⑤齐限：终极，极限。⑥乔陟（zhì）：重叠的山岭。⑦甔甀（dān zhuì）：瓦瓶。⑧员环：圆环。员：通"圆"。⑨滋穴：指喷涌泉水的洞穴。⑩神瀵（fèn）：传说中的神水。⑪醪醴（láo lǐ）：原指药酒，这里指醇厚的美酒。⑫埒（liè）：山上的水流。⑬札（zhá）厉：传染病，瘟疫之类。⑭侪（chái）：同辈。⑮孳：繁殖。阜：通"富"，丰富，繁盛。⑯惓：通"倦"，疲倦。⑰憋（chǎng）然：精神怅惘恍惚，形容失意的样子。⑱嫔御：古代帝王、诸侯的侍妾和宫女。⑲管仲：人名，名夷吾，字仲，春秋时期的政治家、军事家，曾相齐桓公，使齐国成为春秋时期第一个霸主，被称为"春秋第一相"。齐桓公：姓吕，名小白，春秋时期齐国的国君，"春秋五霸"之首，公元前685年—前643年在位。⑳隰（xí）朋：人名，春秋时齐国大夫，齐庄公曾孙，与管仲、鲍叔牙等辅佐齐桓公。㉑殖物：物

产。殖：生殖，生产。㉒章服：指绣有日月、星辰等图案的古代礼服。㉓妖靡：指妖艳美丽的女子。㉔视㧑（huī）：指挥。㉕耄（mào）：指年老，心智混乱。

【译文】

大禹治理洪水，迷失了道路，错误地走到了一个国家。这个国家靠近北海的北边，不知道距离中国有几千万里远，那个国家名叫终北，不知道它辽阔的边疆到哪里为止。这里终年没有风雨霜露，也不生长鸟兽、虫鱼、草木之类的动植物。四面都是平原，四周还环绕着崇山峻岭。国土正中央有一座山，山名叫做壶领，形状像个口小腹大的瓦瓶。山顶上有个洞口，形状像个圆环，名叫滋穴。洞口有水涌出，名叫神瀵，气味清香胜过兰椒，味道甘美胜过甜酒。一个水源分出四条支流，流注到山脚下；在国境内循环盘绕，没有浸润不到的地方。终北的土地丰润，气候温和，没有瘟疫的侵害。人们性格委婉和顺，随遇而安，不竞逐也不争夺；心地善良，品行怯弱，

不骄傲也不嫉妒；老幼居住在一起，没有国君，没有大臣；男女混杂游耍，不需媒妁聘嫁；靠着水岸居住，不种田也不收获；土气温和适宜，不织布也不穿衣服；活到一百岁才死，不早夭也不生病。这里的人们繁衍兴旺，不计其数，只有喜悦和欢乐，没有衰老、悲哀和痛苦。这里的风俗喜好音乐，大家手拉手，轮流唱歌，歌声整天都不停歇。饥饿疲倦了就喝神瀵的水，力气和心志便能恢复中和与平静。喝多了就会醉倒，十多天后才能苏醒。用神瀵的水洗澡，皮肤就会滋润而有光泽，香气十多天才消散。

周穆王去北方游历时经过终北国，住了三年，流连忘返。回到周国宫室以后，仍然思慕着那里，以至于怅惘恍惚。他既不想食用酒肉，也不见嫔妃侍女，好几个月以后才恢复正常。

管仲鼓动齐桓公在巡游辽口之后，一同到那个国家去，几乎要动身了。这时隰朋劝阻说："您丢弃齐国广阔的土地，众多的百姓，秀丽的山川，丰富的物产，隆盛的礼义，华美的服饰，还有满后宫的嫔妃，满朝廷的文武忠良。您叱咤一声就能聚集百万徒卒，号令一下，就能使诸侯听命，又为什么要羡慕别的国家而抛弃齐国的江山社稷，跑到野蛮落后的国家去呢？这是仲父糊涂的主张，怎么能听从他呢？"齐桓公于是打消了出游的念头，把隰朋的话告诉了管仲。管仲说："这本来就不是隰朋所能明白的。我恐怕那个国家是去不了。齐国的富饶有什么值得留恋的？隰朋的话又有什么可顾及的呢？"

【原典】

南国之人祝发而裸[①]，北国之人鞨巾而裘[②]，中国之人冠冕而裳[③]。九土所资[④]，或农或商，或田或渔；如冬裘夏葛，水舟陆车，默而得之，性而成之。

越之东有辄沐之国[⑤]，其长子生，则鲜而食之，谓之宜弟。其大父死[6]，负其大母而弃之[7]，曰："鬼妻不可以同居处。"

楚之南有炎人之国[8]，其亲戚死[9]，刳其肉而弃之[10]，然后埋其骨，乃成为孝子。

秦之西有仪渠之国者[11]，其亲戚死，聚祡积而焚之[12]。熏则烟上，谓之登遐[13]，然后成为孝子。

此上以为政，下以为俗，而未足为异也。

【注释】

①祝发：断发，剃发。裸：露出，没有遮盖。②鞨（mò）巾：束发的头巾。③冠冕：古代皇冠或官员的帽子。④九土：九州的土地，泛指全国。⑤辄沐之国：古代传说中的国家，在今海南岛。⑥大父：祖父。⑦大母：祖母。⑧炎人之国：古代传说中的国家，在今越南一带。⑨亲戚：这里指父母。⑩刳（xiǔ）：割肉离骨。⑪仪渠之国：古代传说中的国家，在今甘肃一带。⑫祡：同"柴"。⑬登遐：指死者升天而去，后因以此为对人死的讳称。

【译文】

南方的人削断头发，裸露身体；北方的人裹上头巾，身穿皮裘；中原的人头戴冠巾，身穿衣裳。九州土地拥有的各种资源，人们有的种地，有的经商，有的打猎，有的捕鱼；就好比冬天穿皮袄，夏天穿丝绸，水上坐船，路上乘车一样，潜移默化就学会了，顺应本性自然而然就形成。

越国的东面有一个辄沐之国，那里的人生下第一个子女，就开膛破肚吃掉他，说是这样做能多生儿子。他们的祖父去世了，就把祖母背出去扔掉，说："鬼的妻子不能与我们活着的人住在一起。"

楚国的南面有一个炎人之国，那里的人的父母去世了，就把尸体上的肉剔下来扔掉，然后把尸骨埋葬到土里，这样做才算是孝子。

秦国的西面有一个仪渠之国，那里的人的父母去世了，就堆起柴火，焚烧尸体。烈焰和浓烟升腾而上，就说是死者升天了，这样做才算是孝子。

上面的这些做法，都是那里的官府当成政事来推行，老百姓就以此为风俗来办理，没有人觉得有什么奇怪的。

【原典】

孔子东游，见两小儿辩斗①。问其故。

一儿曰："我以日始出时去人近②，而日中时远也。"

一儿以日初出远，而日中时近也。

一儿曰："日初出大如车盖③，及日中，则如盘盂④：此不为远者小而近者大乎？"

一儿曰："日初出沧沧凉凉，及其日中如探汤⑤，此不为近者热而远者凉乎？"

孔子不能决也。两小儿笑曰："孰为汝多知乎⑥？"

【注释】

①辩斗：争辩，争论。②去：距离。③车盖：古代车上遮雨蔽日的篷子，形圆如伞，下有柄。④盘盂：圆盘和方盂的并称，勇于乘物，比盖和轮要小得多。⑤探汤：试探沸水。⑥为：通"谓"，说。

【译文】

孔子到东方游历，看见两个小孩在争论，便问他们争论的原因。

一个小孩说："我认为太阳刚出来的时候离人最近，而中午的时候就离人远。"

另一个小孩说认为太阳刚升起时离人远，而中午的时候离人近。

前一个小孩说："太阳刚出来的时候像车盖那么大，到了中午，就只像小盘子那么大了；这不正是离人远所以显得小，离人近所以显得大吗？”

后一个小孩说：“太阳刚升起时又寒又冷，到了中午就热得像手伸进热水里一样；这不正是因为离人近时热，而离人远时凉吗？”

孔子一时无法裁决谁是谁非。

两个小孩笑着说：“谁说你见多识广啊？”

【原典】

均，天下之至理也，连于形物亦然。均发均县[①]，轻重而发绝，发不均也。均也，其绝也莫绝。人以为不然，自有知其然者也。

詹何以独茧丝为纶[②]，芒针为钩，荆筱为竿[③]，剖粒为饵，引盈车之鱼于百仞之渊、汩流之中[④]；纶不绝，钩不伸，竿不挠。楚王闻而异之，召问其故。

詹何曰：“臣闻先大夫之言[⑤]，蒲且子之弋也[⑥]，弱弓纤缴[⑦]，乘风振之，连双鸧于青云之际[⑧]。

用心专，动手均也。臣因其事，放而学钓[9]，五年始尽其道。当臣之临河持竿，心无杂虑，唯鱼之念；投纶沉钩，手无轻重，物莫能乱。鱼见臣之钩饵，犹沉埃聚沫，吞之不疑。所以能以弱制强，以轻致重也。大王治国诚能若此，则天下可运于一握，将亦奚事哉？"

楚王曰："善。"

【注释】

①县：悬挂。②詹何：人名，战国时期哲学家，楚国人。纶：钓鱼用的丝线。③荆筱（xiǎo）：楚地所产的小竹。④盈车之鱼：指大鱼。汩（gǔ）流：激流。⑤先大夫：先父。⑥蒲且子：人名，战国时期楚国善于射鸟的人。弋（yì）：射，用带绳子的箭射猎。⑦缴（zhuó）：系在箭上的细生丝绳，射鸟用。⑧鸧（cāng）：即鸧鹒，亦称黄鹂。⑨放：通"仿"，模仿。

【译文】

均衡是天下最高的真理，涉及有形的物体也是这样。譬如头发所受的拉力均匀，悬挂重物就不会跌落，如果有轻有重，头发就会断绝，这是力量不均匀的缘故。如果力量均匀，本来应该断的也不会断了。有人认为不是这样，但自然会有明白这道理的人。

詹何用一根蚕丝做渔线，用麦芒一样小的针做鱼钩，用细柔的荆竹做鱼竿，用剖开来的米粒做鱼饵，在百丈深渊和湍急的急流中能钓到一条就能装满一辆车子的大鱼，鱼线不断，鱼钩不直，鱼竿不弯。楚王听说这件事后感到奇怪，便召他来问其中的缘由。

詹何说："我听先父说，蒲且子射鸟的时候，用柔弱的弓和纤细的丝线，趁着风势射出去，能把一对黄鹂从高空之中射下来，这是他用心专一，用力均衡的缘故。我从中受到启发，仿效他射鸟的技法来学习钓鱼。用了五年时间才完全掌握其中的道理。当我在河边拿着鱼竿的时候，心中没有丝毫杂念，一心只想着钓鱼；我扔出渔线，沉下鱼钩，手中用力轻重均衡，外界任何事物都不能扰乱我的心。鱼儿看见我的钓饵，就好像是沉淀下来的尘埃和聚集在一起的泡沫，毫不怀疑地吞了下去。这就是我能以柔弱制服刚强，以轻物得到重物的缘故。如果大王治理国家也能这样，那么整个天下就可以在你的手中运转了，还用得着再做其他的事情吗？”

楚王说：“好。”

【原典】

鲁公扈、赵齐婴二人有疾[①]，同请扁鹊求治[②]，扁鹊治之。既同愈。

谓公扈、齐婴曰：“汝曩之所疾，自外而干府藏者[③]，固药石之所已[④]。今有偕生之疾，与体偕长。今为汝攻之，何如？”

二人曰：“愿先闻其验[⑤]。”

扁鹊谓公扈曰：“汝志强而气弱，故足于谋而寡于断。齐婴志弱而气强，故少于虑而伤于专。若换汝之心，则均于善矣。”

扁鹊遂饮二人毒酒[⑥]，迷死三日，剖胸探心，易而置之；投以神药，既悟如初。二人辞归。

于是公扈反齐婴之室，而有其妻子，妻子弗识。齐婴亦反公扈之室，有其妻子，妻子亦弗识。二室因相与讼[⑦]，求辨于扁鹊。扁鹊辨其所由，讼乃已。

【注释】

①鲁公扈：鲁国人，事迹不详。赵齐婴：赵国人，事迹不详。②扁鹊：姬姓，秦氏，名越人，又号卢医，春秋战国时期名医。③干：干扰。府藏：腑脏，五脏六腑的总称。④药石：古时指治病的药物和砭石。⑤验：这里指征兆，症状。⑥毒酒：指具有麻醉作用的药酒。

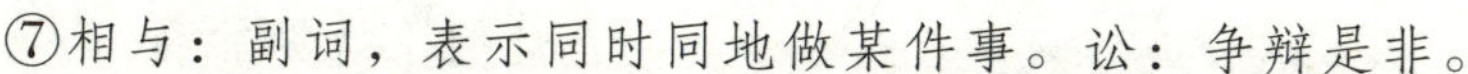

⑦相与：副词，表示同时同地做某件事。讼：争辩是非。

【译文】

鲁国的公扈和赵国的齐婴两人都患有疾病，一起到扁鹊那里请求医治。扁鹊为他们诊治，不久病就治愈了。

扁鹊对公扈和齐婴说："你们以前的疾病，是由于外面的病源侵扰腑脏所造成的，用药草和砭石就能治好。而现在你们还有先天的疾病，和身体一同生长，现在为你们治疗，怎么样？"

他二人说："我们希望先听听这种病的症状。"

扁鹊对公扈说："你的心志刚强但气魄柔弱，所以善于谋略却缺乏决断。齐婴心志柔弱但气魄刚强，所以缺乏谋虑而过于专断。如果把你们的心交换一下，那么你们就都会很好了。"

扁鹊于是叫两人喝了麻醉用的药酒，让他们昏迷了三天，扁鹊剖开他们的胸膛，取出心脏，交换以后又放了进去；然后给他们吃了特效神药，两人便醒了过来，两人和原来一样。然后他们就向扁鹊告辞，回家去了。

于是公扈回到了齐婴的家，要据有他的妻子儿女；齐婴的妻子儿女却不认识他。齐婴回到了公扈的家，要据有他的妻子儿女；公扈的妻子儿女也不认识他。两家因此相互争吵不休，要求扁鹊来为他们分辨缘由。扁鹊说明了此事发生的原因，两家的争吵才得以停止。

【原典】

瓠巴鼓琴而鸟舞鱼跃①，郑师文闻之②，弃家从师襄游③。柱指钩弦④，三年不成章。师襄曰："子可以归矣。"

师文舍其琴，叹曰："文非弦之不能钩，非章之不能成。文所存者不在弦，所志者不在声。内不得于心，外不应于器，故不敢发手而动弦。且小假之⑤，以观其后。"

无几何，复见师襄。

师襄曰："子之琴何如？"

师文曰："得之矣。请尝试之。"

于是当春而叩商弦以召南吕[⑥]，凉风忽至，草木成实。及秋而叩角弦以激夹钟[⑦]，温风徐回，草木发荣。当夏而叩羽弦以召黄钟[⑧]，霜雪交下，川池暴沍[⑨]。及冬而叩徵弦以激蕤宾[⑩]，阳光炽烈，坚冰立散。将终，命宫而总四弦[⑪]，则景风翔[⑫]，庆云浮[⑬]，甘露降，澧泉涌[⑭]。

师襄乃抚心高蹈曰："微矣子之弹也！虽师旷之清角[⑮]，邹衍之吹律[⑯]，亡以加之，彼将挟琴执管而从子之后耳。"

【注释】

①瓠（páo）巴：人名，古代传说中的善于鼓瑟的人。②师文：人名，春秋时期郑国的乐师，善弹琴瑟。

③师襄：人名，春秋时期鲁国的乐师，善谈琴瑟。④柱指：在琴的柱弦上用手指确定音位。钧弦：又称定弦，调弦，使弦松紧适宜，每弦发出的声音相互应和。⑤小：通“少”，稍稍。假：假以时日。⑥商：五音之一，中国传统音阶以宫、商、角、徵、羽为五个音阶。召：呼应，配合。南吕：古代乐律调名，十二律之一，中国古代以三分损益法将一个八度分为十二律，各律从低到高依次为黄钟、大吕、太簇、夹钟、姑冼、仲吕、蕤（ruí）宾、林钟、夷则、南吕、无射（yì）、应钟。⑦角：古代五音之一。夹钟：古代十二乐律之一。⑧羽：古代五音之一。黄钟：古代十二乐律之一。⑨沍（hù）：冻结。⑩徵（zhǐ）：古代五音之一。蕤（ruí）宾：古代十二乐律之一。⑪宫：古代五音之一。⑫景风：祥和之风。⑬庆云：五色云，古人以为祥瑞之气。⑭澧（lǐ）泉：甜美的泉水。澧：通“醴”。⑮师旷：人名，字子野，春秋时期著名乐师。清角：用角音独奏的乐曲。⑯邹衍：人名，齐国人，战国末期哲学家。吹律：用管乐吹走乐曲。

【译文】

匏巴弹琴，能使鸟儿飞舞，游鱼跳跃。郑国的师文听说这件事后，就离开了家，跟随师襄游学，他确定音位，调整琴弦，学了三年也弹奏不出一支乐曲。师襄说：“你可以回家了。”

师文放下琴，叹了口气说：“我不是不能调弦，不是弹不好乐曲。我的思虑不放在琴弦上，我所忧虑的也不是乐声。现在我对内还不能控制自己的心境，心外还不能与乐器相应，所以不敢贸然去拨动琴弦。姑且再给我一些时日，看看我以后的表现怎么样吧。”

没多久，师文又去见师襄。

师襄问：“你的琴弹得怎么样了？”

师文说：“已经得心应手了。请让我试着弹给您听吧。”

于是，正当春天，师文拨动了与秋天相应的金音商弦，奏出了代表八月的南吕乐律，凉爽的风忽然吹来，草木随之成熟并结出了丰硕的果实。到了秋天，他又拨动与春天相应的木音角弦，奏出了代表初春二月的夹钟乐律，柔和的春风便徐徐迂回，枯黄的草木随之发芽并开出了花朵。到了夏天，师文又拨动与冬天相应的水音羽弦，奏出了代表十二月的黄钟乐律，顿时霜雪交相降落，江河与池塘突然冻结成冰。到了冬天，他又拨动与夏天相应的火音徵弦，奏出了代表五月的蕤宾乐律，炽烈的阳光普照大地，坚固的冰块立刻融化。弹奏乐曲将要结束，师文再拨动宫调，奏出了四季调和乐律，于是祥和之风吹拂而来，吉祥的彩云浮现空中，甘甜的雨露从天而降，甜美的泉水源源流淌。

师襄听了，拍着胸口雀跃道："你弹奏得太精妙了！即使是师旷弹奏的清角乐曲，邹衍吹奏的管乐声律，也不能超过你。他们都要挟着琴弦、拿着萧管，跟在你后面向你请教了。"

【原典】

薛谭学讴于秦青[①]，未穷青之技，自谓尽之，遂辞归。秦青弗止，饯于郊衢[②]。抚节悲歌[③]，声振林木，响遏行云[④]。薛谭乃谢求反，终身不敢言归。

秦青顾谓其友曰："昔韩娥东之齐[⑤]，匮粮，过雍门[⑥]，鬻歌假食[⑦]。既去而余音绕梁欐[⑧]，三日不绝，左右以其人弗去。过逆旅，逆旅人辱之[⑨]。韩娥因曼声哀哭[⑩]，一里老幼悲愁，垂涕相对，三日不食。遽百追之。娥还，复为曼声长歌[⑪]，一里老幼善跃抃舞[⑫]，弗能自禁，忘向之悲也。乃厚赂发之。故雍门之人至今善歌哭，放娥之遗声[⑬]。"

【注释】

①薛谭：人名，古代传说中秦国善于唱歌的人。讴：唱歌。秦青：人名，古代传说中秦国善于唱歌的人。②饯：践行，送别。郊衢（qú）：城外的大道。③抚：击打。节：古代竹制乐器，可以用作歌唱伴奏。④遏：阻止，挡住。⑤韩娥：人名，古代传说中韩国善于歌唱的女子。⑥雍门：齐国的城门。⑦鬻歌：卖唱。假：借。⑧梁楇（lì）：房屋的栋梁。⑨逆旅：旅舍。长歌：放声高歌。⑩曼声：舒缓而长的声音。⑪长歌：放声高歌。⑫抃（biàn）舞：喜极而拍手跳跃。⑬放：通“仿”，模仿。

【译文】

薛谭向秦青学习唱歌，还没有把秦青的本领完全学到手，就自以为已经完全学会了，于是告辞回家。秦青也不挽留，在郊外的大路口为他饯行。席间，秦青拍打着竹制的乐器，慷慨悲歌，歌声振动了林间树木，清凉的回响遏止了天空飘动的浮云。薛谭听了，连忙道歉谢罪，请求返回继续学习，终身不敢再提学成回家的话。

秦青回头对他的朋友说：“从前韩娥往东到齐国去，路上粮食吃完了，经过雍门的时候，便依靠卖唱来维持生活。离开以后，歌声的余音还在屋梁间回荡，三天都没有停止，周围的人们还以为她没有离开。韩娥经过旅馆的时候，旅馆里的人欺负她。韩娥便拖长了声音悲哀地哭泣，附近的男女老幼也都随之悲哀忧愁，彼此泪眼相对，三天吃不下饭。他们赶忙去追赶韩娥。韩娥回来以后，又用曼妙的歌声为他们放声高歌，附近的男女老少也都欢喜雀跃地拍着手跳起舞来，不能自禁，都忘记了先前的悲哀。于是大家赠送给她很多钱财，送她离开。所以雍门附近的人直到现在还擅长唱歌和悲哭，就是在模仿韩娥留下来的歌声啊！”

【原典】

伯牙善鼓琴[①]，钟子期善听[②]。伯牙鼓琴，志在登高山。钟子期曰："善哉！峨峨兮若泰山[③]！"志在流水，钟子期曰："善哉！洋洋兮若江河[④]！"伯牙所念，钟子期必得之。

伯牙游于泰山之阴，卒逢暴雨[⑤]，止于岩下；心悲，用援琴而鼓之。初为霖雨之操[⑥]，更造崩山之音。曲每奏，钟子期辄穷其趣。伯牙乃舍琴而叹曰："善哉，善哉，子之听夫！志想象犹吾心也。吾于何逃声哉？"

【注释】

①伯牙：人名，古代传说中的春秋时善鼓瑟者。②钟子期：人名，名徽，字子期，春秋时善于知音者。③峨峨：山体高达陡峭。④洋洋：形容盛大的样子。⑤卒：同"猝"，突然。⑥霖雨：连绵大雨。

【译文】

伯牙善于弹琴，钟子期善于听琴。伯牙弹琴时，心里向往着登临高山。钟子期说："好啊！高大陡峭就像泰山一样！"心里向往着流水，钟子期说："好啊！浩浩荡荡就像江河一样！"只要是伯牙想到什么，钟子期一定能够领会到。

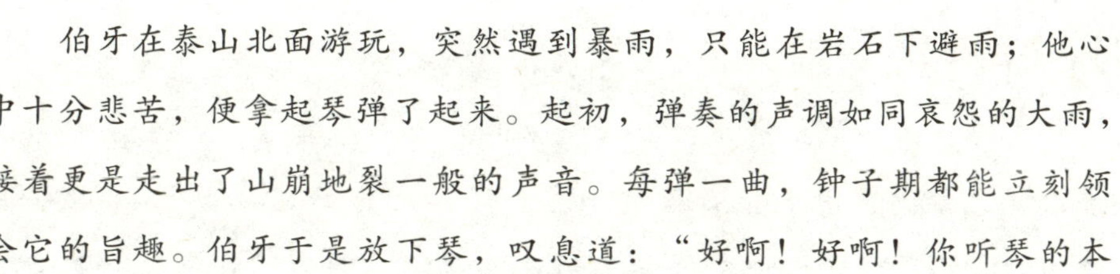
伯牙在泰山北面游玩，突然遇到暴雨，只能在岩石下避雨；他心中十分悲苦，便拿起琴弹了起来。起初，弹奏的声调如同哀怨的大雨，接着更是走出了山崩地裂一般的声音。每弹一曲，钟子期都能立刻领会它的旨趣。伯牙于是放下琴，叹息道：“好啊！好啊！你听琴的本领真是太高了！你的志趣和想象和我想的一样。我又怎么能隐匿自己的心声呢？”

【原典】

周穆王西巡狩[1]，越昆仑，不至弇山[2]。反还，未及中国，道有献工人名偃师[3]。穆王荐之，问曰：“若有何能？”

偃师曰：“臣唯命所试。然臣已有所造，愿王先观之。”

穆王曰：“日以俱来，吾与若俱观之。”

越日偃师谒见王。王荐之，曰：“若与偕来者何人邪？”

对曰：“臣之所造能倡者[4]。”

穆王惊视之，趣步俯仰，信人也[5]。巧夫顉其颐[6]，则歌合律；捧其手，则舞应节。千变万化，惟意所适。王以为实人也，与盛姬内御并观之[7]。技将终，倡者瞬其目而招王之左右待妾[8]。王大怒，立欲诛偃师。偃师大慑[9]，立剖散倡者以示王，皆傅会革、木、胶、漆、白、黑、丹、青之所为[10]。王谛料之[11]，内则肝胆、心肺、脾肾、肠胃，外则筋骨、支节、皮毛、齿发，皆假物也，而无不毕具者。合会复如初见。王试废其心，则口不能言；废其肝，则目不能视；废其肾，则足不能步。

穆王始悦而叹曰：“人之巧乃可与造化者同功乎？”诏贰车载之以归[12]。

夫班输之云梯[13]，墨翟之飞鸢[14]，自谓能之极也。弟子东门贾、禽滑釐闻偃师之巧以告二子[15]，二子终身不敢语艺，而时执规矩。

【注释】

①巡狩：指帝王出巡。②弇（yǎn）山：即弇兹山，在今甘肃天水西境，古代常用来指日落的地方。不：疑为衍文，当删。③偃师：虚构的人物，古代传说中的能工巧匠。④倡：倡优，古代以乐舞戏谑为业的艺人，这里用作动词，指鼓舞戏谑。⑤信人：真人。⑥锁（qīn）：向下按。⑦盛姬：周穆王的宠姬。⑧瞬：眨眼。⑨慑：恐惧，害怕。⑩傅会：凑合，集会。⑪谛料：自己观察，检查。⑫贰车：副车，古代帝王外出时的随从车辆。⑬班输：即鲁班，姓公输名班，春秋时期鲁国人，中国古代著名的建筑工匠。云梯：古代攻城时用以攀登城墙的长梯。⑭墨翟：即墨子，春秋时期鲁国人，墨家学派创始人。飞鸢：传说墨子用木头制成的飞鹰。⑮东门贾（gǔ）：鲁班的弟子。禽滑（gǔ）釐（xī）：墨子的弟子。

【译文】

周穆王到西部巡视，越过昆仑山，直到弇兹山。返回时，尚未到达中原地区，在路上遇见一个自愿奉献技艺的人，名叫偃师，穆王便召见了他，问道："你有什么才能？"

偃师说："只要是君王的命令，我都愿意去试试。但是，我已经造出了一件东西，希望大王先观看一下。"

穆王说："改天你把它带来，我和你一块儿看看。"

第二天，偃师拜见穆王。穆王接见了他，说："和你一块儿来的是什么人啊？"

偃师回答说："是我制作的能唱歌跳舞的艺人。"

穆王惊奇地看着它，快走慢行，弯腰抬头，完全和真人一样。巧妙啊！移动它的下巴，它就会唱出符合乐律的歌；抬起它的手来，就会跳起符合节拍的舞。实在是千变万化，随心所欲。穆王以为它是一

个真人，便叫宠爱的盛姬和宫内嫔妃一起来观看。表演快要结束的时候，那个艺人眨了眨眼睛，挑逗穆王身边的嫔妃。穆王大怒，立刻要杀偃师。偃师十分害怕，立刻拆散了艺人让穆王看，原来都是用皮革、木料、胶水、油漆、白垩、黑炭、丹砂、靛青等材料会合而成的。穆王仔细地察看，体内有肝、胆、心、肺、脾、肾、肠、胃，体外也有筋骨、四肢、骨节、皮肤、汗毛、牙齿、头发等，虽然都是用其他东西做的，但没有一样不具备的。再把这些东西重新组装以后又和一开始见到的一样。穆王试探着拿走它的心，它的嘴便不能再说话；拿走它的肝，它的眼睛便不能再看东西；拿走它的肾，它的脚便不能再走路。

穆王这才高兴地赞叹道："人的技巧竟然可以与创造万物的自然具有相同的功效吗?"命令偃师坐上副车回到中原。

班输制造了云梯，墨翟做成了飞鸢，都自以为技能技巧已经达到顶点了。而他们的弟子东门贾、禽滑釐听了偃师的技巧，便分别告诉了自己的老师。这两位就终身再也不敢谈论自己的技艺，而是时时老实地拿着他们做木匠用的圆规和矩尺刻苦练习。

【原典】

甘蝇[①]，古之善射者，彀弓而兽伏鸟下[②]。弟子名飞卫[③]，学射于甘蝇，而巧过其师。纪昌者[④]，又学射于飞卫。

飞卫曰："尔先学不瞬，而后可言射矣。"

纪昌归，偃卧其妻之机下[⑤]，以目承牵挺[⑥]。二年之后，虽锥末倒眦[⑦]，而不瞬也。以告飞卫。

飞卫曰："未也，必学视而后可。视小如大，视微如著，而后告我。"

昌以氂悬虱于牖[⑧]，南面而望之。旬日之间，浸大也[⑨]；三年之

后，如车轮焉。以睹余物，皆丘山也。乃以燕角之弧[⑩]，朔蓬之簳射之[⑪]，贯虱之心，而悬不绝。以告飞卫。

飞卫高蹈拊膺曰[⑫]："汝得之矣！"

纪昌既尽卫之术，计天下之敌己者，一人而已，乃谋杀飞卫。相遇于野，二人交射，中路矢锋相触，而坠于地，而尘不扬。飞卫之矢先穷。纪昌遗一矢，既发，飞卫以棘刺之端扞之[⑬]，而无差焉。

于是二子泣而投弓，相拜于涂，请为父子。尅臂以誓[⑭]，不得告术于人。

【注释】

①甘蝇：人名，古代传说中善于射箭的人。②彀（gòu）弓：拉满弓弦。③飞卫：人名，古代传说中善于射箭的人。④纪昌：人名，古代传说中善于射箭的人。⑤偃卧：仰卧，睡卧。⑥承：跟随。牵挺：织布机上的踏板。⑦锥末：指锥子尖。倒：通"到"。眦（zì）：眼角，上下眼睑的结合处。⑧氂（máo）：牦牛的毛。牖（yǒu）：窗户。⑨浸：渐渐地，慢慢地。⑩燕角之弧：

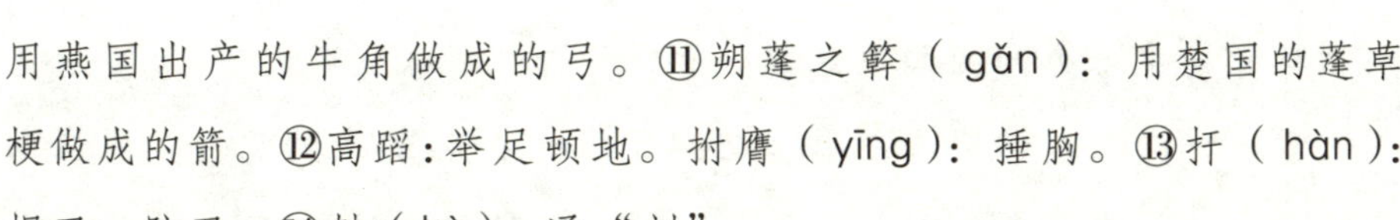

用燕国出产的牛角做成的弓。⑪朔蓬之簳（gǎn）：用楚国的蓬草梗做成的箭。⑫高蹈：举足顿地。拊膺（yīng）：捶胸。⑬扞（hàn）：捍卫，防卫。⑭尅（kè）：通“刻”。

【译文】

甘蝇是古代传说中善于射箭的人，只要他拉满弓弦，野兽就会趴下，飞鸟就会落地。他有个弟子叫飞卫，向甘蝇学习射箭，技巧超过了老师。有一个叫纪昌的人，又向飞卫学习射箭。

飞卫说：“你先学会不眨眼，然后才可以谈论射箭的事。”

纪昌回家后，仰卧在妻子的织布机下，眼睛注视着上下不停移动的踏板。两年以后，就算锥尖刺到眼眶边，他也能不眨一眨眼。于是他就去告诉飞卫。

飞卫说：“还不行，还必须练好眼力，然后才可以学射箭。等你看小东西能像看大东西一样，看细微的东西能像看显著的东西一样，然后再来告诉我。”

纪昌就用牦牛尾巴上的细毛系住一只虱子，挂在窗口，面朝南方注视这只虱子。十来天之后，那虱子越看越觉得大；三年之后，大得就像一个车轮。再去看别的东西，都像丘陵和高山那么大了。于是纪昌用燕国的牛角做的弓、楚国的蓬梗做的箭去射那只虱子，一箭穿透了虱子的心脏，而挂虱子的牛毛却没有被射断。于是又前去告诉飞卫。

飞卫听了，高兴地跳起来，拍着胸脯说：“你已经掌握箭术的奥秘了！”

纪昌完全学到了飞卫的箭术之后，心想天下能够和自己匹敌的，只有飞卫一个人了，于是就图谋杀死飞卫。有一次，两人在野外碰到了，便张弓互射，箭头在中途相撞，坠落到地上，连尘土也没有被扬起来。飞卫的箭先射完了。纪昌还剩下一支箭；射出这支箭后，飞卫用荆棘的尖端来抵挡迎面飞来的利箭，竟毫无差失。

于是，两人激动地流着眼泪扔掉了弓，在路上互相跪拜，请求结为父子。他们在手臂上刻下标记，发誓决不把射箭的技巧传给别人。

【原典】

造父之师曰泰豆氏[①]。造父之始从习御也，执礼甚卑，泰豆三年不告。造父执礼愈谨，乃告之曰："古诗言：'良弓之子，必先为箕；良冶之子，必先为裘。'汝先观吾趣。趣如吾，然后六辔可持[②]，六马可御。"

造父曰："唯命所从。"

泰豆乃立木为涂，仅可容足；计步而置，履之而行。趣走往还，无跌失也。

造父学子，三日尽其巧。

泰豆叹曰："子何其敏也？得之捷乎！凡所御者，亦如此也。曩汝之行[③]，得之于足，应之于心。推于御也，齐辑乎辔衔之际[④]，而急缓乎唇吻之和[⑤]；正度乎胸臆之中，而执节乎掌握之间。内得于中心，而外合于马志，是故能进退履绳而旋曲中规矩，取道致远而气力有余，诚得其术也。得之于衔，应之于辔；得之于辔，应之于手；得之于手，应之于心。则不以目视，不以策驱[⑥]；心闲体正，六辔不乱，而二十四蹄所投无差；回旋进退，莫不中节。然后舆轮之外可使无余辙；马蹄之外可使无余地；未尝觉山谷之险，原隰之夷[⑦]，视之一也。吾术穷矣。汝其识之！"

【注释】

①造父：人名，古代传说中擅长御马的人。泰豆氏：是造父学御马的老师。②六辔：古时一车四马，马各二辔，共有八辔，但两边骖马的内辔是拴在车身上的，谓之軜，所以御者手中只执六辔。辔

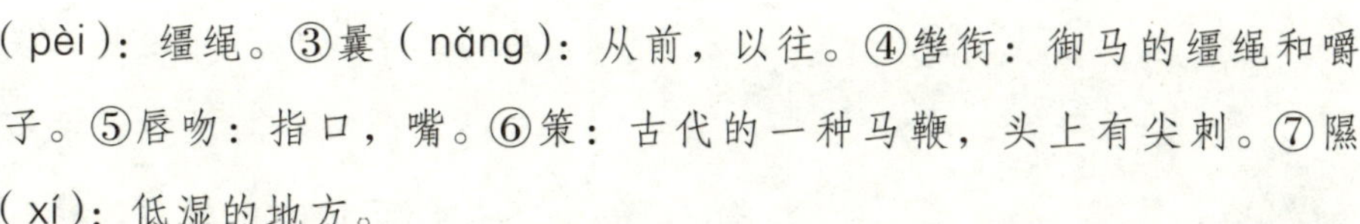

(pèi)：缰绳。③曩(nǎng)：从前，以往。④辔衔：御马的缰绳和嚼子。⑤唇吻：指口，嘴。⑥策：古代的一种马鞭，头上有尖刺。⑦隰(xí)：低湿的地方。

【译文】

造父的老师叫泰豆氏。造父刚开始跟随他学习驾驭术的时候，礼数十分恭敬谦卑，但泰豆三年里没有传授给他任何技术。造父对老师的态度更加谨慎谦恭，泰豆氏这才告诉他说："古诗说：'要做制弓好手，要先学习编织簸箕；要做打铁良匠，要先学习缝纫皮衣。'你先观察我如何快步行走。等到能和我一样快步行走了，然后才可以手持六条缰绳，驾驭六匹骏马了。"

造父说："一切听从您的吩咐。"

泰豆氏于是立起一排木桩作为道路，每根木桩上只能容下一只脚；根据步伐大小放置木桩的间隔，然后踩在木桩上行走，只见他来回快跑，也没有跌落下来，也没有走错。

造父学习他的样子，三天就完全掌握了这种技巧。

泰豆氏赞叹说："你怎么这么灵敏呀？掌握得真快啊！凡是要驾驭马车的，也要像这样子。刚才你在木桩上走，落脚得当，与心相应。把这用到驾车上，就要在缰绳和嚼子之间协调好马匹，并通过或轻或重的吆喝来掌握马匹奔驰的快慢，心中要有一定的分寸，手握缰绳，也要掌握一定的节奏。在内得之于心，在外合乎马群的性情，所以才能进退如同踩着准绳，盘旋就像照着圆规一样准确，即使跑到遥远的地方，马的气力也绰绰有余，这才是真正掌握了驾驭术。马嚼子掌握好了，马缰绳就能有所回应；马缰绳掌握好了，执掌缰绳的手就能有所回应；手处置得当了，内心就能有所回应。这样就能够不用眼睛看，不用鞭子赶；心神闲适，身体端正，六匹马的缰绳丝毫不乱，而六匹

马的二十四只马蹄的起落没有误差；回转与进退，没有不符合节拍的。然后，就可以在车轮之外不留下其他车辙；马蹄之外也不用更多的落脚的地方。根本不觉得山谷是艰险的，原野洼地是平坦的，看上去它们是完全一样。我所有的技巧都在这里了。你好好记住吧！”

【原典】

魏黑卵以昵嫌杀丘邴章[①]，丘邴章之子来丹谋报父之仇。

丹气甚猛，形甚露[②]，计粒而食，顺风而趋。虽怒，不能称兵以报之[③]。耻假力于人，誓手剑以屠黑卵。黑卵悍志绝众，力抗百夫。节骨皮肉，非人类也。延颈承刀，披胸受矢，铓锷摧屈[④]，而体无痕挞[⑤]。负其材力，视来丹犹雏鷇也[⑥]。

来丹之友申他曰[⑦]：“子怨黑卵至矣，黑卵之易

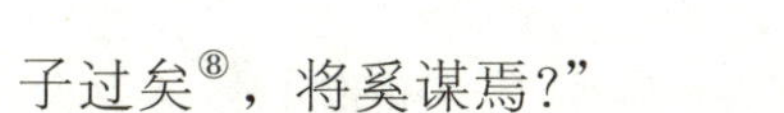

子过矣[8]，将奚谋焉?”

来丹垂涕曰:“愿子为我谋。”

申他曰：“吾闻卫孔周其祖得殷帝之宝剑[9]，一童子服之，却三军之众，奚不请焉?”

来丹遂适卫，见孔周，执仆御之礼[10]，请先纳妻子[11]，后言所欲。

孔周曰：“吾有三剑，唯子所择；皆不能杀人，且先言其状。一曰含光，视之不可见，运之不知有。其所触也，泯然无际，经物而物不觉。二曰承影，将旦昧爽之交，日夕昏明之际，北面而察之，淡淡焉若有物存，莫识其状。其所触也，窃窃然有声，经物而物不疾也。三曰宵练，方昼则见影而不见光，方夜见光而不见形。其触物也，騞然而过[12]，随过随合，觉疾而不血刃焉。此三宝者，传之十三世矣，而无施于事。匣而藏之，未尝启封。”

来丹曰：“虽然，吾必请其下者。”

孔周乃归其妻子，与斋七日。晏阴之间[13]，跪而授其下剑，来丹再拜受之以归。

来丹遂执剑从黑卵。时黑卵之醉偃于牖下，自颈至腰三斩之。黑卵不觉。来丹以黑卵之死，趣而退。遇黑卵之子于门，击之三下，如投虚。黑卵之子方笑曰：“汝何蚩而三招予[14]?”来丹知剑之不能杀人也，叹而归。

黑卵既醒，怒其妻曰：“醉而露我，使我嗌疾而腰急[15]。”

其子曰：“畴昔来丹之来[16]，遇我于门，三招我，亦使我体疾而支强[17]，彼其厌我哉[18]!”

【注释】

①黑卵：人名，传说中春秋时期的人物，事迹不详。昵嫌：私仇，私怨。丘邴章：人名，传说中春秋时期的人物，事迹不详。②露：羸

弱。③称兵：举兵，兴兵，这里指提起兵器。④铓（máng）锷（è）：刀剑等的尖端。⑤痕挞：伤痕。⑥雏鷇（kòu）：孵化不久，待哺的雏鸟。⑦申他：人名，传说中春秋时期的人物。⑧易：轻视，轻慢。⑨孔周：人名，传说中春秋时期的卫国人。殷帝：即成汤，商朝第一位帝王。⑩仆御之礼：即仆役马夫等下等人所应遵守的礼节。⑪纳：接纳，这里指抵押。⑫騞（huō）然：快速，突然。⑬晏：晴朗。⑭蚩：痴呆。⑮嗌疾：咽喉肿痛。嗌：咽喉。⑯畴昔：往昔，以前。⑰支强：肢体僵硬。支：同"肢"。强：通"僵"，僵直。⑱厌（yā）：即厌生胜，古代方士的一种巫术，谓能以诅咒制服人或物。

【译文】

魏国的黑卵因私怨杀死了丘邴章，丘邴章的儿子来丹准备为父亲报仇。

来丹的气势非常勇猛，身体却十分羸弱，数着饭粒吃饭，顺着风才能行走。虽然愤怒，却不能提起兵器去报仇。可是他又耻于借用别人的力量，发誓要亲手用剑杀死黑卵。黑卵勇猛剽悍，力量超常，可以独自抗击一百个敌手。筋骨皮肉，都和普通人不一样。他伸长颈项承受刀砍，敞开胸脯接受剑击，刀剑的锋刃都被损坏弯曲了，他的身体却没有一点受伤的痕迹。黑卵依仗着自己的体质气力，把来丹看做是嗷嗷待哺的小鸟。

来丹的朋友申他说："你仇恨黑卵到了极点，而黑卵也太过轻视你了，你打算怎么办呢？"

来丹流着眼泪说："希望你能替我想想办法。"

申他说："我听说卫国孔周的祖先得到了商代帝王的宝剑，一个小孩佩带着它，就能打退三军将士，为什么不去向他请求帮助呢？"

于是来丹到了卫国，拜见孔周，对孔周行奴仆的大礼，请求收下

自己的妻子儿女作为抵押，然后才说出自己的要求。

孔周说："我有三把剑，任由你选择；但它们都杀不死人，姑且先说说它们的情况。第一把剑叫含光，用眼睛看不到它的形状，挥动时感觉不到它存在。剑锋过处，没有一点伤痕，刺过身体而身体感觉不到。第二把剑叫承影，在清晨天色将亮未亮的时候，或傍晚光线半明半暗的时候，面向北观察它，隐隐约约似乎有件东西存在着，但看不清它的形状。剑锋过处，轻微有点声音，刺过身体而身体不觉得疼痛。第三把剑叫宵练，白天能看见它的影子但看不到亮光，夜晚能看见它的亮光，但看不见它的影子。剑锋触物，迅速划过，伤口随即划裂随即愈合，虽然能感觉到疼痛，但刀刃上却没有沾上血迹。这三把宝剑，从祖上到现在已经传了十三代了，从来没有使用过。放在匣子里珍藏着，一直没有开封。"

来丹说："即使这样，我还是一定要借用最次的那一把。"

孔周于是把来丹的妻子儿女还给了他，同他一起斋戒了七天。在天气半晴半阴的时候，跪着将那把最次的剑授予来丹，来丹又拜了两次，接受了剑返回家中。

于是，来丹拿着宝剑跟踪黑卵。等到黑卵喝醉了酒仰面躺在窗下的时候，来丹进去，从颈项到腰间连砍了三剑。黑卵没有觉察。来丹以为黑卵死了，就急忙退了出来。在门口碰上了黑卵的儿子，就用剑砍了他三下，好像是砍在虚空里一样。黑卵的儿子笑着说："你傻乎乎地向我招三次手干什么？"来丹知道这剑不能杀死人，就哀叹着回家了。

黑卵醒来后，向他妻子发火说："我喝醉酒，你却让我在露天睡觉，使我咽喉痛，腰也酸。"

黑卵的儿子说："刚才来丹到这儿来，在门口碰上了我，向我招

了三次手，也使我身体疼痛，四肢僵硬。他难道是用什么法术诅咒了我们吗？”

【原典】

周穆王大征西戎[①]，西戎献锟铻之剑、火浣之布[②]。其剑长尺有咫，练钢赤刃[③]，用之切玉如切泥焉。火浣之布，浣之必投于火；布则火色，垢则布色；出火而振之，皓然疑乎雪。

皇子以为无此物[④]，传之者妄。

萧叔曰[⑤]：“皇子果于自信，果于诬理哉！”

【注释】

①西戎：我国古代对西部少数民族的总称。②锟铻（kūn wú）：通“昆吾”，古剑名。火浣之布：石棉布的旧称，因可以用火烧，除去石棉布上的污渍，故名。③钢：通“刚”，锋利。赤刃：锋利的刀刃。赤：比喻刀锋钢质真纯。④皇子：人名，姓皇，子为尊称。一说为皇太子，即魏文帝曹丕。⑤萧叔：人名，事迹不详。

【译文】

周穆王大举征伐西方少数民族时，这些部落曾贡献锟铻之剑和火浣之布。那剑长一尺八寸，钢质纯熟，刀刃赤红，用它来切割玉石就像切割泥土一样，十分锋利。火浣之布，清洗的时候必须投入火中；布色如同火色，污垢则呈现出布的颜色；从火中把布取出抖动一下，顿时洁净得如同白雪一般。

皇太子认为世上不可能有这种东西，传说的人一定是胡言乱语。

萧叔说："皇太子太过自信了，过分不相信客观事理啦！"

相关链接

持之以恒，勤而不缀

宋濂字景濂，明朝初年浦江人。官至学士，承旨知制诰。主修《元史》，参加了明初许多重大文化活动，参与了明初制定典章制度的工作。颇得明太祖朱元璋器重，被人认为是明朝开国大臣之中的佼佼者。

宋濂年幼的时候，家境十分贫苦，但他苦学不辍。有一次天气特别寒冷，冰天雪地，北风狂吼，以至于砚台里的墨都成了冰，但他仍然苦学不敢有所松懈，借来的书坚持要抄好送回去。抄完了书，天色已晚，他冒着严寒，一路跑着去还书给人家，一点不敢超过约定的还书日期。因为他守信，许多人都愿意把书借给他看。他因此能够博览群书，增加见识，为他以后成才奠定了基础。

面对贫困、饥饿、寒冷，宋濂不以为意，不以为苦，努力向学。到了20岁，他成年了，就更加渴慕圣贤之道，但是也知道自己所在的穷乡僻壤缺乏名士大师，于是不顾疲劳常常跑到几百里以外的地方，向那些已有成就的前辈学习。有一位同乡位尊名旺，他那里的名人来往的很多，名气也很大，有不少人赶到他那里学习，他的言辞和语气很不客气，一副盛气凌人的样子。宋濂就侍立在旁边，手里拿着儒家经典向他请教，俯下身子，侧耳细听，唯恐落下什么没有听明白。有时候这位名气很大的同乡，对他提出的问题不耐烦了，大声叱责他，他则脸色更加恭敬，礼节愈加周到，连一句话也不敢说。看到老师高兴的时候，又去向他虚心请教。

后来他觉得这样学习不是长久之计，于是就到学馆里拜师学习。他一个人背着书箱，拖着鞋子，从家里走了出来。寒冬的大风，吹得他东倒西歪，数尺深的大雪，把脚下的皮肤都冻裂了，鲜血直流。等到了学馆，人几乎冻死，四肢僵硬得不能动弹，学馆中的仆人拿着热水把他全身慢慢地擦热，用被子盖好，很长时间以后，他才有了知觉，暖和过来。

为了求学，宋濂住在旅馆之中，一天只吃两顿饭，什么新鲜的菜，美味的鱼肉都没有，生活十分艰辛。但他根本没有把吃的不如人、住的不如人、穿的不如人这种表面上的苦当回事。

宋濂能忍受穷苦，具有持之以恒、勤而不缀的精神，终于成就了一番事业而名留青史。

受挫自省，刺股律己

苏秦出身于农民家庭，家里很穷，他读书时，生活非常艰苦，饿极了就把自己的长发剪去卖点钱，还常常帮人抄写书简，这样既可以换饭吃，又在抄书简的同时学到很多知识。这时，苏秦以为自己的学识已差不多了，就外出游说。他想见周天子，当面陈述自己的政见，对时势的看法，但没有人为他引荐。他来到西方的秦国，求见秦惠文王，向他献计怎样兼并六国，实现统一。秦惠文王客气地拒绝了他的意见，说："你的意见很好，只是我现在还不能做到啊！"苏秦想，建议不被采纳，能给个一官半职也好嘛，可是他什么也没有得到。他在秦国耐着性子等了一年多，带来的盘缠都花光了。皮袄穿破了，生活非常困难，无可奈何，只好长途跋涉回家去。

苏秦回到家里，一副狼狈的样子，一家人很不高兴，都不理他，父母不与他说话，妻子坐在织机上只顾织布，看也不看他。他放下行李，又累又饿，求嫂嫂给他弄点饭吃，嫂嫂不仅不弄，还奚落他一顿。在一家人的责怪下，苏秦非常难过。他想：我就这么没出息吗？出外游说，宣传我的主张，人家为什么不接受呢？那一定是自己没有把书读透，没有把道理讲清楚。他感到很惭愧，但是他没有灰心。他暗暗下决心，要把兵法研习好。

有了决心，行动也跟上来了。白天，他跟兄弟一起劳动，晚上就刻苦学习，直到深夜。夜深人静时，他读着读着就疲倦了，总想睡觉，眼皮粘到一块儿怎么也睁不开。他气极了，骂自己没出息。他想，瞌睡是一个大魔鬼，我一定要想法治治它！他想的是什么法子呢？他找来一把锥子，当困劲上来的时候，就用锥子往大腿上一刺，血流出来了。这样虽然很疼，但这一疼就把瞌睡冲走了。精神振作起来，他又继续读书。

苏秦就这样苦苦地读了一年多，掌握了姜太公的兵法，他还研究了各诸侯国的特点，以及它们之间的利益冲突，他又研究了诸侯的心理，以便于游说他们的时候，自己的意见、主张能被采纳。这时苏秦觉得已有成功的条件，他再次离家，风尘仆仆地走上了游说之路。

这次苏秦获得了很大的成功。公元前 333 年，六国诸侯正式订立合纵的盟约，大家一致推苏秦为“纵约长”，把六国的相印都交给他，让他专门管理联盟的事。

切忌自不量力

公元前262年，秦昭襄王派大将白起进攻韩国，占领了野王（今河南沁阳），截断了上党郡（治所在今山西长治）和韩都的联系，上党形势危急。上党的韩军将领不愿意投降秦国，打发使者带着地图把上党贡给赵国。

赵孝成王（赵惠文王的儿子）派军队接收了上党。过了两年，秦国又派王龁围住上党。

赵孝成王听到消息，急忙派廉颇率领二十多万大军去救上党。他们才到长平（今山西高平县西北），上党已经被秦军攻占了。

王龁还想向长平进攻。廉颇只好守住阵地，叫兵士们修筑堡垒，深挖壕沟，跟远来的秦军对峙，准备做长期抵抗的打算。

王龁几次三番向赵军挑战，廉颇就是不跟他交战。王龁想不出什么法子，只好派人回报秦昭襄王，说：“廉颇是个富有经验的老将，不轻易出来交战。我军远道而来，长期下去，就怕粮草不够用呀，怎么好呢？”

秦昭襄王请范雎出主意。范雎说：“要打败赵国，必须先叫赵国把廉颇调回去。”

秦昭襄王说：“那怎样才可以办到呢？”

范雎说：“我自有办法。”

过了几天，赵孝成王听到左右纷纷议论，说：“秦国就是怕让年轻力壮、有勇有谋的赵括带兵；廉颇不中用，眼看就快投降啦！”

他们所说的赵括，是赵国名将赵奢的儿子。赵括小时爱学兵法，谈起用兵的道理来，头头是道，自以为天下无敌，连父亲也不放在眼里。

赵王听信了左右的议论，立刻把赵括找来，问他能不能打退秦军。赵括说："要是秦国派白起来，我还得考虑怎么对付他。现如今来的是王龁，他不过是廉颇的对手。要是换上我，打败他不在话下。"

赵王听了非常高兴，就拜赵括为大将，去接替廉颇。

蔺相如对赵王说："赵括只懂得读父亲的兵书，用套路，临场应变能力不行，不是将才。"可是赵王对蔺相如的劝告听不进去。

赵括的母亲也向赵王上了一道奏章，请求赵王别派他儿子去。赵王召见其母并问其原因。赵母说："他父亲临终的时候再三嘱咐我说，'赵括这孩子把用兵打仗看作儿戏似

的，谈起兵法来，就不可一世，目中无人。将来大王不用他还好，如果用他为大将的话，只怕赵军会断送在他手里。’所以我请求大王千万别让他当大将。”

赵王说：“我已经决定了，你就别管吧。”

公元前260年，赵括领兵二十万到了长平，请廉颇验过兵符。廉颇办了移交，回邯郸去了。

赵括统率着四十万大军，气势相当壮观。他把廉颇规定的一套制度全部废除，下了命令说：“秦国再来挑战，必须迎头把他们打回去。敌人败了，就得追下去，非杀得他们片甲不留。”

那边范雎得到赵括替换廉颇的消息，知道自己的反间计成功，就秘密派白起为上将军，去指挥秦军。白起带军到长平，设置好埋伏，故意打了几个败仗。赵括不知是计，拼命追赶。白起把赵军引到预先埋伏好的地区，派出精兵两万五千人，切断赵军的后路；另派五千骑兵，直冲赵军大营，把四十万赵军切成两段。赵括这才知道中了秦军的计，只好筑起营垒坚守，等待救兵。秦国又发兵把赵国救兵和运粮的道路切断了。

赵括的军队内无粮草，外无救兵，守了四十多天，兵士都叫苦连天，无心作战。赵括带兵想杀出去，却被秦军的弓箭手射死了。赵军听到主将被杀，也纷纷扔了武器投降。四十万赵军，就在纸上谈兵的主帅赵括手里全军覆没了。

自知不足，谦逊待人

西汉景帝在位时，郑庄还年轻，官也小，只做到了“太子舍人”的官职。

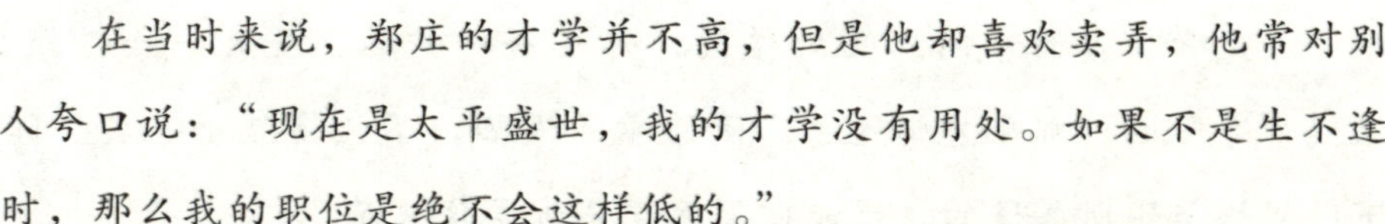

在当时来说，郑庄的才学并不高，但是他却喜欢卖弄，他常对别人夸口说："现在是太平盛世，我的才学没有用处。如果不是生不逢时，那么我的职位是绝不会这样低的。"

郑庄只叹怀才不遇，便不再精研学问，人们在背后都讥笑他。一次，郑庄的朋友带他参加一个宴会，座上都是大儒。郑庄在旁听他们谈论学问，很多都是他闻所未闻的，他一下惊呆了。

郑庄越听越惊，他向朋友说："这些人其貌不扬，想不到有如此才能，他们都是高官吗?"朋友神秘道："他们是朝中大儒，平日难得一见，我们只管多听多看好了。"

郑庄参加完宴会，神情一下严峻起来，他对朋友说："想起我从前自夸己能，真是太无知了。和那些人相比，我不过是个孩童罢了。"

朋友安慰他说："那些人不是一般人能比的，你不必自卑了。你我都还年轻，以后未必不及他们。"

郑庄认真道："同样为人，我不能和他们差距太大，我要努力的地方太多了。"郑庄从此发奋苦学，一有时间，他便拜访名儒，虚心地请教学问。他常常通宵达旦地接待有才能的人。

一次，郑庄招待宾客，宾客夸他年纪轻轻便学问了得，郑庄苦笑说："在下从前不知天高地厚，以至耽误修习，虚度不少时光，今日想来犹有愧疚，先生就不要夸我了。"宾客感叹道："山外有山，人外有人，你不要自责太过，有些事还需自我安慰才是。"

郑庄送走宾客，自语道："明知自己不足，就该迎头赶上，否则就是终生遗憾了。"

郑庄如此求进，学问和声望都日渐提高。汉武帝即位后，有人便推荐他，说："郑庄求学不止，从没有满足的时候，他这样的人是不可久居下位的，否则便埋没了人才，对国家也是损失。"

汉武帝曾当面考问郑庄的学问，郑庄一一作答，没有一点错处。汉武帝夸赞他，郑庄急忙道："臣的学问浅陋，不值得陛下夸奖，陛下所问恰是臣所知道的，臣能回答无误不过是侥幸而已。"

汉武帝欢喜道："你能如此谦虚，足见你还有更大的上升空间，朕对你十分期待。"

郑庄先后担任了鲁国中尉、济南太守、江都相，直至升任了九卿之一的右内史。

郑庄位居显官，也是谦恭如常，他对家人告诫说："有些人一旦有了权势，便要飞扬跋扈，结果招来大祸，这是因为他们太自满了，看不到自己的不足啊。我虽为高官，但比我强的人还有很多，我们不可高傲示人，更不可做出违法的事来。"

郑庄从不直呼小吏之名，和下属谈话，他也用词谨慎，害怕伤了人家的自尊心。他赞誉士人和属下官吏时，总是说："我不如他们，也许我命好的缘故，才有今日的高位。"人们一致称赞郑庄，把他视为自己学习的典范。

力命篇

【题解】

《力命》篇集中反映了《列子》的命定论思想，全篇由十三个寓言故事和议论文段组成，包含两层意思：其一是儒家的“死生有命，富贵在天”命定论，认为天命不可违逆，只能顺其自然。人们的夭寿、穷达、贵贱、贫富都是由命运决定的，不是道德的厚薄和才能的智愚所能决定的。在“力命问难”、“子产诛邓析”等故事中，通过贤德之人与凶顽之徒善无善报、恶无恶报的比较，揭露了“穷圣而违逆，贱贤而贵愚，贫善而富恶”的事实。其二是列子认为，人的生死是由天道决定的，人们只能逆来顺受，无可干犯。“生生死死，非物非我，皆命也”，列子的这种命定论可贵之处有两点，一是其主宰作用是天道自然，不是上帝；二是命定论给人的努力留有活动的余地，在天道运行之中，人可以把握其规律，做到知命运知时，乘势争取，顺时而动，顺势而为，在命运面前采取积极的态度，积极面对，也是总结全文的旨意之语——谋事在人，成事在天。

【原典】

力谓命曰[1]：“若之功奚若我哉?”

命曰：“汝奚功于物而欲比朕?”

力曰：“寿夭、穷达、贵贱、贫富，我力之所能也。”

命曰：“彭祖之智不出尧舜之上[2]，而寿八百；颜渊之才不出众人之下[3]，而寿十八。仲尼之德不出诸侯之下，而困于陈、蔡；殷纣之行不出三仁之上④，而居君位。季札无爵于吴⑤，田恒专有齐国⑥。夷、齐饿于首阳⑦，季氏富于展禽⑧。若是汝力之所能，奈何寿彼而夭此，穷圣而达逆，贱贤而贵愚，贫善而富恶邪？”

力曰：“若如若言，我固无功于物，而物若此邪，此则若之所制邪？”

命曰：“既谓之命，奈何有制之者邪？朕直而推之，曲而任之。自寿自夭，自穷自达，自贵自贱，自富自贫，朕岂能识之哉？朕岂能识之哉？”

【注释】

①力：力量，人力。命：命运，天命。②彭祖：古代传说中的长寿者。③颜渊：即颜回，字子渊，春秋时期鲁国人，孔子的弟子之一。④三仁：三位仁人，指微子、箕子、比干。⑤季札：又称“公子札”，春秋时吴国贵族，武王诸樊之弟，贤而让位，后封于廷陵，故号曰“廷陵季子”。⑥田恒：即田成子，春秋时期齐国大臣，他以大斗借贷，小斗收进，收买人心，逐渐扩充势力。后杀简公，拥立平公，任相国，由此奠定了田氏伐齐的基础。⑦夷、齐：即伯夷、叔齐，商末孤竹君二子。孤竹君死后，两人谦让王位，反对周武王讨伐商纣，逃避到首阳山，不食周粟而死。⑧季氏：即季孙氏，春秋后期掌握鲁国政权的贵族。展禽：名获，字禽，即柳下惠，春秋时期鲁国大夫，以善于讲究贵族礼节“坐怀不乱”著称。

【译文】

人力对天命说：“你的功劳怎么能和我相比呢？”

天命说：“你对万物有什么功劳，而要来和我相比？”

人力说：“人们的长寿与短命、穷困与显达、尊贵与卑贱、贫穷与富有，是我人力所能决定的。”

天命说："彭祖的智慧赶不上尧舜，却活到了八百岁；颜渊的才能不在一般人之下，却只活到了十八岁。孔子的仁德不在诸侯之下，却被围困在陈、蔡两国的荒野；殷纣王的品行远不如微子、箕子、比干，却位居天子之位。季札在吴国没有官爵，田恒却在齐国专权。伯夷和叔齐饿死在首阳山，季孙氏却比柳下惠还富有。如果这是你人力所能决定的，那为什么要使彭祖长寿而使颜渊短命，使圣人穷困而使逆者显达，使贤人卑贱而使愚人尊贵，使好人贫苦而使坏人富有呢？"

人力说："就像你说的那样，我对于万物本没有什么功劳，但万物何以如此这般，这难道是你所控制的吗？"

天命说："既然叫做天命，又有什么可控制的呢？我只不过是对于合理的事物，尽力促进其发展；对于不合理的事物，听之任之罢了。世间一切自然地长寿、自然地短命，自然地困厄、自然地显达，自然地尊贵、自然地卑贱，自然地富有、自然地贫穷，其中的道理，我又怎么能知道呢？我怎么能知道呢？"

【原典】

北宫子谓西门子曰[①]："朕与子并世也，而人子达[②]；并族也，而人子敬；并貌也，而人子爱；并言也，而人子庸[③]；并行也，而人子诚；并仕也，而人子贵；并农也，而人子富；并商也，而人子利。朕衣则裋褐[④]，食则粢粝[⑤]，居则蓬室[⑥]，出则徒行。子衣则文锦，食则粱肉[⑦]，居则连欐[⑧]，出则结驷[⑨]。在家熙然有弃朕之心[⑩]，在朝谔然有敖朕之色[⑪]。请谒不及相[⑫]，遨游不同行，固有年矣。子自以德过朕邪？"

西门子曰："予无以知其实。汝造事而穷，予造事而达，此厚薄之验欤？而皆谓与予并，汝之颜厚矣。"

北宫子无以应，自失而归。

中途遇东郭先生。先生曰："汝奚往而反，偊偊而步[13]，有深愧之色邪？"北宫子言其状。东郭先生曰："吾将舍汝之愧[14]，与汝更之西门氏而问之。"

曰："汝奚辱北宫子之深乎？固且言之。"

西门子曰："北宫子言世族、年貌、言行与予并，而贱贵、贫富与予异。予语之曰：'予无以知其实。汝造事而穷，予造事而达，此将厚薄之验欤？而皆谓与予并，汝之颜厚矣。'"

东郭先生曰："汝之言厚薄不过言才德之差，吾之言厚薄异于是矣。夫北宫子厚于德，薄于命；汝厚于命，薄于德。汝之达，非智得也；北宫子之穷，非愚失也。皆天也，非人也。而汝以命厚自矜，北宫子以德厚自愧，皆不识夫固然之理矣。"

西门子曰："先生止矣！予不敢复言。"

北宫子既归，衣其裋褐，有狐貉之温[15]；进其茙菽[16]，有稻粱之

味[17]；庇其蓬室，若广厦之荫；乘其筚辂[18]，若文轩之饰。终身逌然[19]，不知荣辱之在彼也，在我也。

东郭先生闻之曰："北宫子之寐久矣，一言而能寤，易悟也哉！"

【注释】

①北宫子、西门子：皆为虚构的人物。②人子达：有人使你尊贵显达。③庸：通"用"。④裋（shù）褐：粗陋的衣服，古代多为贫贱者所服。⑤粢粝（zī lì）：粗糙的饭食。⑥蓬室：草房。⑦粱肉：指精美的饭食。⑧连欐：形容房屋宽广连片。⑨结驷：四匹马组合牵引的马车。⑩熙然：和乐，高兴的样子。⑪谔（è）然：直言争辩，无所顾忌的样子。敖：同"傲"，轻慢。⑫请谒：拜访。⑬偊偊（yǔ yǔ）：通"踽踽"，独行的样子。⑭舍：通"释"，消除。⑮貉（hé）：亦称"狗獾"，形似狐，但体较胖，尾较短。⑯戎菽（róng shū）：大豆。⑰稻粱：稻和粱，谷物的总称。⑱筚辂（bì lù）：又作"筚路"，柴车，多以荆竹编织，简陋无饰。⑲逌（yóu）然：舒适自得的样子。

【译文】

北宫子对西门子说："我和你同属一辈，而人们却让你显达；与你同属一族，而人们却只尊敬你；与你相貌差不多，而人们却只喜欢你；与你言谈相似，而人们却只采纳你的意见；与你一道办事，而人们却只信任你；一样的做官，而人们却让你显贵；一样的种田，而人们却让你富裕；一样的经商，而人们却让你得利。我穿的是粗布衣服，吃的是粗糙的饭菜，住的是茅草屋，出门也只能徒步行走。你穿的是锦衣绣服，吃的是精美的饭菜，住的是高大华丽的房屋，出门还有四驾的马车。在家时你怡然自得地把我冷落在一旁；在朝廷上，你夸夸其谈有轻视我的脸色。请客问候没有我的份，外出游玩不和我同行，这样已经有好多年了。你是自以为仁德超过了我吗？"

西门子说："我无法知道其中的缘故。你做事总是困难重重，我做事总是顺利通达，这恐怕是德行好坏的结果吧？而你却说什么都和我一样，你的脸皮也太厚了。"

北宫子无言以对，惘然若失地回去了。

半路上遇见了东郭先生。东郭先生问他说："你从哪里回来，为什么恍恍惚惚地独自行走，而且脸上还带深深的惭愧神色呢？"北宫子就向他叙述了事情发生的情形。东郭先生说："我可以消除你的惭愧之心，和你再到西门氏家去问个明白。"

东郭先生问西门子说："你为什么要这样过分地侮辱北宫子呢？姑且说说其中原因吧。"

西门子说："北宫子说他的辈分、家族、年龄、相貌、言论、做事都与我相同，而低贱与尊贵、贫苦与富有的遭遇却与我不一样。我对他说：'我无法知道其中的缘故。你做事总是困难重重，我做事总是顺利通达，这恐怕是德行好坏的结果吧？而你却说什么都和我一样，你的脸皮也太厚了。'"

东郭先生说："你所说的好坏不过是指才能和仁德的差别，我所说的好坏与此不同。北宫子的道德崇高，但命运低贱；你命运高亨，却道德卑下。你的显达，并不是凭智慧得到的；北宫子的穷困，也不是愚笨带来的。这都是天命，而不是人力所致。而你却凭借命运良好而自以为了不起，北宫子却怀抱高超的品德在此羞愧不已，都是不懂得自然事理的缘故。"

西门子说："先生不要讲了。我再也不敢再说那样的话了。"

北宫子回去以后，穿着他的粗布衣服，觉得像狐貉裘毛那样温暖；吃着他的粗粮大豆，觉得有精美饭菜的味道；住着他的茅草屋，就像是住在宽广的大厦中；坐着他的柴车，就像是坐在装饰华丽的马车上。

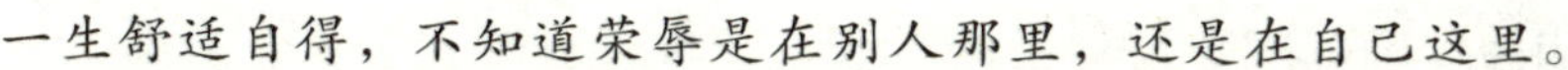
一生舒适自得，不知道荣辱是在别人那里，还是在自己这里。

东郭先生听到后说："北宫子糊涂了那么久，一句话便能使他醒悟，真是容易觉悟啊！"

【原典】

管夷吾、鲍叔牙二人相友甚戚[①]，同处于齐。管夷吾事公子纠[②]，鲍叔牙事公子小白[③]。

齐公族多宠[④]，嫡庶并行。国人惧乱。管仲与召忽奉公子纠奔鲁[⑤]，鲍叔奉公子小白奔莒[⑥]。既而公孙无知作乱[⑦]，齐无君，二公子争入。管夷君与小白战于莒，道射中小白带钩。

小白既立，胁鲁杀子纠，召忽死之，管夷吾被囚。

鲍叔牙谓桓公曰："管夷吾能，可以治国。"

桓公曰："我仇也，愿杀之。"

鲍叔牙曰："吾闻贤君无私怨，且人能为其主，亦必能为人君。如欲霸王，非夷吾其弗可。君必舍之[⑧]！"遂召管仲。

鲁归之齐，鲍叔牙郊迎，释其囚。桓公礼之，而位于高、国之上[⑨]，鲍叔牙以身下之，任以国政，号曰仲父。桓公遂霸。

管仲尝叹曰："吾少穷困时，尝与鲍叔贾，分财多自与；鲍叔不以我为贪，知我贫也。吾尝为鲍叔谋事而大穷困，鲍叔不以我为愚，知时有利不利也。吾尝三仕，三见逐于君，鲍叔不以我为肖，知我不遭时也。吾尝三战三北[⑩]，鲍叔不以我为怯，知我有老母也。公子纠败，召忽死之，吾幽囚受辱；鲍叔不以我为无耻，知我不羞小节而耻名不显于天下也。生我者父母，知我者鲍叔也！"

此世称管、鲍善交者，小白善用能者。

然实无善交，实无用能也。实无善交实无用能者，非更有善交，更有善用能也。召忽非能死，不得不死；鲍叔非能举贤，不得不举；

小白非能用仇，不得不用。

及管夷吾有病，小白问之，曰："仲父之病病矣，可不讳。云至于大病[11]，则寡人恶乎属国而可？"

夷吾曰："公谁欲欤？"

小白曰："鲍叔牙可。"

曰："不可。其为人也，洁廉善士也。其于不己若者不比之人，一闻人之过，终身不忘。使之理国，上且钩乎君[12]，下且逆乎民。其得罪于君也，将弗久矣。"

小白曰："然则孰可？"

对曰："勿已，则隰朋可[13]。其为人也，上忘而下不叛[14]，愧其不若黄帝而哀不己若者。以德分人谓之圣人，以财分人谓之贤人。以贤临人，未有得人者也；以贤下人者，未有不得人者也。其于国有不闻也，其于家有不见也。勿已，则隰朋可。"

然则管夷吾非薄鲍叔也，不得不薄；非厚隰朋也，不得不厚。厚之于始，或薄之于终；薄之于终，或厚之于始。厚薄之去来，弗由我也。

【注释】

①管夷吾：人名，即管仲，名夷吾，字仲，春秋时期著名的政治家、军事家，故作齐桓公称霸诸侯。鲍叔牙：人名，亦称鲍叔、鲍子，春秋时期齐国大夫，管仲的好朋友，以知人著称于世。戚：亲近，亲密。②公子纠：人名，姓吕，名纠，春秋时期齐国人，齐襄公之弟，齐桓公之兄。③公子小白：人名，即齐桓公，姓吕，名小白，齐襄公即公子纠之弟。④公族：诸侯中的同族。⑤召（shào）忽：人名，春秋时期齐国大臣。⑥莒（jǔ）：周代诸侯国名，在今山东省安丘、诸城一带。⑦公孙无知：人名，春秋时期齐国公族，齐僖公弟夷仲年的儿

子。⑧舍：通“释”，释放，赦免。⑨高、国：齐国当时的两家当政的卿大夫的姓。⑩北：大了败仗往回逃。⑪大病：死，这里是婉辞。⑫钩：违逆。⑬隰（xí）朋：人名，齐国大夫，与管仲同为齐桓公的辅臣。⑭上忘：指在上则忘记自己身处高位。下不叛：指对下则不骄横跋扈。

【译文】

管夷吾和鲍叔牙两人相交为友，关系亲密，一同在齐国做事。管夷吾侍奉公子纠，鲍叔牙侍奉公子小白。

当时齐国公族中的公子被宠幸的很多，嫡子和庶子都享受同样的待遇。齐国人忧惧因此发生动乱。于是，管仲与召忽陪着公子纠逃到了鲁国，鲍叔牙陪着公子小白逃到了莒国。不久公孙无知发动兵乱，杀了齐襄公，齐国没有了君主，两位公子就争着回国抢夺君位。管夷吾与公子小白在莒国境内作战，途中，管夷吾发箭射中了公子小白的衣带钩。

公子小白立为齐桓公以后，威胁鲁国杀死了公子纠，召忽自杀殉主，管夷吾被囚禁起来。

鲍叔牙对齐桓公说：“管夷吾才能出众，可以治理国家。”

齐桓公说:“他是我的仇人,我想杀了他。”

鲍叔牙说:“我听说贤明的君主没有个人的怨恨,况且一个人能尽力为他的主人效力,也一定能尽力为君王您效力。您如果想称霸为王,就非用管夷吾辅佐不可。请您一定要赦免他!”于是齐桓公召管仲回国。

鲁国把他送回齐国,鲍叔牙亲自到郊外迎接,解除了他的桎梏。齐桓公用隆重的礼节接待了他,而且封他的官位在高、国二卿大夫之上,鲍叔牙也身居其下,齐桓公把国政交给管仲,称他为仲父。齐桓公由此成为诸侯的霸主。

管仲曾经感叹说:“我年轻时穷苦贫寒,曾经与鲍叔一同做买卖,分配钱财时总是自己多分一些;鲍叔不认为是我贪婪,而是知道我家境贫穷。我曾替鲍叔谋划事情而遭遇重大挫折,鲍叔并不由此而认为是我愚笨,而是知道时机有时顺利有时不顺利。我曾经三次做官,却三次被国君驱逐,鲍叔并不由此认为是我没出息,而是知道我没有遇到好的时机。我曾经三次作战三次落败而逃,鲍叔并不由此不认为是我胆小,而是知道我家里还有老母亲要照顾。公子纠失败,召忽自杀,我也被囚禁在牢中而受屈辱,鲍叔并不由此认为是我没有廉耻,而是知道我不羞于小节而耻于不能扬名于天下。生我的人是父母,了解我的人是鲍叔啊。”

这就是人们所称道的管仲、鲍叔牙善于结交朋友,小白善于善用贤能的事。

然而事实上并无所谓善于结交朋友,也无所谓善用贤能。事实上并无所谓善于结交朋友,也无所谓善用贤能的原因,在于没有更值得结交的人,也没有更值得任用的贤能的人。召忽并不是要自杀,而是不得不自杀;鲍叔并不是能够推举贤能,而是不得不推举贤能;小白

并不是能够任用仇人，而是不得不任用仇人。

到了管夷吾生重病的时候，小白问他，说："仲父的病很严重了，我也不用忌讳了。如果你去世了，那我把国家政事交给谁合适呢？"

管夷吾反问："您想交给谁呢？"

小白说："鲍叔牙应当可以。"

管仲说："不行，鲍叔牙的为人，清正廉洁，是贤能之士。但他对于德行才能不及自己的人不屑亲近，一听到别人的过错就记一辈子。如果用他来治理国家，对上则会忤逆君主，对下则违背民心。他得罪于您，也就不会太久了。"

小白问："既然这样，那么谁可以呢？"

管仲回答说："不得已的话，隰朋可以。他的为人，在上则忘自己身处高位，对下则毫不骄横跋扈，对于自己的德行不如黄帝而感到惭愧，对于不如自己的人表示同情。以仁德来感化他人的人叫做圣人，用钱财来接济他人的人叫做贤人。因为贤能而瞧不起别人的人，没有能得到别人拥护的；因为贤能而谦逊待人的人，没有得不到别人拥护的。他对于国事有所不闻，对于家事有所不见。不得已的话，那么隰朋可以接替我执政。"

但是，管夷吾并不是有意贬低鲍叔，而是在当时的情势下不得不贬低他；并不是有意要厚待隰朋，而是在当时的情势下不得不厚待他。开始厚待的，有可能到最后就变成贬低；开始时贬低，有可能到最后就变成厚待。厚待与贬低的变化，并不是由个人的主观意志所能决定的。

【原典】

邓析操两可之说[①]，设无穷之辞[②]，当子产执政[③]，作《竹刑》[④]。郑国用之，数难子产之治。子产屈之。子产执而戮之[⑤]，俄而诛之。

然则子产非能用《竹刑》，不得不用；邓析非能屈子产，不得不屈；子产非能诛邓析，不得不诛也。

【注释】

①邓析：人名，春秋时期法家、名家，郑国大夫。②无穷之辞：指巧言辩说的圆滑辞令。③子产：人名，复姓公孙，名侨，字子产，春秋时期郑国执政，官至卿相，执政期间在政治上颇多建树，为郑国带来新气象。④《竹刑》：子产铸刑鼎三十余年后，邓析根据当时的新情况，对郑国的刑法进行补充修改，刻于竹简，史称《竹刑》。⑤戮：羞辱，侮辱。

【译文】

邓析主张自己模棱两可的学说，创设了一套巧辩圆滑的辞令，在子产执政期间，编制出一部《竹刑》。郑国采用了它，却屡次妨碍子产的治理。子产为之理屈，于是便把邓析抓了起来，并当众羞辱他，不久就把他杀了。

然而子产并不是乐意采用《竹刑》，而是在当时的形势下，不得不采用它；邓析并不是能够使子产理屈，而是在当时的形势下，不得不使他理屈；子产也并不是有意要杀死邓析，而是在当时的形势下，不得不杀了他。

【原典】

可以生而生，天福也；可以死而死，天福也。可以生而不生，天罚也；可以死而不死，天罚也。可以生，可以死，得生得死，有矣；不可以生，不可以死，或死或生，有矣。然而生生死死，非物非我，皆命也。智之所无奈何。故曰，窈然无际[①]，天道自会；漠然无分[②]，天道自运。天地不能犯，圣智不能干，鬼魅不能欺。自然者默之成之，平之宁之，将之迎之。

【注释】

①窈（yǎo）然：幽远的样子。②漠然：寂静。

【译文】

应该生存而得到生存，是上天的福佑；应该死亡而得到死亡，也是上天的福佑。应该生存的而没有生存，这是上天的惩罚；应该死亡的而没有死亡，这也是天的惩罚。应该生存而得以生存，应该死亡而得以死亡，这种情况是有的；应该生存却不得不死亡，应该死亡却不得不生存，这种情况也是有的。然而生存也好，死亡也好，并非凭外物的安排和自己的意愿，而都是命运决定的。人们的智慧对它无可奈何。所以说，深远而没有边际的天道是自行融合的；寂静而没有界限的天道是自然运动的。天地不能侵犯它，圣人智者不能干预它，鬼怪幽灵不能欺骗它。自然而然的天道，无声无息而暗暗成就，平静安宁而无所作为，在送往迎来中顺应万物。

【原典】

杨朱之友曰季梁。季梁得病，七日大渐[①]。其子环而泣之，请医。季梁谓杨朱曰："吾子不肖如此之甚，汝奚不为我歌以晓之？"

杨朱歌曰："天其弗识，人胡能觉？匪祐自天，弗孽由人。我乎汝乎！其弗知乎！医乎巫乎！其知之乎？"

其子弗晓，终谒三医。一曰矫氏，二曰俞氏，三曰卢氏，诊其所疾。

矫氏谓季梁曰："汝寒温不节，虚实失度，病由饥饱色欲。精虑烦散，非天非鬼。虽渐，可攻也。"

季梁曰："众医也[②]，亟屏之[③]！"

俞氏曰："女始则胎气不足，乳湩有馀[④]。病非一朝一夕之故，其所由来渐矣，弗可已也。"

季梁曰："良医也。且食之！"

卢氏曰："汝疾不由天，亦不由人，亦不由鬼。禀生受形，既有制之者矣，亦有知之者矣。药石其如汝何[⑤]？"

季梁曰："神医也。重贶遣之[⑥]！"

俄而季梁之疾自瘳[⑦]。

【注释】

①渐：加剧，恶化。②众医：一般医生，庸医。③亟：急切。屏：驱逐，赶走。④乳湩（dòng）：乳汁。⑤药石：指治病的药物和砭石。⑥贶（kuàng）：赏赐，赠送。⑦瘳（chōu）：病愈。

【译文】

杨朱有个朋友叫季梁。季梁生病，七天后病情急剧恶化。他的儿子们围在他的床前哭泣，请求为他去请医生医治。季梁对杨朱说："我的儿子们不明事理到了如此地步，你为什么不替我唱首歌来开导他们呢？"

于是，杨朱唱道："上天都不知道，人又怎么能明白？福分

不靠天，罪孽非人造。我呀你呀，都不知道啊！医呀巫呀，谁又能知道呢？”

季梁的儿子们还是不明白，终于还是请来了三位医生。一位姓矫，一位姓俞，一位姓卢，都来诊治他所患的病。

矫医生对季梁说：“你体内的寒温不能调和，虚实失去平衡，这病主要是由于饥饱不均和色欲过度造成的。精神思虑繁杂散漫，既不是上天也不是鬼神在作怪。虽然病情严重，但仍然可以治疗。”

季梁说：“这是庸医。快赶他出去！”

俞医生说：“你先天胎气不足，乳汁又喝得太多。这病也不是一朝一夕所致，而是逐渐加深和长期积累的结果，已经治不好了。”

季梁说：“这是良医。姑且请他吃顿饭吧！”

卢医生说：“你的病既不是上天，也不是人力，也不是鬼怪所造成的。自从你禀受天命获得生命，接受了形骸，就已经有了制宰它的存在，也有了知晓它的存在。药物针砭能对你怎样呢？”

季梁说：“这是一位神医。重重地赏赐他，给他重金让他走吧！”

不久，季梁的病就自行痊愈了。

【原典】

生非贵之所能存，身非爱之所能厚；生亦非贱之所能夭，身亦非轻之所能薄。故贵之或不生，贱之或不死；爱之或不厚，轻之或不薄。此似反也，非反也；此自生自死，自厚自薄。或贵之而生，或贱之而死；或爱之而厚，或轻之而薄。此似顺也，非顺也；此亦自生自死，自厚自薄。

鬻熊语文王曰[①]：“自长非所增，自短非所损。算之所亡若何？”老聃语关尹曰[②]：“天之所恶，孰知其故？”言迎天意，揣利害，不如其已。

【注释】

①鬻（yù）熊：人名，周文王时人，相传为楚人的祖先。文王：即周文王。②关尹：人名，周朝函谷关的守关官吏。

【译文】

生命不是因为珍惜它就能长久存在，身体不是因为爱护它就能健壮；生命也不是因为轻贱它就会夭亡，身体也不是因为轻视它就会孱弱。所以珍惜生命也许不能生存，轻贱生命也许不会死亡；爱护身体也许不能强壮，轻视身体也许不会孱弱。这听起来似乎是违反事理的，其实并不违反；因为它们不过是自然地生自然地死，自然地强壮自然地虚弱。也许珍惜它能够生存，也许轻贱它会就会死亡；也许爱护它能够壮实，也许轻视它就会孱弱。这看似合乎事理，其实与事理相合；它们也是自然地生自然地死，自然地强壮自然地虚弱。

鬻熊对周文王说："自然要变长的，并不是人力所能增加的；自然要变短的，并不是人力所能减损的。人的智谋对此又有什么办法呢。"老聃对关尹说："天所厌恶的，谁又知道其中的什么缘故？"意思就是说迎合天意，揣摩利害，还不如趁早停止。

【原典】

杨布问曰[①]："有人于此，年兄弟也[②]，言兄弟也[③]，才兄弟也，貌兄弟也，而寿夭父子也[④]，贵贱父子也，名誉父子也，爱憎父子也。吾惑之。"

杨子曰："古之人有言，吾尝识之，将以告若。不知所以然而然，命也。今昏昏昧昧，纷纷若若，随所为，随所不为，日去日来，孰能知其故？皆命也夫。信命者，亡寿夭；信理者，亡是非；信心者，亡逆顺；信性者，亡安危。则谓之都亡所信，都亡所不信。真矣悫矣[⑤]，奚去奚就？奚哀奚乐？奚为奚不为？《黄帝之书》云：‘至人居若死[⑥]，动若械[⑦]。’亦不知所以居，亦不知所以不居；亦不知所以动，亦不知所以不动。亦不以众人之观易其情貌，亦不谓众人之不观不易其情貌。独往独来，独出独入，孰能碍之？”

【注释】

①杨布：人名，战国时期哲学家杨朱之弟。②年兄弟：年纪相当，这里指两者差别不大。③言：《释文》本作“訾”，释为“訾程”，即资历。④寿夭父子：长寿和短命相差悬殊。父子：比喻差别悬殊。⑤悫（què）：诚实，谨慎。⑥至人：指思想或道德修养最高超的人。居若死：指得道之人心如死灰，静坐时如同死人一般。⑦动若械：指得道之人形同槁木，行动时如同木偶一般。

【译文】

杨布问杨朱说：“这里有两个人，年龄差不多，资历差不多，才能差不多，相貌差不多；而他们的寿命长短相差很大，地位高低相差很大，名誉好坏相差很大，受人爱憎喜恶也相差很大。我对此感到迷惑不解。”

杨朱说：“古人有句话，我曾把它记了下来，现在告诉你。不知道为什么会这样而这样，就是天命。现如今万物昏昏暗暗，纷杂混乱，任凭你做些事情，或者什么也不做。一天天过去，一天天到来，谁又能明白其中的缘故？这都是命啊！相信天命的人，无所谓长寿夭亡；相信自然之理的人，无所谓是非对错；相信本心的人，无所谓逆境顺境；相信天性的人，无所谓安危祸福。这就叫做什么都不信，又什么都相信。真诚的态度，哪里还去考虑何去何从？为何悲哀又为何高兴？究竟有什么该做又有什么不该做？《黄帝之书》写道：‘道德修养最高的人坐下来如同死人一般，行动起来好像木偶一般。’也不知道为什么坐着，也不知道为什么不坐；也不知道为什么行动，也不知道为什么不动。也不因为众人的观察而改变自己的性情容貌，也不因为众人的不观察而不改变他的性情容貌。独来独往，独进独出，谁能阻碍他呢？”

【原典】

墨屎、单至、啴咺、憋懯四人相与游于世[①]，胥如志也[②]。穷年不相知情[③]，自以智之深也。

巧佞、愚直、婩斫、便辟四人相与游于世[④]，胥如志也；穷年而不相语术，自以巧之微也。

𤞞㤉、情露、讓极、凌谇四人相与游于世[⑤]，胥如志也；穷年不相晓悟，自以为才之得也。

眠娗、諈诿、勇敢、怯疑四人相与游于世[⑥]，胥如志也；穷年不相谪发[⑦]，自以行无戾也[⑧]。

多偶、自专、乘权、只立四人相与游于世[⑨]，胥如志也；穷年不相顾眄[⑩]，自以时之适也。

此众态也。其貌不一，而咸之于道，命所归也。

【注释】

①墨屎（méi chì）：佯装愚蠢而内心奸诈的样子，此处以人的性情形貌作为寓言中的人名，下同。单（zhàn）至：轻举妄动的样子。啴咺（chǎn xuān）：迂腐缓慢的样子。憋懯（fū）：急速匆忙的样子。②胥（xū）：全，都。③穷年：全年，一年到头。④巧佞：奸诈机巧，阿谀奉承的样子。愚直：愚笨而憨直的样子。婩斫（àn zhuó）：懵懂不语的样子。便（pián）辟：善于谄媚逢迎的样子。⑤𤞞㤉（qiāo jiā）：哀怒郁结于心而不肯吐露的样子。情露：内情暴露，无所隐藏的样子。讓（jiǎn）极：性急口吃的样子。凌谇（suì）：喜好凌辱责骂他人的样子。⑥眠娗（tiǎn）：害羞，不开通的样子。諈诿（zhuì

wěi)：繁重不堪的样子，即以重任推诿他人。勇敢：有勇气，有胆量。怯疑：懦弱不决。⑦谪（zhé）发：指摘，揭发。⑧戾：违背，违反。⑨多偶：随和多友的样子。自专：独断专行的样子。乘权：利用权势的样子。只立：孤独，单独存在的样子。⑩顾眄：往回看。眄（miǎn）：斜着眼睛看。

【译文】

虚伪狡诈的墨尿、轻举妄动的单至、迂腐迟缓的啴咺、急躁冲动的憋懯，四个人同时在世上游逛，全都各随自己的意志；整年不互相通报情况，自以为智慧是最高深的。

巧言佞色的巧佞、质朴憨厚的愚直、懵懂不语的婩斫、逢迎周旋的便辟，四个人同时在世上游逛，全都各随自己的意志；整年不互相探讨道术，自以为技巧是最精妙的。

哀怨郁结的㺜忓、内情暴露的情露、性急口吃的謇极、动辄凌辱骂人的凌谇，四个人同时在世上游逛，全都各随自己的意志；整年不互相启发点拨，自以为才华是最卓越的。

害羞腼腆的眠娗、不堪重任的諈诿、果敢英勇的勇敢、胆怯犹豫的怯疑，四个人同时在世上游逛，全都各随自己的意志；整年不互相指摘揭发，自以为自己的行为没有一点差错。

随和多友的多偶、独断专行的自专、趋炎附势的乘权、孤芳自赏的只立，四个人同时在世上游逛，全都各随自己的意志；整年不互相瞻顾，自以为自己的一切都适合时宜。

这是大千世界的众生相。他们的表现虽然不一样，却都符合自然之道，这就是天命的安排啊。

【原典】

佹佹成者[①]，俏成也[②]，初非成也。佹佹败者，俏败者也，初非败

也。故迷生于俏，俏之际昧然[③]。于俏而不昧然，则不骇外祸，不喜内福；随时动，随时止，智不能知也。信命者于彼我无二心。于彼我而有二心者，不若揜目塞耳，背坂面隍亦不坠仆也[④]。故曰：死生自命也，贫穷自时也。怨夭折者，不知命者也；怨贫穷者，不知时者也。当死不惧，在穷不戚，知命安时也。其使多智之人量利害，料虚实，度人情，得亦中，亡亦中。其少智之人不量利害，不料虚实，不度人情，得亦中，亡亦中。量与不量，料与不料，度与不度，奚以异？唯亡所量，亡所不量，则全而亡丧。亦非知全[⑤]，亦非知丧，自全也，自亡也，自丧也。

【注释】

①佹佹（guī guī）：几乎，将近的样子。②俏：通“肖”，相似。③昧然：昏茫无知的样子。④坂（bǎn）：山坡，斜

坡。隍：没有水的城壕。⑤知：同“智”。

【译文】

因偶然而成功的事情，看上去差不多成功了，但实际上并没有成功。因偶然而失败的事情，看上去差不多失败了，实际上并没有失败。所以迷惑发生在相似上，在相似的边界上事情最容易变得蒙昧不清，难以分辨。如果能不迷惑于相似性，就不会惧怕外来的灾祸，也不会为自身的福泽而欢喜；顺应时势而行动，顺应时势而停止，靠聪明才智是不能明了的。相信天命的人对于外物和自身没有不同的心情。对于外物和自身有不同心情的人，不如捂住眼睛、塞住耳朵、背对着城墙、面朝城壕也不会坠落下来。所以说：死亡与生存来自命运，贫苦与穷困来自时势。埋怨短命的人，是不懂得命运的人；埋怨贫穷的人，是不懂得时势的人。面对死亡而不惧怕，身居贫穷而不悲伤，这是洞达天命随遇而安的表现。如果让足智多谋的人去衡量利害，估量虚实，揣度人情，那么结果会是正确的有一半，错误的也有一半。那些缺智少谋的人不衡量利害，不估量虚实，不揣度人情，那么结果也将是正确的有一半，错误的也有一半。这样看来，衡量与不衡量，估量与不估量，揣度与不揣度，又有什么不同呢？只对什么都不去估量，而又无所不估量，才能保全本性而没有丧失。也并不是靠智力来保全本性，也不因智力而丧失本性，它们都是自然而然地消亡，自然而然地丧失的。

【原典】

齐景公游于牛山[①]，北临其国城而流涕曰：“美哉国乎！郁郁芊芊[②]，若何滴滴去此国而死乎[③]？使古无死者，寡人将去斯而之何？”

史孔、梁丘据皆从而泣曰[④]：“臣赖君之赐，疏食恶肉可得而食[⑤]，驽马棱车可得而乘也[⑥]，且犹不欲死，而况吾君乎？”

晏子独笑于旁[⑦]。

公雪涕而顾晏子曰[⑧]："寡人今日之游悲，孔与据皆从寡人而泣，子之独笑，何也？"

晏子对曰："使贤者常守之，则太公、桓公将常守之矣[⑨]；使有勇者而常守之，则庄公、灵公将常守之矣[⑩]。数君者将守之，吾君方将被蓑笠而立乎畎亩之中[⑪]，唯事之恤，行假今死乎[⑫]？则吾君又安得此位而立焉？以其迭处之、迭去之，至于君也，而独为之流涕，是不仁也。见不仁之君，见谄谀之臣。臣见此二者，臣之所为独窃笑也。"

景公惭焉，举觞自罚[⑬]。罚二臣者各二觞焉。

【注释】

①齐景公：春秋时齐国国君，名杵臼。牛山：山名，在今山东淄博东北。②郁郁芊芊：草木苍翠茂盛的样子。③滴滴：或作"滂滂"，流淌的样子，这里指时光如流水，人的生命像江河一样，不停地流逝。④史孔、梁丘：皆为人名，同为齐景公的大臣。⑤疏食：粗糙的粮食。⑥驽马：劣马或无用的马。棱车：当做"栈车"之误，古代用竹木做成的简陋车子。⑦晏子：即晏婴，字仲，谥平，春秋时期齐国大夫。⑧雪涕：擦拭眼泪。⑨太公：指姜太公，周代齐国的始祖。桓公：即齐桓公。⑩庄公：即齐庄公，名光，齐灵公之子。灵公：即齐灵公，名环，曾攻灭莱国，扩展疆土。⑪畎（quǎn）亩：田地，田间，田野。⑫行假：当做"何暇"。⑬觞（shāng）：古代喝酒的酒器。

【译文】

齐景公在牛山游览时，向北观望他的国都，满眼含泪而感叹道："真美啊，我的国都！草木苍翠茂盛，一望无际，然而我为什么还要像江河流逝那样离开这个国都而去死亡呢？假使自古以来就没有死亡这回事，那我将离开此地到哪里去呢？"

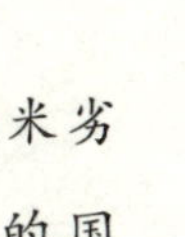

史孔和梁丘据都跟着流泪说：“我们仰仗国君的恩赐，有粗米劣肉可以吃，有劣马栈车可乘，尚且还不想死去，更何况我们的国君呢！”

晏子却一个人在旁边发笑。

齐景公揩干眼泪，望着晏子说：“我今天游览觉得悲伤，史孔和梁丘据都跟着我流泪，而你却一个人发笑，为什么呢？”

晏子回答说：“假使让贤明的君主长久地统治齐国，那么太公、桓公就会长久地统治这个国家了；假使让英勇的君主长久地统治齐国，那么庄公、灵公就会长久地统治这个国家了。如果这几位君主都永远统治着齐国，那么您就只能披着蓑衣、戴着斗笠，站在田地之中，整天只顾考虑农活，哪有闲暇想到死呢？您又怎么能得到国君的位置而成为国君呢？就是因为历代国君相继成为国君，又相继死去，才轮到了您。现在您却偏要为此而流泪，这是不仁义的表现。看见不仁不义的君主，又看见阿谀奉承的大臣。我看见了这两种人，所以才一个人私下发笑。”

齐景公为此感到惭愧，举起杯子自己罚酒。同时又罚了史孔、梁丘据两位大臣每人各饮两杯酒。

【原典】

魏人有东门吴者[1]，其子死而不忧。

其相室曰[2]：“公之爱子，天下无有。今子死不忧，何也？”

东门吴曰：“吾常无子[3]，无子之时不忧。今子死，乃与向无子同，臣奚忧焉？”

【注释】

①东门吴：人名，复姓东门。②相室：古代为卿大夫管理家务的人。③常：通“尝”，曾经。

【译文】

魏国有个叫东门吴的人，他儿子死了，而他却不伤心。

他的管家问他：“您对儿子的怜爱，天下无人能及。现在儿子死了，您却不伤心，为什么呢？”

东门吴说：“我曾经没有儿子，没有儿子的时候我并不伤心。现在儿子死了，就和过去没有儿子的时候一样，我有什么好值得伤心的呢？”

【原典】

农赴时[①]，商趣利[②]，工追术，仕逐势，势使然也。然农有水旱，商有得失，工有成败，仕有遇否[③]，命使然也。

【注释】

①赴时：赶节令。②趣（qū）：通“趋”，趋向，追逐。③遇：顺利，这里指顺境。遇：顺通，契合。否（pǐ）：不通，阻滞，这里指逆境。

【译文】

农民抢赶时令，商人追逐利益，工匠讲究技艺，官吏追逐权势，这是时势使他们这样的。但农民会遇上水旱之灾，商人会有得失之时，工匠有成功与失败之别，官吏有顺逆之殊，这是命运使他们这样的。

相关链接

一鸣惊人

春秋战国时期，楚庄王即位伊始，便受到朝中内外的瞩目，因为他的祖父和父亲两代国王都很有作为。楚国上下希望他能继承遗志，开疆拓土，使楚国更加强盛。而邻近的小国则是战战兢兢，危不自安，甚至连中原的大国秦、晋也都密切注意楚国的动向。

然而出人意料的是，楚庄王即位后，根本不理国政，每日不是在宫中听音乐，饮美酒，与妃妾们寻欢作乐，便是率领卫士于深山大泽打猎，一副标准的荒淫无度的国王形象。

楚国的大臣们自然不甘心楚国前两代国王奋斗的成果就此毁灭，纷纷入宫劝谏，楚庄王置之不理，我行我素。后来听得烦了，干脆在王宫外立一道牌子，上写：敢入谏者死。严令之下，楚国的大臣们大概觉得还是保命要紧，真的没人敢再劝谏了。

楚庄王日以继夜，荒淫不已，持续了三年。国王不理朝政，下面自然乱作一团：权臣们借机树党争权，谄谀小人们则逢迎拍马，捞取官职；贪官们更是浑水摸鱼，中饱私囊。楚国的政治一下子陷入了混乱无序的状态，而忠臣贤良只有扼腕叹息的份儿。

楚国的大夫伍举实在忍不住了。他决定入宫进谏，不过他也不愿意拿自己的头往刀刃上撞，于是想出了一个巧妙的方法。

他入宫见到楚王时，楚庄王正左搂郑姬，右拥越女，一边喝着美酒，一边听乐师们奏乐。见到伍举，楚庄王问道："大夫是想喝美酒，还是要听音乐？"

伍举笑道："臣既不想喝酒，也不想听音乐，而是听人们说大王智慧过人，所以想请大王猜个谜语。"

楚庄王知道伍举是要借机进谏，但既然伍举没明说，自己也不点破。伍举便说道："在楚国的一座高山上，停落一只大鸟，它羽毛五彩缤纷，异常华丽，可是三年来它既不鸣叫，也不飞走，臣实在不明白其中的原因。"

楚庄王沉思片刻，说道："这不是一只平凡的鸟，它三年不鸣，是在积蓄自己的力量；三年不飞，是等待看清方向。这只鸟不鸣则已，一鸣惊人；不飞则已，一飞冲天。你去吧。你的意思我都明白了。"

伍举听完楚庄王的解释后异常兴奋，他出宫后告诉自己的好友，同是楚国大夫的苏从："国王是很有头脑的人，他是在等待时机，而绝不是一个沉溺酒色的荒淫君主，看来楚国还是大有希望。"

几个月过去了，楚庄王不但没有丝毫改变，反而更加荒淫无度，苏从感到受了骗，他全无顾忌，舍身直闯王宫，直言进谏："您身为国王，不理国政，只知道享受声色犬马之乐，却不知道乐在眼前，忧在不远，不久就会民众叛于内，敌国攻于外，楚国离灭亡不远了。"

楚庄王勃然大怒，拔出长剑，指着苏从的鼻尖，厉声叱道："大夫不知道寡人的禁令吗？难道你不怕死吗？"

苏从凛然正色道："假如我的死能让君王悔悟，能让楚国富强，我的死就是值得的。"

楚庄王看了苏从半晌，忽然扔下长剑，双手抱住苏从，感慨道：

“我等的就是大夫这样忠于国家，不怕死的栋梁。”他挥手斥退歌男舞女，与苏从谈论起楚国的政务了。苏从这才惊异地发现：国王对国家上下了解比自己还要多。

楚庄王随后发布一系列政令，把那些权臣政客、谄谀小人、贪官和不称职的官员该杀的杀，该罢职的罢职；把那些包括伍举、苏从在内的忠于国家、有才能、刚直不阿的人提拔上来。一番整顿后，楚国的政治从贪浊混乱一下子变得清明而富有活力。

楚庄王待国内基础巩固后，不仅继续开疆拓土，平定了周围附属小国的背叛，而且挺进中原，夺得了霸主地位，成为历史上著名的“春秋五霸”之一。

苦中作乐，宠辱不惊

唐代文学家、哲学家刘禹锡，出生于一个书香门第，自幼天资聪颖，敏而好学。19 岁游学长安，21 岁与柳宗元同榜考中进士，同年又考中博学宏词科，可谓少年得志。805 年，刘禹锡官至屯田员外郎、判度支盐铁案，参加了永贞革新，与王叔文、王伾、柳宗元同为政治革新的核心人物，称为“二王刘柳”。半年后，顺宗被迫退位，宪宗即位，革新失败，王叔文被赐死。刘禹锡开始被贬为连州（今广东连县）刺史，行至江陵，然后被贬到朗州（今湖南常德）司马。当时被贬为远州司马的共八人，史称“八司马”，柳宗元也在其中。唐朝的朗州并不是一个好地方，和柳宗元当时待的永州一样，都是鸟不生蛋的南荒夷地。

中国古代的文人，被贬谪之后，几乎都是嗟叹命苦，所作诗文都可归入“贬怨”一类。刘禹锡被贬朗州的时候 34 岁，正当壮年，郁

闷是肯定的。但是，他能够随遇而安，苦中作乐，恬淡情怀。同样是贬谪十年，再次在长安相遇的时候，柳宗元已是憔悴不堪，刘禹锡却依然是元气充沛。在长安待召期间，精力旺盛的刘禹锡游玄都观赏桃花，触动被贬官之往事，提笔写下《元和十年自朗州承召至京戏赠看花诸君子》："紫陌红尘拂面来，无人不道看花回。玄都观里桃千树，尽是刘郎去后栽。"大有"看吧，满朝新贵，都是我刘郎被赶出长安后补的空缺"之意。不料，宪宗皇帝看后，觉其轻狂，心生不悦，心想：看来十年时间还收拾不了你！因这首诗"语涉讥刺"，被召回长安的当年，又欲将刘禹锡贬往更为偏远艰苦的播州。中丞裴度言："播，猿狖所宅，且其母年八十余，与子死决，恐伤陛下孝治，请稍内迁。"加之柳宗元上奏要求和刘禹锡对调贬谪之所，最终将其改贬为连州刺史。刘禹锡任连州刺史的四年半，体察民情，勤廉守政，力行教育。在这位"怀宰相之才"的诗人治下，当时地处偏远的连州竟然"科第甲通省"。元和十二年间，连州出了第一个进士刘景。刘禹锡欣喜写下《赠刘景擢第》："湘中才子是刘郎，望

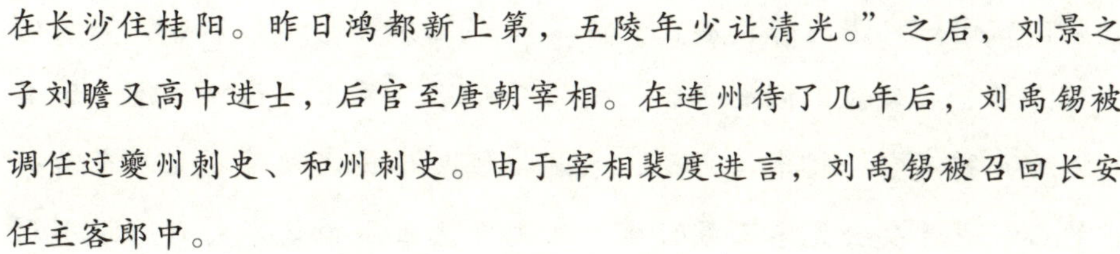

在长沙住桂阳。昨日鸿都新上第，五陵年少让清光。”之后，刘景之子刘瞻又高中进士，后官至唐朝宰相。在连州待了几年后，刘禹锡被调任过夔州刺史、和州刺史。由于宰相裴度进言，刘禹锡被召回长安任主客郎中。

时隔14年，刘禹锡再游玄都观。昔日桃花灼灼，今日却是满地野草。感慨之余，他又写下一首《再游玄都观绝句》：“百亩庭中半是苔，桃花净尽菜花开。种桃道士归何处？前度刘郎今又来。”刘禹锡斗志昂然，坚强乐观，几乎把南荒的流贬之地走了个遍。

多行不义必自毙

庞涓与孙膑同在鬼谷子门下学兵法。庞涓自以为学得差不多了，又听到魏国正在厚币招贤，访求将相。于是匆匆辞别鬼谷子，投奔魏相国王错，王错将他推荐给魏惠王。魏王见他兵法精熟，便任他为元帅，兼军师。

孙膑为人忠厚，鬼谷子便将自己注解的《孙武兵法》传授给了他。孙膑三日内尽行记下，鬼谷子便索还原书。

魏惠王从墨翟口中知道鬼谷子门下还有一孙膑，好生了得，于是便派使臣迎至魏国。魏惠王问庞涓，孙膑才能如何，庞涓说在己之上，要魏惠王任他为客卿。客卿地位虽高，但不掌握军权。孙膑在惠王面前演习兵阵，庞涓预先请教孙膑，然后在惠王面前一一指出阵名，惠王便以为庞涓胜于孙膑。

庞涓既害怕孙膑分宠，又想得到《孙武兵法》真传。他开始设计陷害孙膑。孙膑是齐国人，庞涓叫人假造了一封家信，由手下人扮作齐使者，将信交给孙膑，说是齐国他哥哥来的信，请他回去祭扫祖坟。

孙膑回信谢绝，庞涓得信后，加进了孙膑想效忠齐王的内容，连夜送给魏王看。后又假装探望孙膑，唆使孙膑第二天上书请假，惠王便真的以为孙膑不忠，想出卖自己，于是把他交给庞涓处理。庞涓当着孙膑的面，说是要去见惠王救孙膑，实则在惠王跟前请求对孙膑用刖刑（即锯去膝盖骨）。回来后说自己只救得他不死，假表歉意后，便叫手下人对孙膑用刖刑。

孙膑从庞涓的下人那里打听到，庞涓想在兵法到手后便弄死他，情急生计，便装癫佯狂。墨翟得知此事后，便到齐国把详情告知大将田忌，田忌又言之于齐威王。于是齐国借口其他事派使臣至魏，趁庞涓不注意时将孙膑偷带至齐国。

孙膑到齐后，只愿做田忌的军师。后庞涓率兵攻打赵国都城邯郸，赵求救于齐。田忌用孙膑"围魏救赵"计，就近进攻魏国的襄陵。庞涓果然回兵，结果在桂陵中了孙膑预设的埋伏，大败。

庞涓知齐威王得孙膑后，一直寝食不安，又行反间计，使田忌、孙膑免官。庞涓得意忘形，以为天下无敌了，便率大兵攻韩。韩国向齐求救。当时齐威王已死，宣王继位，并重新起用了田忌、孙膑。齐国待魏兵与韩兵交战了很久之后才出兵。这次又采用"围点打援"计，直逼魏都大梁。庞涓火速回兵，孙膑又用减灶之法迷惑敌人，使庞涓误以为齐兵大多逃亡，不堪一战，于是全力追赶。追至马陵道时，又中了孙膑的埋伏，全军覆灭。不仁不义的庞涓被万箭穿心。

杨朱篇

【题解】

杨朱，先秦哲学思想家，其思想在战国时代曾独树一帜，与儒、墨学派相抗衡，尤其反对墨子的“兼爱”思想，主张“贵生”、“重己”，反对礼义纲常，强调顺从人的本性，享受当生的快乐。本篇假托杨朱之口，表达了作者“唯贵放逸”、“不违自然所好”的人生态度和社会观点。全篇由十五个寓言故事组成，可分为三个要点：第一，论生死。杨朱提出有生便有死，生有贤愚、贫贱之别，而死皆归腐骨，人人皆如是。第二，贵己乐生。杨朱提出享乐的目的在于终生贵己，“损一毫

利天下不与也，悉天下奉一身不取也”，并在此前提下，提出“智之所贵，存我为贵”，认为己身最宝贵的东西就是生命，应当万分珍重，不要使它受到伤害。第三，全性保真。全性，就是顺应自然之形，保真，就是保持自然所赋予我身之真性，告诫人们不羡寿，不羡名，不羡位，不羡财，便可以不畏鬼，不畏人，不畏威，不畏刑，从而自己主宰自己的命运。

【原典】

杨朱游于鲁，舍于孟氏[①]。

孟氏问曰："人而已矣，奚以名为?"

曰："以名者为富。"

"既富矣，奚不已焉?"

曰："为贵。"

"既贵矣，奚不已焉?"

曰："为死。"

"既死矣，奚为焉?"

曰："为子孙。"

"名奚益于子孙?"

曰："名乃苦其身，燋其心[②]。乘其名者，泽及宗族，利兼乡党[③]；况子孙乎?"

"凡为名者必廉，廉斯贫；为名者必让，让斯贱。"

曰："管仲之相齐也，君淫亦淫，君奢亦奢。志合言从，道行国霸。死之后，管氏而已。田氏之相齐也[④]，君盈则己降，君敛则己施。民皆归之，因有齐国；子孙享之，至今不绝。"

"若实名贫，伪名富!"

曰："实无名，名无实。名者，伪而已矣。昔者尧舜伪以天下让许由、善卷[5]，而不失天下，享祚百年[6]。伯夷。叔齐实以孤竹君让而终亡其国，饿死于首阳之山。实伪之辩[7]，如此其省也[8]。"

【注释】

①舍：住宿。②燋：同"焦"，焦灼，烧灼。③乡党：周朝以五百家为"党"，一万二千五百家为"乡"。④田氏：田常，即田成子，春秋时期齐国大臣。⑤许由：人名，尧时的贤人。善卷：人名，相传为舜时隐士，舜曾将君位让位给他。⑥享祚（zuò）：享国，指帝王在位的年数。⑦辩：通"辨"，辨别，分辨。⑧省（xǐng）：明白，清楚。

【译文】

杨朱在鲁国游历，住在孟氏家中。

孟氏问他："做普通人就行了，还要名声做什么呢?"

杨朱回答说："要靠名声去发财致富。"

孟氏又问："已经富足了，为什么还不肯罢休呢?"

杨朱说："为了地位显贵。"

孟氏又问："已经显贵了，为什么还不罢休呢?"

杨朱说："为了死后的荣耀。"

孟氏又问："人已经死了，还为什么呢?"

杨朱说："为了子孙后代。"

孟氏又问："名声对子孙有什么好处呢?"

杨朱说："名声这东西让人身体辛苦，心念焦虑。凭借一个人的名声，能够让福泽施及宗族，利益可以兼顾乡里，更何况是自己的子孙后代呢?"

孟氏说："但凡是追求名声的人必须要廉洁，廉洁就会导致贫穷；凡是追求名声的人必须要谦让，谦让就会导致地位卑贱。"

杨朱说："管仲担任齐国相国的时候，国君淫乱，他也淫乱；国君奢侈，他也奢侈。顺随国君的意愿，听从国君的言语，他的治国之道才得以顺利实行，齐国才得以在诸侯中成为霸主。但他死了以后，管氏家族也很快衰落下去。田常担任齐国相国的时候，国君骄横，他便谦逊；国君聚敛，他便施舍。老百姓都归附他，他因而据有了齐国；子孙后代继续享有齐国，至今没有断绝。"

孟氏说："这样说来，真实的名声会使人贫困，虚假的名声会使人富贵。"

杨朱又说："真实的人没有名声，有名声的不真实。所谓名声，不过是虚伪的东西罢了。从前尧舜虚伪地把天下让给许由、善卷，却并没有真正失去天下，而且享受帝位达百年之久。伯夷、叔齐真心实意地把孤竹国的王位让了出来，记过反而导致国家灭亡，还双双饿死在首阳山上。真实与虚伪的区别，就像这样明白啊。"

【原典】

杨朱曰：百年，寿之大齐[①]。得百年者千无一焉。设有一者，孩抱以逮昏老[②]，几居其半矣。夜眠之所弭[③]，昼觉之所遣，又几居其半矣。痛疾哀苦，亡失忧惧，又几居其半矣。量十数年之中，逌然而自得，亡介焉之虑者[④]，亦亡一时之中尔。则人之生也奚为哉？奚乐哉？为美厚尔，为声色尔。而美厚复不可常厌足[⑤]，声色不可常玩闻[⑥]。乃复为刑赏之所禁劝，名法之所进退；遑遑尔竞一时之虚誉，规死后之余荣[⑦]；偊偊尔顺耳目之观听[⑧]，惜身意之是非；徒失当年之至乐，不能自肆于一时。重囚累梏，何以异哉？太古之人知生之暂来，知死之暂往；故从心而动，不违自然所好；当身之娱非所去也，故不为名所劝。从性而游，不逆万物所好；死后之名非所取也，故不为刑所及。名誉先后，年命多少，非所量也。

【注释】

①大齐（jì）：最大的定限。②孩抱：幼年，幼小。③弭（mǐ）：消逝，止息。④逌（yóu）然：闲适自得的样子。介：通“芥”，小草，这里意为细微。⑤厌：饱，足。⑥余荣：死后的荣耀。⑦偊偊（yǔ yǔ）：同“踽踽”，独行的样子。⑧从：同“纵”，放任。

【译文】

杨朱说：“一百岁，是寿命的最高定限。能活到一百岁的，一千个人很难挑出一个。即使有一个人能活到一百岁，那么他在幼年与衰老的时间，几乎就占据了他生命中的一半时间。夜晚睡眠时间的消耗，再加上白天休息的时间，又几乎占据了剩余时间的一半。至于疾病痛苦、失意忧愁，又几乎占据了剩余时间的一半。算算剩下的十多年，能够怡然自得，心中没有丝毫顾虑的，也不过是短暂的刹那罢了。那么

人生一世，又为了什么呢？有什么快乐呢？不过是为了锦衣玉食，为了歌舞女色罢了。可是锦衣玉食并不能经常得到满足，歌舞美色也不能经常得以玩赏。而且人生还要受到刑罚的禁止、赏赐的诱导，受到名分礼法的约束；惶恐不安地去竞争一时的虚伪声誉，谋划死后留下的荣耀；孤独谨慎地观察周围事物的对错，顾惜身体与意念的是与非；白白地丧失了有生之年应该享有的最大快乐，不能给自己片刻的肆意放纵。这与戴着刑具，关进牢房的囚犯有什么不一样呢？远古时期的人们懂得生命是暂时的到来，懂得死亡是暂时的离去；因而随心所欲地行动，从来不违背自然的本性；对现世的欢愉决不放弃，所以能够不受名誉的诱惑。顺随自然本性去游玩，不违背万物的喜好，不博取死后的名誉，所以不会受到刑罚的惩处。名誉的先来后到，寿命的长短，都不是他们所考虑的。”

【原典】

杨朱曰：“万物所异者生也，所同者死也。生则有贤愚、贵贱，是所异也；死则有臭腐、消灭，是所同也。虽然，贤愚、贵贱非所能也，臭腐、消灭亦非所能也。故生非所生，死非所死，贤非所贤，愚非所愚，贵非所贵，贱非所贱。然而万物齐生齐死[①]，齐贤齐愚，齐贵齐贱。十年亦死，百年亦死，仁圣亦死，凶愚亦死。生则尧、舜，死则腐骨；生则桀、纣，死则腐骨。腐骨一矣，孰知其异？且趣当生[②]，奚遑死后[③]？”

【注释】

①齐：相等，等同。②趣：趋向，往。③遑（huáng）：闲暇，空闲。

【译文】

杨朱说：“万物所不同的是生存，所相同的是死亡。活着就有贤

愚、贵贱之分，这就是差异；死了以后都要腐烂发臭、消失灭亡，这是相同的。即使是这样，贤愚与贵贱也不是自己能够做主的；最终都归于腐臭、消灭也不是个人所能决定的。所以生存不是自己做主的生存，死亡也不是自己做主的死亡；贤能不是自己做主的贤能，愚昧也不是自己做主的愚昧，尊贵不是自己做主的尊贵，卑贱也不是自己做主的卑贱。然而事实上，万物的生与死是等同的，贤能与愚昧是等同的，尊贵与卑贱也是等同的。活十年也是死，活百年也是死。仁人圣贤也是死，凶顽愚劣的人也是死。活着的时候像尧舜一样贤明，死了就是一堆腐骨；活着的时候像桀纣一样残暴，死了也是一堆腐骨。腐骨都是一样的，又有谁知道它们的差异呢？姑且追求今生的乐趣吧，哪有工夫顾及死后的事情呢？”

【原典】

杨朱曰：“伯夷非亡欲，矜清之邮[①]，以放饿死。展季非亡情[②]，矜贞之邮，以放寡宗[③]。清贞之误善之若此。”

【注释】

①邮：通“尤”，尤其，最。②展季：人名，即展禽，亦称柳下惠，以女子坐怀不乱、坚守礼仪而著称。③寡宗：宗族不繁盛，意即子孙很少。

【译文】

杨朱说：“伯夷并不是没有欲望，只是过于顾惜清白的名声，以至于饿死在首阳山上。展季并不是缺乏感情，只是过于顾惜坚贞的名声，以至于寡子少孙。清白与坚贞耽误善良的人们竟然到了这样的地步。”

【原典】

杨朱曰：“原宪窭于鲁[①]，子贡殖于卫[②]。原宪之窭损生，子贡之殖累身。”

“然则窭亦不可，殖亦不可，其可焉在？”

曰：“可在乐生，可在逸身。故善乐生者不窭，善逸身者不殖。”

【注释】

①原宪：人名，字子思，春秋末期鲁国人，孔子弟子，孔子死后，隐居于卫。窭（yù）：贫寒。②殖：货殖，经商，这里有发财，富有的意思。

【译文】

杨朱说：“原宪在鲁国生活贫困，挨饿受冻；子贡在卫国经商赚钱。原宪的贫寒损害了自己的生命，子贡的经商劳累了自己的身心。”

有人问“既然这样，贫穷也不合宜，经商也不合宜，那么怎样才合适呢？”

杨朱回答说：“正确的办法在于使生活快乐，在于使身心安逸。因此说善于使生活快乐的人不会感到贫寒，善于使身心安逸的人不去经商。”

【原典】

杨朱曰：“古语有之：‘生相怜，死相捐。’此语至矣。相怜之道，非唯情也；勤能使逸，饥能使饱，寒能使温，穷能使达也。相捐之道，非不相哀也；不含珠玉[①]，不服文锦，不陈牺牲[②]，不设明器也[③]。晏平仲问养生于管夷吾[④]。管夷吾曰：‘肆之而已，勿壅勿阏[⑤]。’晏平仲曰：‘其目奈何[⑥]？’夷吾曰：‘恣耳之所欲听，恣目之所欲视，恣鼻之所欲向，恣口之所欲言，恣体之所欲安，恣意之所欲行。夫耳之所欲闻者音声，而不得听，谓之阏聪；目之所欲见者美色，而不得视，谓之阏明；鼻之所欲向者椒兰[⑦]，而不得嗅，谓之阏颤[⑧]；口之所欲道者是非，而不得言，谓之阏智；体之所欲安者美厚，而不得从，谓之阏适；意之所欲为者放逸，而不得行，谓之阏性。凡此诸阏，废虐之主[9]。去废虐之主，熙熙然以俟死，一日、一月、一年、十年，吾所谓养。拘此废虐之主，录而不舍[10]，戚戚然以至久生，百年、千年、万年，非吾所谓养。'管夷吾曰：'吾既告子养生矣，送死奈何?'晏平仲曰：'送死略矣，将何以告焉?'管夷吾曰：'吾固欲闻之。'平仲曰：'既死，岂在我哉？焚之亦可，沉之亦可，瘗之亦可[11]，露之亦可，衣薪而弃诸沟壑亦可，衮衣绣裳而纳诸石椁亦可[12]，唯所遇焉。'管夷吾顾谓鲍叔、黄子曰[13]：'生死之道，吾二人进之矣[14]。'"

【注释】

①不含珠玉：古时人死入殓，以珠玉贝米等物放在死者口中，因死者身份不同而有区别。②牺牲：古时祭祀或祭拜用的牲畜等供品。

③明器：即冥器，专为随葬而制作的器物，一般用陶或竹、木、石制成。④晏平仲：即晏婴，字仲，谥平，春秋后期著名的政治家、思想家、外交家。管夷吾：即管仲，名夷吾，春秋时期齐国著名的政治家、军事家，周穆王的后代。⑤壅（yōng）：堵塞。阏（è）：遏止。⑥目：细目，具体情况。⑦椒兰：椒于兰，皆芳香之物。⑧颤（shān）：鼻子通气，可辨别气味。⑨废虐：残害，摧残。⑩录：束缚，约束。⑪瘗（yì）：掩埋，埋葬。⑫衮（gǔn）衣：古代帝王及上公的礼服。石椁（guǒ）：石头做的外棺。⑬黄子：人名，与管仲同时的齐国大臣。⑭进：通“尽”，通透，尽彻。

【译文】

杨朱说：“古时候有句话说：‘活着的时候互相怜爱，死后便互相抛弃。’这句话说的真有水平。互相怜爱的方法，不仅仅是依靠相互之间的感情来维系，而且勤苦的能使他得到安逸，饥饿的能使他得到饱腹，寒冷的能使他得到温暖，穷困的能使他得到显达。互相抛弃的方法，并不是不为死者悲哀；而是不让死者口中含衔珍珠美玉，身上不给他穿文彩绣衣，祭奠时不给他陈设祭祀供品，埋葬时不给他摆冥间器具。晏婴向管仲询问养生之道。管仲说：‘不过是放纵自己的欲望罢了，不要去堵塞它，不要去遏制它。’晏婴问：‘具体应该怎样做呢?’管仲说：‘耳朵想听什么就听什么，眼睛想看什么就看什么，鼻子想闻什么就闻什么，嘴巴想说什么就说什么，身体想怎么舒服就怎么舒服，意念想干什么就干什么。耳朵所想听的是美妙的声音，却不让听，这就叫做遏制听觉的灵敏；眼睛所想见的是美好的姿色，却不让看，这就叫做阻塞视觉的明亮；鼻子所想闻的是花椒与兰草的香气，却不让闻，这就叫做阻塞嗅觉的通畅；嘴巴所想说的是人间的是是非非，却不让说，这就叫做阻塞头脑的智慧；身体想要享受的是锦衣玉

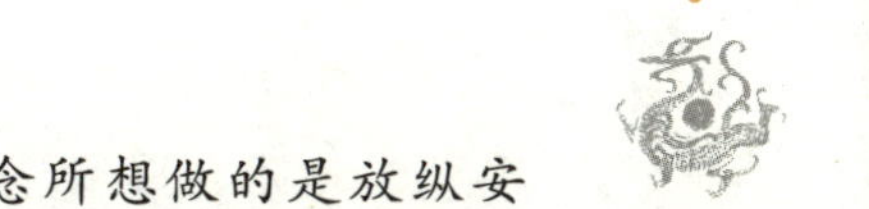

食，却不让得到，这就叫做抑制人身的安乐；意念所想做的是放纵安逸，却不让做，这就叫做抑制天生的本性。凡此种种阻塞，都是残毁身心的根源。清除残毁身心的根源，和乐安逸一直到死，即使能活上一天、一月、一年、十年，这就是我所说的养生之道。拘泥在这里残毁身心的根源里，束缚于此而不放弃，忧惧烦恼一直到老，即使能活上一百年、一千年、一万年，也不算是我所说的养生。’管仲说完，反问晏婴道：‘我已经告诉你怎样养生了，那么给死者送葬又该怎样呢？’晏婴说：‘送葬就简单了，我将怎么跟你说呢？’管仲说：‘我就是想听一听。’晏婴说：‘人都死了，难道能由得自己吗？用火焚烧也行，沉入水中也行，埋到地里也行，抛在露天也行，裹上柴草扔到沟里也行，穿上礼服绣衣装入棺椁里也行，遇上什么就是什么了。’管仲听了，回头对鲍叔牙和黄子说：‘养生之道与送死之道，我们两人已经完全领悟了。’”

【原典】

子产相郑，专国之政[①]；三年，善者服其化，恶者畏其禁，郑国以治，诸侯惮之。

而有兄曰公孙朝，有弟曰公孙穆。朝好酒，穆好色。朝之室也聚酒千钟[②]，积曲成封[③]，望门百步，糟浆之气逆于人鼻。方其荒于酒也[④]，不知世道之安危，人理之悔吝[⑤]，室内之有亡[⑥]，九族之亲疏[⑦]，存亡之哀乐也。虽水火兵刃交于前，弗知也。穆之后庭比房数十，皆择稚齿婑媠者以盈之[⑧]。方其耽于色也，屏亲昵，绝交游，逃于后庭，以昼足夜，三月一出，意犹未惬。乡有处子之娥姣者[⑨]，必贿而招之，媒而挑之，弗获而后已。

子产日夜以为戚[⑩]，密造邓析而谋之，曰：“侨闻治身以及家，治家以及国，此言自于近至于远也。侨为国则治矣，而家则乱矣。其道逆邪？将奚方以救二子？子其诏之[11]！”

邓析曰：“吾怪之久矣，未敢先言。子奚不时其治也，喻以性命之重，诱以礼义之尊乎？”

子产用邓析之言，因间以谒其兄弟，而告之曰：“人之所以贵于禽兽者，智虑。智虑之所将者[12]，礼义。礼义成，则名位至矣。若触情而动，耽于嗜欲[13]，则性命危矣。子纳侨之言，则朝自悔而夕食禄矣。”

朝、穆曰：“吾知之久矣，择之亦久矣，岂待若言而后识之哉？凡生之难遇而死之易及。以难遇之生，俟易及之死，可孰念哉？而欲尊礼义以夸人，矫情性以招名，吾以此为弗若死矣。为欲尽一生之欢，穷当年之乐。唯患腹溢而不得恣口之饮，力惫而不得肆情于色；不遑忧名声之丑，性命之危也。且若以治国之能夸物，欲以说辞乱我之心，荣禄喜我之意，不亦鄙而可怜哉？我又欲与若别之。夫善治外者，物未必治，而身交苦；善治内者，物未必乱，而性交逸。以若之治外，其法可暂行于一国，未合于人心；以我之治内，可推之于天下，君臣之道息矣。吾常欲以此术而喻之，若反以彼术而教我哉？”

子产忙然无以应之[14]，他日以告邓析。

邓析曰：“子与真人居而不知也[15]，孰谓子智者乎？郑国之治偶耳，非子之功也。”

【注释】

①专国之政：执掌国家政权。②千钟：极言其藏酒之多。钟：古代量器，四升为一豆，四豆为一区，四区为一釜，十釜为一钟。③麹（qū）：同“曲”，泛指酒。封：土堆。④荒：放纵，沉迷。⑤悔吝：灾祸。⑥室内：家里，屋里，引申为家业。⑦九族：指本身以上的父、祖、曾祖和以下的子、孙、曾孙。玄孙。⑧稚齿：指年龄小。婑媠

（wǒ tuó）：柔弱美好的样子。⑨娥姣：意即女子容貌美好。⑩戚：忧愁，悲哀。⑪诏：告诉，告诫。⑫将：凭借，依据。⑬嗜欲：嗜好和欲望，指肉免感官上追求享受的要求。⑭忙然：茫然，若有所失的样子。⑮真人：道教上称有养本性或修行得道的人。

【译文】

子产任郑国的相国，执掌国家的政权；三年之后，好人服从他的教化，坏人畏惧他的禁令，郑国因此得以长治久安。各国诸侯都因郑国的日益强大而感到恐惧。

但子产有个哥哥叫公孙朝，有个弟弟叫公孙穆。公孙朝嗜好饮酒，公孙穆嗜好女色。公孙朝的家里藏着上千坛的美酒，酒曲堆积得像一个个小山，离他家大门一百步远，酒糟的气味便扑鼻而来。当他沉湎于酒香的时候，根本不顾时局的安危、人情的厚薄、家业的有无、亲族的远近、生死的哀乐。即使是水火兵刃一齐到他面前，他也茫然无知。公孙穆的后院并列着几十个房间，全都住满了挑选来的年轻美貌的女子。当他沉湎于女色的时候，就屏退一切亲友，断绝所有朋友交游，躲在后院里，夜以继日地纵情享乐；三个月才出来一次，还觉得不能满足。如果发现乡间有面目姣好的未嫁姑娘，一定要用钱财招引，托人做媒并引诱她，不弄到手不肯罢休。

子产整天为他二人的行为忧愁，便秘密地造访邓析，同他商量说："我听说修养好自身然后才能治理好家，治理好家然后才能治理好国，这是说做事要按照从近到远的次序。我已经将国家治理好了，可是自己的家却这般混乱了。这不是把由近及远的次序颠倒了吗？有什么办法可以挽救我这两个兄弟呢？请你给我出出主意吧。"

邓析说："我对这情况已经奇怪很久了，只是没敢先说出来罢了，你为什么不找个恰当的时机管教他们一下，用性命的重要去晓谕他们，用礼义的尊贵去诱导他们呢？"

子产采用了邓析的意见，找机会去见了他的两位兄弟，并劝告他们说："人之所以比禽兽尊贵，在于人有理智和思虑。理智和思虑所依据的，便是礼义。礼义具备了，名誉和地位也就来了。倘若你们放纵情欲去做事，一味地沉溺于自我的嗜好和欲望之中，那么性命就危险了。你们如果听从我的劝告，早上知道悔改，晚上就可以享受俸禄了。"

公孙朝和公孙穆说："我懂得这些道理已经很久了，做这样的选择也已经很久了，难道还要等你说了才明白吗？大凡生命是难以得到的，死亡却很容易到来。以难得的生命，去等待容易到来的死亡，还有什么可顾虑的呢？你想通过尊重礼义来向人夸耀，矫饰性情来招致名誉，我们以为这样还不如死了好。为了要享尽一生的欢娱，受尽人生的乐趣，只怕肚子太小而不能让嘴巴恣意吃喝，精力疲惫而不能放

肆地去淫乐；没有时间去担忧名声的丑恶和性命的危险。而你凭着治理国家的才能向我们夸耀，还想用劝说的言辞来扰乱我们的心性，用荣华富贵来诱惑我们的意志，岂不是太卑鄙也太可怜了吗？我们还想替你把道理辨别清楚。善于治理身外之物的人，外物未必治理得好，而自己却累得心力交瘁；善于治理内心的人，外物未必发生混乱，而自己的性情却自然得以安逸。以你治理外物的方法，或许可以暂时在一个国家实行，但并不符合人的本心；以我们对内心的治理，则可以推广到天下，君臣之道一概可以废除了。我们经常想用这种治理内心的办法去开导你，你却反而要用你治理外物的办法教训起我们来了？”

子产听了，茫茫然无话可说，改天把这事告诉了邓析。

邓析说：“你和得道的真人住在一起却不知道，谁说你是聪明人啊？郑国治理得好恐怕是偶然的，并不是你的功劳啊。”

【原典】

卫端木叔者[①]，子贡之世也[②]。藉其先赀[③]，家累万金。不治世故[④]，放意所好。其生民之所欲为[⑤]，人意之所欲玩者，无不为也，无不玩也。墙屋台榭，园囿池沼，饮食车服，声乐嫔御，拟齐、楚之君焉。至其情所欲好，耳所欲听，目所欲视，口所欲尝，虽殊方偏国[⑥]，非齐土之所产育者，无不必致之，犹藩墙之物也。及其游也，虽山川阻险，涂径修远[⑦]，无不必之，犹人之行咫步也。宾客在庭者日百住[⑧]，庖厨之下不绝烟火，堂庑之上不绝声乐[⑨]。奉养之余，先散之宗族；宗族之馀，次散之邑里；邑里之余，乃散之一国。行年六十，气干将衰，弃其家事，都散其库藏、珍宝、车服、妾媵[⑩]。一年之中尽焉，不为子孙留财。及其病也，无药石之储；及其死也，无瘗埋之资[⑪]。一国之人受其施者，相与赋而藏之[⑫]，反其子孙之财焉。

禽骨釐闻之[⑬]，曰：“端木叔，狂人也，辱其祖矣。”

段干生闻之[⑭]，曰："端木叔，达人也，德过其祖矣。其所行也，其所为也，众意所惊，而诚理所取。卫之君子多以礼教自持，固未足以得此人之心也。"

【注释】

①端木叔：人名，复姓端木，名叔，孔子弟子端木赐（即子贡）的后代。②世：后嗣，后人。③赀（zī）：同"资"，资产，资财。④世故：指社会上的事务。⑤生民：指人名。⑥殊方偏国：异域和偏僻的国家。⑦涂径：指道路，路径。修远：多值道路遥远。⑧百住：数以百计。⑨堂庑（wǔ）：堂及四周的廊屋。⑩妾媵（yìng）：古代诸侯贵族女子出嫁，以妹妹和堂妹陪嫁，称"妾媵"，后泛指侍妾。⑪瘗（yì）埋：埋葬。⑫赋：按照人口出钱。藏：埋葬。⑬禽骨釐（xī）：人名，战国初期人，初授业于子夏，后学于墨子，尽传其学，尤精研攻防城池的战术。⑭段干生：人名，应为"段干木"，战国初期魏国人，曾求学于子夏。

【译文】

卫国有个端木叔，是子贡的后代。依仗着他祖先遗留下来的财产，积聚了万贯家财。他不经营社会事务，纵性所好。只要是人所想做的，意念中想玩的，他没有不去做的，没有不去玩的。他家里的高墙大院、歌台舞榭，花园兽圃、鱼池草沼，美酒玉食、华车丽服，歌舞声乐、嫔御侍妾，都可以与齐国和楚国的国君相媲美。至于他情欲所喜好的，耳朵所想听的，眼睛所想看的，嘴巴所想尝的，即使在遥远的地方或偏僻的国家，并非是齐国本土所产育的，也非要弄到不可；就像是对待自家围墙里的东西一样。说到他外出游览，即使是山河阻险，路途遥远，也没有他不到达的地方，就好像是一般人走上几步路一样。聚集在他家庭院中的宾客每天数以百计，厨房里的烟火不熄，厅堂廊屋里的音乐终日不绝。奉养宾客剩下来的东西，先施舍给本宗族的人，再剩下来的东西，施舍给乡里的人，施舍给乡里剩下来的东西，才施舍给整个都城的人。到了六十岁的时候，他的气血体力渐渐衰弱，干脆抛弃家业，把仓库中储藏的物资及珍珠宝玉、车马衣物、侍妾奴婢，统统都施散出去。一年之内家产荡然无存，没有给子孙留下一点钱财。等到他生病的时候，家中已没有治病买药的积蓄；他去世的时候，家中没有置地安葬的钱财。国内凡是受过他施舍的人，共同出钱埋葬了他，并把钱财还给了他的

子孙。

禽骨釐听说了这件事，说："端木叔是个疯狂的人，把他的祖先都辱没了。"

段干生听说了这件事，说："端木叔是个通达的人，他的德行超过了他的祖先。他的所作所为，大家心中都感到惊讶，但确实是符合真实的情理。卫国的君子们多以礼教自我约束，自然不能理解端木叔的内心。"

【原典】

孟孙阳问杨子曰[①]："有人于此，贵生爱身，以蕲不死[②]，可乎？"

曰："理无不死。"

"以蕲久生，可乎？"

曰："理无久生。生非贵之所能存，身非爱之所能厚。且久生奚为？五情好恶，古犹今也；四体安危，古犹今也；世事苦乐，古犹今也；变易治乱[③]，古犹今也。既闻之矣，既见之矣，既更之矣[④]，百年犹厌其多，况久生之苦也乎？"

孟孙阳曰："若然，速亡愈于久生；则践锋刃，入汤火，得所志矣。"

杨子曰："不然；既生，则废而任之，究其所欲，以俟于死。将死，则废而任之，究其所之，以放于尽。无不废，无不任，何遽迟速于其间乎[⑤]？"

【注释】

①孟孙阳：人名，杨朱的弟子。②蕲（qí）：通"祈"，祈求。③治乱：安定和动乱。④更：经历。⑤遽（jù）：惶恐。

【译文】

孟孙阳问杨朱说："假如这里有个人，珍视生命，爱惜身体，以

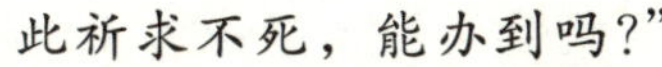

此祈求不死，能办到吗？”

杨朱说：“人没有不死的道理。”

孟孙阳又问：“以此来祈求长生，能办到吗？”

杨朱说：“人没有长寿的道理。生命并不因为珍视它就能长寿，身体并不因为爱惜它就能健康。而且长生不死做什么呢？人的喜怒哀乐怨，古代与现代是一样的；身体的安危，古代与现代是一样；世事的悲欢，古代与现代是一样；社会的变革治乱，古代与现代是一样。既然已经听到了，已经看到了，已经经历了，活上一百年尚且嫌太多，何况长久地活下去该有多痛苦呢？”

孟孙阳说：“如果这样，早点死亡就比长久活着更好；那么去触碰剑锋刀刃，投进沸水大火，就可以满足愿望了。”

杨子说：“不是这样的。人既然已经出生，就应当听之任之，尽量满足所有的欲望，一直到死亡。将要死亡，也应当顺其自然，让生命愿意到哪里就到哪里，直到命终。没有什么舍弃不下的东西，也没有什么不可放任的东西，为什么还要为生命的长短而惶恐担忧呢？”

【原典】

杨朱曰：“伯成子高不以一毫利物[①]，舍国而隐耕。大禹不以一身自利，一体偏枯[②]。古之人损一毫利天下不与也，悉天下奉一身不取也。人人不损一毫，人人不利天下，天下治矣。”

禽子问杨朱曰[③]：“去子体之一毛以济一世[④]，汝为之乎？”

杨子曰：“世固非一毛之所济。”

禽子曰：“假济，为之乎？”

杨子弗应。

禽子出语孟孙阳。孟孙阳曰：“子不达夫子之心，吾请言之。有侵苦肌肤获万金者，若为之乎？”

曰："为之。"

孟孙阳曰："有断若一节得一国[5]，子为之乎？"

禽子默然有间[6]。

孟孙阳曰："一毛微于肌肤，肌肤微于一节，省矣。然则积一毛以成肌肤，积肌肤以成一节。一毛固一体万分中之一物，奈何轻之乎？"

禽子曰："吾不能所以答子。然则以子之言问老聃、关尹，则子言当矣；以吾言问大禹、墨翟，则吾言当矣。"

孟孙阳因顾与其徒说他事。

【注释】

①伯成子高：即伯益，古代嬴姓各族的祖先，相传善于畜牧和狩猎，被舜任为虞，掌管草木鸟兽，供应鲜食。为禹所重用，助禹治水有功，禹去世时传位于他，但他固辞不受，禹子启遂继位。毫：细长而尖的毛，比喻极细小的东西，细微。②偏枯：亦称"偏瘫"，半身不遂。③禽子：即禽滑釐，属墨家，主张兼爱。④去：本义为去掉，拔去，这里引申为取。⑤一节：身体的一部分。⑥有间：片刻，有一会儿。

【译文】

杨朱说："伯成子高不肯拿出一根毫毛来施惠于外物，因而舍弃王位，隐居到山野里，耕田度日。大禹不愿为自己谋利益，因而劳累过度，半身不遂。古代的人，对于损害一根毫毛来施惠于天下的事，他都不愿意给；对于把天下的财物都用来奉养自身的事，他也不愿去获取。如果人人都不损害一根毫毛，人人都不有利于天下的事，那么天下就大治了。"

禽子问杨朱说："去掉你身上一根毫毛来救济天下，你愿意做吗？"

杨朱说："天下本来就不是一根毫毛所能救济的。"

禽子说："假使能够救济，你愿意干吗?"

杨子没有应声。

禽子出来将这件事告诉了孟孙阳。孟孙阳说："你没有领会先生的心意，请让我来说说吧。有人侵犯你的肌肉皮肤而后给你一万金，你愿意做吗?"

禽子说："愿意做。"

孟孙阳接着说："有人砍断你一段肢体而后给你一个国家，你愿意做吗?"

禽子沉默了很久，没有回答。

孟孙阳说："一根汗毛比肌肤轻微，肌肤又比一段肢体轻微，这是十分明白的。然而正是一根根毫毛积累起来，形成了肌肤；一寸寸肌肤积累起来，形成了肢体。一根毫毛固然只是整个身体中万分之一的部分，但难道就可以轻视它吗?"

禽子说："我没什么道理来回答你。但是用你的话去询问老聃、关尹，那么你的话是恰当的；而用我话去问大禹、墨翟，那么我的话也是恰当的。"

孟孙阳听了，就回过头同他的弟子谈论别的事情去了。

【原典】

杨朱曰："天下之美归之舜、禹、周、孔[1]，天下之恶归之桀、纣。然而舜耕于河阳[2]，陶于雷泽[3]，四体不得暂安，口腹不得美厚；父母之所不爱，弟妹之所不亲。行年三十，不告而娶。乃受尧之禅，年已长，智已衰。商钧不才[4]，禅位于禹，戚戚然以至于死；此天人之穷毒者也[5]。鲧治水土[6]，绩用不就，殛诸羽山[7]。禹纂业事仇[8]，惟荒土功[9]，子产不字[10]，过门不入；身体偏枯[11]，手足胼胝[12]。及受舜禅，卑宫室，美绂冕[13]，戚戚然以至于死；此天人之忧苦者也。武王既终，成王幼弱[14]，周公摄天子之政。邵公不悦[15]，四国流言[16]。居东三年，诛兄放弟[17]，仅免其身，戚戚然以至于死：此天人之危惧者也。孔子明帝王之道，应时君之聘，伐树于宋[18]，削迹于卫[19]，穷于商周[20]，围于陈、蔡[21]，受屈于季氏[22]，见辱于阳虎[23]，戚戚然以至于死：此天民之遑遽者也[24]。凡彼四圣者，生无一日之欢，死有万世之名。名者，固非实之所取也。虽称之弗知，虽赏之不知，与株块无以异矣[25]。桀藉累世之资[26]，居南面之尊，智足以距群下，威足以震海内；恣耳目之所娱，穷意虑之所为，熙熙然以至于死[27]：此天民之逸荡者也[28]。纣亦藉累世之资，居南面之尊；威无不行，志无不从；肆情于倾宫[29]，纵欲于长夜；不以礼义自苦，熙熙然以至于诛：此天民之放纵者也。彼二凶也，生有从欲之欢，死被愚暴之名。实者，固非名之所与也，虽毁之不知，虽称之弗知，此与株块奚以异矣。彼四圣虽美之所归，苦以至终，同归于死矣。彼二凶虽恶之所归，乐以至终，亦同归于死矣。"

【注释】

①周：指周公旦，姓姬，名旦，周文王的之子，周武王的弟弟，

曾助武王灭商，武王去世，成王年幼，周公摄政。②河阳：古地名，在今河南孟县西。③陶：在这里用作动词，制作陶器。雷泽：古泽名，又称“雷夏”，在今山东菏泽东北，久已湮没。④商钧：舜的儿子。⑤穷毒：穷困苦痛。⑥鮌（gǔn）：亦作“鲧”，传说中原始时代的部落酋长，为大禹的父亲，曾奉尧命治水，用筑堤堵塞的方法，九年未治平，后被舜杀死在羽山。⑦殛（jí）：诛杀，杀死。羽山：山名，在今山东郯城东北。⑧纂（zuǎn）业：继承大业。⑨荒：迷乱，沉溺，这里指专心。⑩字：抚养，抚爱。⑪偏枯：偏瘫，半身不遂。⑫胼胝（pián zhī）：手掌或足底因长期劳动摩擦而形成增厚的角质层，俗称“老茧”。⑬绂（fú）冕：古代祭服。⑭成王：周成王，姓姬，名诵，其父武王去世时，他还年幼，由叔父周公旦摄政七年，他是西周第二代国王，谥号成王。⑮邵公：亦作“召公”，姓姬，名奭（shì），周文王的儿子，武王的弟弟，曾辅佐武王灭商，被封于燕，周成王时出任太保，与周公旦分陕而治，他支持周公旦摄政当国，支持周公平定叛乱。⑯四国：指管国、蔡国、商国、奄国。⑰诛兄放弟：周公旦摄政后，其兄管叔鲜与其弟蔡叔度联合殷纣王之子武更作乱，后为周公平定，诛杀了管叔鲜，放逐了蔡叔度。⑱伐树于宋：孔子到卫国，与弟子在大树下练习礼仪，桓魋（tuí）欲杀孔子，拔其树。⑲削迹于卫：卫灵公原来想聘用孔子，后听信谗言，改变了态度，孔子恐怕遭受祸患，便躲藏起来，又悄悄离开了卫国。⑳穷于商周：孔子去陈国，经过匡，匡人曾遭受阳虎的暴凌，见孔子貌似阳虎，便误将他抓住，囚禁了五天。穷：这里指困厄。商周：古地名，在今河南商丘一带的商朝旧地，这里专指“匡”。㉑围于陈、蔡：孔子应聘游楚，陈、楚两国大夫一道出兵把孔子困在陈、蔡之间的野地里。㉒受屈于季氏：孔子曾经担任季氏手下的管理牲畜的小官，因此说委屈。㉓见辱于阳虎：

阳虎，又名“阳货”，春秋后期鲁国季孙氏的家臣，要挟季氏，掌握国政，权势很大，季氏曾设宴找到鲁国士人，孔子前去，被阳虎拦住，说“季氏飨士，非敢飨子也。”所以说孔子“见辱于阳虎”。㉔遑遽（huáng jù）：惊惧不安。㉕株块：泛指土木。㉖桀：即夏桀，又名癸、履癸，商汤把他谥号桀（凶猛的意思）。桀是夏朝第16代君主发之子，在位52年（前1818—前1766），文武双全，赤手可以把铁钩拉直，但荒淫无度，暴虐无道，是历史上著名的暴君。㉗戚戚然：温和欢乐的样子。㉘逸荡：淫逸放荡。㉙倾宫：巍峨的宫殿，深宫之中。

【译文】

杨朱说：“天下的美誉都归于虞舜、夏禹、周公、孔子，天下的恶名都归于夏桀、商纣。可是舜在河阳种庄稼，在雷泽烧陶器，身体得不到片刻的休息，口腹吃不到美味的饭菜；父母不喜欢他，弟妹不亲近他。年龄到了三十岁，不先告知父母就娶了妻子。等到他接受尧的帝位禅让时，年龄已经太大了，智力也衰退了。他儿子商钧又没有治国的才能，他只好把帝位禅让给大禹，忧郁地一直到死去：这真是天下受苦受难最多的人。

鲧治理洪水，没有取得成绩，被舜杀死在羽山。大禹继承他的事业，给杀父的仇人做事，一心治理洪水，儿子出生了他没抚育，路过家门也不进去；以至于弄得自己半身瘫痪，手脚都长满了茧子。等到他接受舜的禅让登上帝位时，为了俭省而住在低矮的宫室，为了祭祀却制作精美的礼服，忧郁地一直到死去：这真是天下受苦受难最多的人。

周武王去世以后，成王还很年幼，周公旦便执掌国政。邵公对此不满，四处流传着对他不利的流言蜚语。周公因此到东都洛阳居住了三年，后来诛杀哥哥管叔鲜，放逐弟弟蔡叔度，才得以保全自身，忧郁地一直到死去：这真是天下担忧恐惧最多的人。

孔子精通帝王治国的道理，接受当时各国国君的邀请，却在宋国休息时遭到桓魋砍倒大树加害的威胁，被驱逐楚国；在卫国时遭到别人造谣中伤，只能销声匿迹；在商周地方被拘留监禁，在陈国与蔡国之间被围困，在季孙氏手下受委屈，还遭到阳虎的侮辱，忧郁地一直到死去：这真是天下最为凄惶窘迫的人。

所有这四位圣人，活着的时候没有享受一天的欢乐，死了以后却有流传万代的美名。所谓名声，本来就不是实际生活所需要的。死了之后，即使得到称赞，自己也不会察觉；即使获得奖赏，自己也不会知晓，与草木土块没有什么差别。

夏桀凭借祖宗基业，高居天子的尊贵地位，他的才智足以抗衡群臣，他的威势足以震慑海内；放纵享受感官娱乐，费尽心思为所欲为，高高兴兴地一直到死去：这真是天下最安逸放荡的人。

商纣也凭借着祖先的基业，高居天子的尊贵地位；他的威严法令没有不实施的，他的意志没有不服从的；在深宫后庭肆意地寻欢作乐，在漫漫长夜无休止地放纵情欲；不用礼义来使自己困苦，高高兴兴地一直到死去：这真是天下最放肆纵欲的人。

这两个凶恶的人，活着的时候享尽放纵欲望的欢乐，死了之后背负起愚顽暴虐的坏名声。所谓实在的东西，本来就不是名声所能给予的。死了以后，即使毁谤他，他也不知道；即使惩罚他，他也不知道，这与草木土块没有什么差别了。

那四位圣人虽然都得到了美名，但却艰难苦恨一辈子，最后一样面临死亡的结局。那两个凶恶的人虽然都得到了恶名，但却快活一辈子，最后也一样面临死亡的结局。"

【原典】

杨朱见梁王①，言治天下如运诸掌②。

梁王曰："先生有一妻一妾而不能治，三亩之园而不能芸③，而言治天下如运诸掌，何也？"

对曰："君见其牧羊者乎？百羊而群，使五尺童子荷箠而随之④，欲东而东，欲西而西。使尧牵一羊，舜荷箠而随之，则不能前矣。且臣闻之：'吞舟之鱼，不游枝流⑤；鸿鹄高飞⑥，不集洿池⑦。'何则？其极远也。黄钟大吕不可从烦奏之舞⑧，何则？其音疏也。将治大者不治细，成大功者不成小，此之谓矣。"

【注释】

①梁王：即梁惠王，战国时期魏国国君。②如运诸掌：像放在手心里摆弄一样，形容事情办起来非常容易。③芸：通"耕"，锄草。

④箠（chuí）："棰"的异体字，鞭子。⑤枝流：即支流，流入干流或由干流分泻的小河流。⑥鸿鹄：即天鹅，因飞得很高，所以常用来比喻志向远大的人。⑦洿（wā）池：低洼积水的池塘。⑧黄钟大吕：我国古代音韵十二律中六种阳律的第一律。大吕：六种阴律的第四律，形容音乐或言辞庄严、正大、高妙、和谐。烦奏：繁复的节奏。

【译文】

杨朱拜见梁王，说自己治理天下就像在手掌上摆弄东西一样容易。

梁王说："先生有一妻一妾都管理不好，三亩大的菜园里的杂草都除不干净，却说治理天下就像在手掌上摆弄东西一样容易，这是什么道理呢？"

杨朱答道："您见到过那牧羊的人吗？上百头羊合为一群，让一个五尺高的小孩拿着鞭子跟在羊群后面，想叫它们向东就向东，想叫它们向西就向西。如果尧牵着一头羊，再让舜拿着鞭子跟在羊后面，那么羊就不容易往前走了。而且我听说：能吞没船只的大鱼，不在小河中游玩，在高空飞翔的鸿鹄，不在池塘边栖集。为什么呢？因为它们的志向极其远大。黄钟大吕不能给节奏繁促的舞蹈伴奏。为什么呢？它们的音调低沉而舒缓。将要治理大事的人不处理小事，成就大事业的人不建立小事业，说的就是这个道理啊。"

【原典】

杨朱曰："太古之事灭矣，孰志之哉？三皇之事若存若亡，五帝之事若觉若梦，三王之事或隐或显，亿不识一。当身之事或闻或见，万不识一。目前之事或存或废，千不识一。太古至于今日，年数固不可胜纪[①]。但伏羲已来三十余万岁，贤愚、好丑、成败、是非，无不消灭，但迟速之间耳。矜一时之毁誉[②]，以焦苦其神形，要死后数百年中余名[③]，岂足润枯骨？何生之乐哉？"

【注释】

①不可胜纪：亦作“不可胜记”，不能逐一记述，极言其多。②矜：顾惜，慎重。③要：追求。

【译文】

杨朱说：“远古的事情已经完全湮没了，谁还记得它呢？三皇时代的事迹，仿佛存在又仿佛消亡；五帝时代的事迹，好像清醒又好像在梦中；三王时代的事迹，有的隐没有的彰显，亿万桩事中却未必能识别其一。当代的事情有些听闻也有些见识，一万桩事中却未必能识别其一。眼前的事情有的仍然存在有的却已废弃，千百桩事中未必能识别其一。从远古直到今天，年数本已计算不清。自伏羲以来就已三十多万年，其中的贤明的、愚蠢的、美好的、丑陋的、成功的、失败的、正确的、错误的，没有不消灭的，只不过是早晚快慢不同罢了。顾惜一时的毁谤与赞誉，使身心陷于焦灼的痛苦，以求死后几百年间能够留下名声，名声又怎么能润泽枯槁的尸骨？这样活着又有什么乐趣呢？”

【原典】

杨朱曰：“人肖天地之类[①]，怀五常之性[②]，有生之最灵者也。人者，爪牙不足以供守卫，肌肤不足以自捍御，趋走不足以从利逃害，无毛羽以御寒暑，必将资物以为养，任智而不恃力。故智之所贵，存我为贵；力之所贱，侵物为贱。然身非我有也，既生，不得不全之；物非我有也，既有，不得而去之。身固生之主，物亦养之主。虽全生，不可有其身；虽不去物，不可有其物。有其物，有其身，是横私天下之身[③]，横私天下之物。不横私天下之身，不横私天下物者，其唯圣人乎！公天下之身，公天下之物，其唯至人矣[④]！此之谓至至者也。”

【注释】

①肖：相似，类似。②五常：指人的五种常有的品德，是自然界的五行金、木、水、火、土相对应人的五种德行，即仁、义、礼、智、信。③横私：任意据为私有。④至人：指思想和道德修养最高超的人。

【译文】

杨朱说："人同自然界的天地一样，具备阴阳之分，禀受万物的无常之道，是所有生物中最有灵性的种类。人的指甲牙齿不足以用来守护保卫自身，肌肉和皮肤不足以用来捍卫抵抗外侵，快步奔跑不足以趋利避害，也没有皮毛羽翼来抵御严寒酷暑，所以一定要利用外物来养活自己，运用智慧而不依仗力量。所以智慧之所以可贵，就在于它能使我们保全自身；力量之所以卑贱，就在于它能使我们侵害外物。

然而身体并不归我们自己所有，既然出生了，就不得不保全它；外物也不归我们所有，既然拥有了，就不能随便抛弃它。身体固然是生命的主体，外物也是保养身体的主体。虽然保全了生命，却不可以占有自己的身体；虽然不能抛弃外物，却不可以占有那些外物。占有外物，占有身体，就是将属于天下的身体不合理地据为己有，将属于天下的外物不合理地据为己有。不无理地据有属于天下的身体，不无理地据有属于天下的事物，大概只有圣人才能做到吧！把属于天下的身体归公共所有，把属于天下的外物归公共所有，大概只有德操完备的人才能做到吧！这就叫做达到至人的最高境界了。”

【原典】

杨朱曰：“生民之不得休息[①]，为四事故：一为寿，二为名，三为位，四为货。有此四者，畏鬼，畏人，畏威，畏刑：此谓之遁民也[②]。可杀可活，制命在外。不逆命，何羡寿？不矜贵，何羡名？不要势，何羡位？不贪富，何羡货？此之谓顺民也[③]。天下无对，制命在内。故语有之曰：‘人不婚宦，情欲失半；人不衣食，君臣道息。’周谚曰：‘田父可坐杀。’晨出夜入，自以性之恒；啜菽茹藿[④]，自以味之极；肌肉粗厚，筋节𪘲急[⑤]，一朝处以柔毛绨幕[⑥]，荐以粱肉兰橘，心痟体烦[⑦]，内热生病矣。商、鲁之君与田父侔地[⑧]，则亦不盈一时而惫矣。故野人之所安，野人之所美，谓天下无过者。昔者宋国有田夫，常衣缊黂[⑨]，仅以过冬。暨春东作[⑩]，自曝于日，不知天下之有广厦隩室[⑪]，绵纩狐貉[⑫]。顾谓其妻曰：‘负日之暄[⑬]，人莫知者；以献吾君，将有重赏。’里之富室告之曰：‘昔人有美戎菽[⑭]，甘枲茎芹萍子者[⑮]，对乡豪称之。乡豪取而尝之，蜇于口，惨于腹，众哂而怨之[⑯]，其人大惭。子，此类也。’”

【注释】

①生民：指人民。②遁（dùn）民：违背自然本性的人。③顺民：顺从自然本性的人。④啜（chuò）：饮，吃。菽：豆类的总称。茹：吃。藿：豆类植物的叶子。⑤雠（quán）急：蜷缩紧张。⑥绨（tí）幕：用绨布做成的帐幕。绨（tí）：古代丝织物名，质地光滑厚实。⑦心痟（yuān）：忧虑，发愁。⑧侔（móu）：相等，同样。⑨缊黂（yùn fén）：用乱麻作絮的冬衣。⑩东作：指春耕。⑪隩（yù）：通"燠"，暖，热。⑫绵纩（kuàng）：丝绵。⑬暄（xuān）：暖和。⑭戎菽：山戎所种植的一种豆科植物，即大豆。⑮枲（xǐ）：麻。芹萍子：即"苹"，又叫"藾蒿"，蒿类植物，嫩芽可以食用。⑯哂（shěn）：讥笑。

【译文】

杨朱说："人们之所以得不到休息，是为了四件事的缘故：一是为了长寿，二是为了名声，三是为了地位，四是为了财货。有了这四件事，就会害怕鬼，怕人，怕威势，怕刑罚，这样的人叫做违背自然本性的人。对于这样的人，可以让他死去，也可以让他活着，因为控制他们生命的力量在自身之外。不违背天命，为什么要羡慕长寿？不看重显贵，为什么要羡慕名声？不追求权势，为什么要羡慕地位？不贪图富裕，为什么要羡慕财富？这就叫做顺应自然本性的人。这样的人天下没有敌手，因为控制他们生命的力量在自身之内。所以有这么一句俗话说：'人不结婚和做官，欲望就少了一半；人不穿衣吃饭，君臣之道就会消失。'周代谚语说：'老农不会累死，但坐着会闲死。'早出晚归，自认为这是人之常情；喝豆粥、吃豆叶，自认为是美味极品；肌肉又粗又壮，筋骨关节紧缩弯曲，一旦让他们盖上柔软的毛皮，躺进丝绸的帐幕，再进献精美的饭菜与香甜的水果，反而会心忧体烦，

内热生病。让宋国和鲁国的国君去与老农一样耕地，用不了多长时间就疲惫不堪了。所以，山野农夫觉得安逸的地方，山野农夫喜欢的事物，他们以为天下没有比这更好的了。从前宋国有个农夫，经常穿乱麻破絮的衣服，勉强过冬。开春以后，他在田间劳作，自己在太阳下曝晒，不知道天下还有大厦深宫，丝绸棉衣狐皮貉裘。他回过头对他的妻子说：'晒太阳来暖和的办法，谁也不知道；我把这个办法献给国君，一定会得到重赏。'乡里的一户富人告诉他说：'过去有以大豆、麻茎、蒿苗为天下最甘美的食物的人，就对乡里的富豪称赞它们。乡里的富豪拿来尝了尝，嘴巴就像被什么东西蜇了一下似的，肚子也疼痛起来，大家都讥笑并埋怨那个人，那人也大为惭愧。你呀，就是这种人。'"

【原典】

杨朱曰："丰屋美服，厚味姣色，有此四者，何求于外？有此而求外者，无厌之性。无厌之性，阴阳之蠹也[1]。忠不足以安君，适足以危身；义不足以利物，适足以害生。安上不由于忠，而忠名灭焉；利物不由于义，而义名绝焉。君臣皆安，物我兼利，古之道也。鬻子曰：'去名者无忧。'老子曰：'名者实之宾。'而悠悠者趋名不已[2]。

名固不可去？名固不可宾邪？今有名则尊荣，亡名则卑辱。尊荣则逸乐，卑辱则忧苦。忧苦，犯性者也；逸乐，顺性者也，斯实之所系矣。名胡可去？名胡可宾？但恶夫守名而累实。守名而累实，将恤危亡之不救[3]，岂徒逸乐忧苦之间哉？"

【注释】

①阴阳之蠹（dù）：自然界的害物。蠹（dù）：蛀蚀器物的虫子。②悠悠：形容众多。③恤：忧虑。

【译文】

杨朱说："高大的房屋，华丽的衣服，丰盛的美食，姣好的女子，有这四样东西，还要向外再追求什么的东西呢？有了这些还要向外继续苦苦追求的人，实在是贪得无厌。贪得无厌的人性，是损害阴阳之气的蛀虫。忠诚并不能保卫君王的安逸，却恰恰足以危害自身；仁义并不能使外物得到利益，却恰恰能使他的生命遭到损害。使君上安逸不是出于忠诚，那么忠诚的名声就消失了；使外物得利不是出于道义，那么道义的名声就灭绝了。君主与臣下都得到了安宁，外物与自身都收获了利益，这是古代的行为准则。鬻子说：'不要名声的人没有忧愁。'老子说：'名声是实际的附庸。'然而仍有许多人不停地追求名声。难道名声就不可摒弃吗？难道名声就不能当做附庸吗？现在，有名声的人就尊贵荣耀，没有名声的人就卑贱屈辱；尊贵荣耀的就安逸快乐，卑贱屈辱的就忧愁苦恼。忧愁苦恼是违背人的本性的，安逸快乐是顺应人的本性的。这样看来，名声又确实是实体所维系着的。名声怎么能摒弃呢？名声怎么能作附属？只是厌弃那些为了坚守名声而损害实体的做法罢了。坚守名声而损害了实体，未来就要整日忧虑世事危险败亡而无法挽救，其痛苦难道仅仅是在安逸快乐与忧愁苦恼这二者之间吗？"

相关链接

二桃杀三士

战国时，齐国有三个大力士，一个叫公孙捷，一个叫田开疆，一个叫古冶子，号称“齐国三杰”。他们因为勇猛异常，被齐景公宠爱，相国晏子遇到这三个人总是恭恭敬敬地快步走过去。可是这三个人每当见晏子走过来，坐在那里连站都不站起来，根本不把晏子放在眼里，仗着齐景公的宠爱，为所欲为。

晏子很想把他们除掉，又怕国君不听，反倒坏了事。于是心里暗暗拿定了主意：用计谋除掉他们。

一天，鲁昭公来齐国访问。齐景公设宴款待他们，鲁国是叔孙诺执行礼仪，齐国是晏子执行礼仪。君臣四人坐在堂上，“三杰”佩剑立于堂下，态度十分傲慢。正当两位国君喝得半醉的时候，晏子说：“园中的金桃已经熟了，摘几个来请二位国君尝尝鲜吧！”齐景公传令派人去摘。

晏子说：“金桃很难得，我应当亲自去摘。”不一会儿，晏子领着园吏，端着玉盘献上六枚桃子。景公问：“就结这几个吗？”晏子说：“还有几个，没太熟，只摘了这六个。”说完就恭恭敬敬地献给鲁昭公、齐景公每人一个金桃。鲁昭公边吃边夸金桃味道甘美。

齐景公说：“这金桃不易得到，叔孙大夫天下闻名，应该吃一个。”叔孙诺说：“我哪里赶得上晏相国呢！这个桃应当请相国吃。”齐景公说：“既然叔孙大夫推让相国，就请你们二位每人吃一个金桃吧！”两位大臣谢过景公。晏子说：“盘中还剩下两个金桃，请君王传令各位臣子，让他们都说一说自己的功劳，谁功劳大，就赏给谁吃。”

齐景公说："这样很好。"便传下令去。

话音未落，公孙捷走了过来，得意洋洋地说："我曾跟着主公上山打猎，忽然一只吊睛大虎向主公扑来，我用尽全力将老虎打死，救了主公性命，如此大功，还不该吃个桃吗？"晏子说："冒死救主，功比泰山，应该吃一个桃。"公孙捷接过桃子就走。

古冶子喊道："打死一只虎有什么稀奇！我护送主公过黄河的时候，有一只鼋咬住了主公的马腿，一下子就把马拖到急流中去了。我跳到河里把鼋杀死了，救了主公。像这样大的功劳，该不该吃个桃？"景公说："那时候黄河波涛汹涌，要不是将军除鼋斩怪，我的命就保不住了。这是盖世奇功，理应吃个桃。"晏子急忙送给古冶子一个金桃。

田开疆眼看金桃分完了，急得跳起来大喊："我曾奉命讨伐徐国，杀了他们的主将，抓了五百多俘虏，吓得徐国国君称臣纳贡，临近几个小国也纷纷归附咱们齐国。这样的大功，难道就不能吃个

桃子吗?”晏子忙说:“田将军的功劳比公孙将军和古冶将军大十倍,可是金桃已经分完,请喝一杯酒吧!等树上的金桃熟了,先请您吃。”齐景公也说:“你的功劳最大,可惜说晚了。”

田开疆手按剑把,气呼呼地说:“杀鼋打虎有什么了不起!我跋涉千里,出生入死,反而吃不到桃,在两国君主面前受到这样的羞辱,我还有什么脸活着呢?”说着竟挥剑自刎了。公孙捷大吃一惊,拔出剑来说:“我的功小而吃桃子,真没脸活了。”说完也自杀了。此时古冶子沉不住气了说:“我们三人是兄弟之交,他们都死了,我怎能一个人活着?”说完也拔剑自刎了。人们要阻止已经来不及了。

鲁昭公看到这个场面无限惋惜地说:“我听说三位将军都有万夫不当之勇,可惜为了两个桃子都死了。”

强项令董宣

东汉的一天,刘秀的姐姐湖阳公主外出有事。当公主乘坐的车经过洛阳城内有名的厦门亭时,洛阳令董宣带着一班衙役拦住了公主乘坐的车。董宣要拘捕湖阳公主的一个家奴,据侦察,这个家奴也跟这个车队出来了。湖阳公主一看,小小洛阳令,竟公然阻挡皇亲车队,便勃然大怒,大声斥责董宣大胆。

董宣毫不示弱,他也大声回敬湖阳公主,说她包庇杀人犯,并严令这个犯有杀人罪的家奴快下马来。湖阳公主见董宣一点不把自己放在眼里,还想庇护那个家奴,但已来不及了。只见董宣眼明手快,令手下衙役快速把那个家奴抓过来,并当着湖阳公主的面,当场把那个家奴打死。

湖阳公主气得发抖。她从来没有遭到过如此羞辱,这口气无论如

何也难以咽下。她调转车头，直奔皇帝居住的禁宫而来。

皇姐驾到，刘秀当然要见她。只见湖阳公主气咻咻地一面向刘秀哭诉事情的经过，一面要刘秀替她出这口气，严惩董宣。

董宣这个人，刘秀是知道的。这个人刚正不阿，执法如山。当年他任北海相期间，曾经以杀人罪捕杀了当地豪族公孙丹父子，还杀了到衙门捣乱的公孙丹族人30余人。事情一闹大，朝廷把董宣抓了起来，并以“滥杀”罪判其死刑。董宣却毫无惧色，视死如归。在要向他执行死刑前的一刹那，刘秀的赦令到了，董宣才得以幸免。

刘秀虽然了解董宣的性格，但对皇姐当众受辱这口气也觉得难以下咽，他立即下令让卫士把董宣抓进宫来，准备处死他。

董宣还是那副面不改色的老面孔。他讲要死可以，但有句话必须讲明：“陛下圣明，汉室得以中兴，但如果自己亲属的家奴无故杀人而不受到制裁，那陛下怎么还能治理天下？要臣死不难，用不着鞭笞，臣自杀就是。”说完就把头向门楹上撞去。

刘秀也被董宣一身正气所震慑。他感触良多：“如此刚正之臣，能治罪吗？”后来，虽然免了董宣死罪，但皇帝的威严仍使刘秀要董宣向湖阳公主叩头赔不是。耿直的董宣就是不愿叩头，宦官强拽住他的头往下按，董宣依然死命不肯低头。

湖阳公主气不打一处来。她对刘秀说：“如今你是天子，为何就不能下一道命令呢？”刘秀不以为然：“正因为是天子，才不能像布衣那样办事啊。”湖阳公主无奈，只得回去了。

董宣为官廉洁，秉公执法不畏权势，不仅赢得了光武帝的信任，而且也受到当时人们的称颂，被誉为“强项令”。

见机而动，因势利导

具有雄才大略的唐太宗李世民，非常善于见机而动。在取得天下之前，他不像刘邦只是一介布衣，而是出身贵族官僚家庭，父亲李渊为隋朝命官，统率太原数万军队。

在李渊还是隋朝官员，奉命镇压农民起义的时候，李世民已明白隋朝必亡的大势。他对父亲李渊说："您受隋帝的命令讨伐贼寇，难道贼寇真的能彻底消灭吗？"在督促父亲反抗隋朝时，李世民又说："今日破家亡国在于你，化家为国也在于你。"足见李世民的雄才大略。公元618—620年，李世民打败了薛仁杲和刘武周两个强敌，平定了关中和中原地区。在公元620年7月，李世民又开始进攻王世充。这时他才不过22岁，但富有政治家的雄才伟略，知人善任，采纳正确的意见，采取了正确的策略，一举击败了王世充和窦建德。后来又成功镇压了刘黑闼等人的起义，最后统一了全国。李渊就是后来的唐高祖。

唐高祖李渊有四个儿子。长子李建成，次子李世民，三子李元霸（早亡，未及争位），四子李元吉。在这四个儿子中，长子李建成由于排行最长被封为太子，为人也精明能干，次子李世民被封为秦王，四子李元吉被封为齐王，也算勇武超人。不过，战功最多也最有谋略的，要数次子李世民。

太子李建成常随父亲驻守长安，帮助父亲处理军国政务。比起平庸的父亲李渊来，李建成在处理政务上已显示出了才干，但与弟弟李世民相比，却还有很大的不足。李世民南征北战，为统一天下，立下了赫赫的战功，麾下聚集了一批文臣武将，在军政各界享有很高的威望。不但如此，李世民野心很大，他不甘心做一个区区秦王，希望日后能当皇帝。但按照封建宗法制度，继承皇位的只能是太子李建成，况且李建成也算功勋卓著，而且也有很强的势力。这样，一场兄弟之间的争位火并就不可避免了。

从当时形势看，太子李建成集团处于优势，首先李建成是太子，是长子，名正且言顺，继承皇位是理所当然的事，社会舆论也多在他这一边；其次李建成有李渊的支持，在权力和名义上有可靠的保障。而李世民有文臣武将，私人武装比较强大，也有有利的条件，他本人威望高，群众基础好，富有作战经验，才略出众，更主要的是他手下人既精明强干又齐心合力，因而李世民的力量也是不能被忽视的。

齐王李元吉多次蓄谋除掉李世民，皆未成功。而李世民也未示弱，他随后策划了“玄武门之变”。

经过周密策划，李世民在玄武门提前设下埋伏，意图一举除掉对手。第二天，太子和齐王来到临湖殿前，忽然发现殿角有埋伏的士兵，感觉有变，立即警觉起来，他扯了一下齐王的衣袖，飞奔下殿，上马往玄武门逃跑。这时，伏兵尽起，李世民张弓搭箭，射死了太子李建成，尉迟恭射杀了齐王李元吉。其余太子和齐王的卫士也被尽数消灭。就这样，太子李建成和齐王李元吉的多次蓄谋化为泡影，而秦王李世民则抓住时机，取得了胜利。

说符篇

【题解】

“符”，有符号、验证的含义。所谓“说符”，指的是对事物加以事实上的论说或逻辑上的应验。全书以《天瑞》始，以《说符》终，首尾呼应，相得益彰。“天瑞”一篇主要讲人道，“说符”一篇主要解“说”人的主观意识、行为必须与客观规律相“符”，以求“心合于道”，即“人道”，这也是《列子》一书的指导思想。

本篇的寓言和故事多达30多个，若将其分类，可分为以下几类：一是说明“恃道而不恃智巧”的，告诫人们要全身远害，避免重演郄雍的悲剧；二是逢其时则昌，失其时则亡的，说明无论是自我验证还是“道”的验证，都必须在某种有利的条件或特定的偶然机遇下，才能有明显的成效，“施氏儿子与孟氏儿子”、“宋国子兰”等讲的就是时机恰当就会成功，违反客观规律就会招来祸患；三是名实应相符，不能因名害实，通过对“爰旌目据食”、“疑人偷斧”等故事的讲解，强调求诚务实，反对贪慕虚名、主观主义；四是居后持胜，慎善自处，文中讲的“善持胜者以强为弱”是一种保持成效，巩固胜利的方法，只有这样才能永远处于谨慎、明察的有利地位，从而不被外物冲昏头脑，“河梁济水”、“詹何政治”、“腐鼠之祸”的故事讲的就是不逞私、不骄盛、持退让的道理；五是名利善恶相随，应以善待人，所谓“人爱我，我必爱人；人恶我，我必恶人”，这样必然是善有善报，恶有恶报；六是治身治国，终归符验的，说明当人名不能自觉验证的时候，“道”便无时无处不在起作用，一定的思想言行必有一定的验证。

【原典】

子列子学于壶丘子林。壶丘子林曰：“子知持后[①]，则可言持身矣[②]。”

列子曰：“愿闻持后。”

曰：“顾若影，则知之。”

列子顾而观影：形枉则影曲[③]，形直则影正。然则枉直随形而不在影，屈申任物而不在我，此之谓持后而处先。

关尹谓子列子曰：“言美则响美，言恶则响恶；身长则影长，身短则影短。名也者，响也；身也者，影也。故曰：慎尔言，将有和之；慎尔行，将有随之。是故圣人见出以知入，观往以知来，此其所以先知之理也。度在身[④]，稽在人[⑤]。人爱我，我必爱之；人恶我，我必恶之。汤武爱天下，故王；桀、纣恶天下，故亡。此所稽也。稽度皆明而不道也，譬之出不由门，行不从径也。以是求利，不亦难乎？尝观之神农、有炎之德，稽之虞、夏、商、周之书，度诸法士贤人之言[⑥]，所以存亡废兴而非由此道者，未之有也。”

严恢曰[⑦]：“所为问道者为富；今得珠亦富矣，安用道？”

子列子曰：“桀、纣唯重利而轻道，是以亡。幸哉余未汝语也。人而无义，唯食而已，是鸡狗也。强食靡角[⑧]，胜者为制，是禽兽也。为鸡狗禽兽矣，而欲人之尊己，不可得也。人不尊己，则危辱及之矣。”

【注释】

①持后：居于后而不争，遇到有利的事情，能做到先人后己，意为谦虚、谨慎，不与人争先。②持身：端正态度，把握自身言行，意为内心纯正，不为外物干扰。③枉：弯曲，不正。④度（duó）：测

量。⑤稽：考核，考察。⑥法士：崇尚礼法之士。⑦严恢：人名，事迹不详。⑧强食靡角：为争食而相互争斗。强：使用强力。靡：此处应为“摩”字之误，摩擦。

【译文】

列子向壶丘子林学道。壶丘子林说：“等你懂得保持谦退后让，就可以探讨如何立身处世了。”

列子说：“希望能听你说说保持谦退的道理。”

壶丘子林说：“回头看看你的影子，就知道了。”

列子回头观察他的影子：身体弯曲，影子便随着弯曲；身体正直，影子便随着正直。既然这样，影子的弯曲与正直是随着身体的变化而变化的，而不在影子自身，人们处世的窘困与顺利听凭于外物的制约而不取决于自我，这就叫保持谦退而使自己处于领先地位的道理。

关尹对列子说：“言辞美妙，回音就好听，言辞粗鄙，回音就难听；身体修长，影子就修长，身体短小，影子就短小。一个人的名声就等于回音，一个人的行为就等于身影。所以说：小心你的言语，将会有人附和；谨慎你的行为，将会有人跟随。所以圣人听到一个人的言辞就能知道回响，观察历史便能预知未来，这就是圣人能先知先觉的道理。掌握行为的法度在于自身，而考察它的客观效果却在于别人。别人喜爱我，我也一定喜爱他；别人厌恶我，我也一定厌恶他。商汤王、周武王热爱天下，所以统一了天下；夏桀王、商纣王厌恶天下，所以丧失了天下，这就是历史的验证。客观事实的验证与自身行为的法度都很明白却不去遵守，就好比外出不通过大门，行走不顺着道路一样。用这种违反常理的方法去追求利益，岂不是很困难吗？我曾经考察过神农氏与炎帝的德行，验证过虞、夏、商、周的典籍，研究过许多提倡礼法和推崇德化之人的言论，发现不遵循这条规律的生存、灭亡、废弃、兴盛，从来没有发生过。”

严恢说：“学习道术的目的是为了富有。现在得到了珠宝也能够富有，哪里还要什么道义？”

列子说：“夏桀、商纣就是因为重视利益而轻视道义才灭亡的。幸好有些事情我还没对你说。作为一个人如果没有道义，只知道吃喝，这不过是鸡狗罢了。为了争抢食物而互相角斗，胜利的就是宰制者，这不过是禽兽罢了。已经干出鸡狗禽兽般的事情了，却还想要别人尊敬自己，这是不可能办到的。别人都不尊敬自己，那危险和侮辱就会来到了。”

【原典】

列子学射中矣①，请于关尹子。

尹子曰：“子知子之所以中者乎？”

对曰：“弗知也。”

关尹子曰：“未可。”

退而习之。三年，又以报关尹子。

尹子曰：“子知子之所以中乎？”

列子曰：“知之矣。”

关尹子曰：“可矣，守而勿失也。非独射也，为国与身亦皆如之。故圣人不察存亡而察其所以然。”

【注释】

①中（zhòng）：指射箭射中靶心。

【译文】

列子学习射箭能射中靶心了，便向关尹子请教。

关尹子问：“你知道你为什么能射中靶心吗？”

列子回答说：“不知道。”

关尹子说：“那你的箭术还不行。”

列子回去后继续练习。三年以后，又把练习情况报告了关尹子。

关尹子问：“你知道你为什么能射中靶心了吗？”

列子说：“知道了。”

关尹子说：“可以了，保持这种技巧，不要忘记它。不仅射箭如此，治理国家与修养身心也是这个道理。所以圣人不考察存亡兴废的表面现象，而考察事物存亡成败的内在原因。”

【原典】

列子曰：“色盛者骄[①]，力盛者奋，未可以语道也。故不班白语道[②]，失，而况行之乎？故自奋则人莫之告。人莫之告，则孤而无辅矣。贤者任人，故年老而不衰，智尽而不乱。故治国之难在于知贤而不在自贤。”

【注释】

①色：指气色，面色。②班白：同“斑白”，头发花白，指年老。

【译文】

列子说：“气色旺盛的人容易骄傲，体力充沛的人容易激愤，都不可能和他们谈论道的真谛。所以头发没有花白的人谈论道，必然会丧失道德本意，更何况去行道呢？所以骄横激愤的人，便没有人来劝告他。没有人来劝告他，就会变得孤立无援。贤明的人善于任用别人，所以即使年纪老了，治事的能力也不会衰退，即使智力用尽了，思想也不会混乱。所以治理国家难就难在治理者能否知人善任，而不在于倚仗自己的贤能。”

【原典】

宋人有为其君以玉为楮叶者[①]，三年而成。锋杀茎柯[②]，毫芒繁泽[③]，乱之楮叶中而不可别也[④]。此人遂以巧食宋国[⑤]。

子列子闻之，曰：“使天地之生物，三年而成一叶，则物之叶者寡矣。故圣人恃道化而不恃智巧。”

【注释】

①楮（chǔ）：即构树，叶子卵形，叶上有毛，落叶乔木。②锋杀：亦作“丰杀”，意即“增减”，指树叶的肥大瘦小。柯：草木的枝茎。③毫芒：毫毛的细尖。繁泽：光泽。④乱：随意放置。⑤食：俸禄，这里有取得俸禄的意思。

【译文】

宋国有个人用玉石给他的国君雕刻楮树叶子，经过三年才完成。茎脉和叶柄肥瘦适度、叶片上细毛密布，光泽盈润，就是乱放在真的楮树叶子中也难以分辨出来。于是这个人就凭着他的雕刻技术得到了

宋国的俸禄。

列子听说这事，说："假使天地间生长的万物，三年才长出一片叶子，那么万物之间有枝叶的树木就太少了。所以圣人依靠自然规律来施行教化，而不依赖个人的智慧与技巧。"

【原典】

子列子穷，容貌有饥色。客有言之郑子阳者曰[①]："列御寇盖有道之士也，居君之国而穷，君无乃为不好士乎[②]？"郑子阳即令官遗之粟[③]。子列子出见使者，再拜而辞。使者去。

子列子入，其妻望之而拊心曰[④]："妾闻为有道者之妻子皆得佚乐[⑤]。今有饥色，君过而遗先生食[⑥]。先生不受，岂不命也哉？"

子列子笑谓之曰："君非自知我也。以人之言而遗我粟，至其罪我也，又且以人之言，此吾所以不受也。"

其卒[⑦]，民果作难而杀子阳。

【注释】

①郑子阳：人名，姓驷，即驷子阳，郑国相国。②无乃：表示委婉反问，不是，岂不是。③遗（wèi）：赠予，赠送。④拊（fǔ）：拍，击。⑤佚乐：悠闲安乐。⑥过：这里指来访，拜访，探望之义。⑦其卒：后来，终于。

【译文】

列子过着贫困的生活，容貌有饥饿之色。有门客对郑国相国子阳说："列御寇是个有道德的人才，住在您的国家里却贫困不堪，您难道不爱惜人才吗？"子阳立即命令官吏给列子送去粮食。列子出来会见了使者，拜了又拜，谢绝了赠予的粮食。使者只好走了。

列子进屋后，他的妻子用怨责的眼光看着他，并捶着胸口说：

"我听说做有道德学问的人的妻子儿女，都能过上悠闲安乐的生活。现在我们面带饥色，国相派人来给你送粮食，你却不接受，难道我们命里注定要挨饿吗？"

列子笑着对她说："国相并非是自己了解我，而是听信了别人的话才送给我粮食的，等到他要加罪于我时，又会凭着别人的话，这就是我不接受粮食的原因。"

后来，郑国的百姓们果然作乱杀掉了子阳。

【原典】

鲁施氏有二子，其一好学，其一好兵。好学者以术干齐侯[①]，齐侯纳之，以为诸公子之傅[②]。好兵者之楚，以法干楚王；王悦之，以为军正[③]。禄富其家，爵荣其亲。

施氏之邻人孟氏同有二子，所业亦同，而窘于贫。羡施氏之有，因从请进趋之方[④]。二子以实告孟氏。

孟氏之一子之秦，以术干秦王。秦王曰："当今诸侯力争，所务兵食而已。若用仁义治吾国，是灭亡之道。"遂宫而放之[⑤]。

其一子之卫，以法干卫侯。卫侯曰："吾弱国也，而摄乎大国之间[⑥]。大国吾事之，小国吾抚之，是求安之道。若赖兵权[⑦]，灭亡可待矣。若全而归之，适于他国，为吾之患不轻矣。"遂刖之[⑧]，而还诸鲁。

既反，孟氏之父子叩胸而让施氏[⑨]。施氏曰："凡得时者昌，失时者亡。子道与吾同，而功与吾异，失时者也，非行之谬也。且天下理无常是，事无常非。先日所用，今或弃之；今之所弃，后或用之。此用与不用，无定是非也。投隙抵时，应事无方，属乎智。智苟不足，使若博如孔丘，术如吕尚[⑩]，焉往而不穷哉？"

孟氏父子舍然无愠容[⑪]，曰："吾知之矣，子勿重言！"

【注释】

①干：追求，谋取。②傅：老师。③军正：军中主管军务的官。④进趋：追求，进取。⑤宫：即宫刑，又称“腐刑”，古时一种残酷肉刑，阉割生殖器。⑥摄：收敛，夹迫。⑦赖：依靠，仗恃。⑧刖（yuè）：即刖刑，古时的一种酷刑，把脚砍掉。⑨让：责怪。⑩吕尚：即姜太公，周代齐国的始祖，传说他智勇双全，精通兵法，是中国历史最享盛名的政治家、军事家和谋略家。⑪舍然：即释然。舍：通“释”。愠容：愤怒的神色。

【译文】

鲁国姓施的人家有两个儿子，一个爱好学问，一个爱好兵法。爱好学问的用学术去齐侯那儿谋求官职，齐侯接纳了他，让他做各位公子的老师。爱好兵法的到了楚国，用兵法向楚王谋求官职；楚王十分赏识他，让他担任军队的长官。他们的俸禄使全家富足，他们的爵位使亲人感到荣耀。

施家的邻居孟家也有两个儿子，所学的东西与施家两国儿子相同，却陷于贫困之中。他们羡慕施家的富有，便去施家请教谋取功名的方法。施家的两个儿子把真实情况告诉了孟家父子。

孟家的一个儿子便到秦国去，用学术向秦王谋求官职。秦王说：“当今各国诸侯用武力来争夺天下，眼下最重要的事情是征集兵士与粮食。如果用仁义来治理我的国家，那便是一条自取灭亡的道路。”于是将他施以宫刑后并驱逐了他。

孟家的另一个儿子到了卫国，用兵法向卫侯谋求官职。卫侯说：“我国是个弱小的国家，夹在大国之中勉强生存。强大的国家我们得侍奉他，弱小的国家我们得安抚他，这才是求得平安的方法。如果依靠军事策略，那么灭亡之日也就不远了。如果让你保全身体回去，到了别的国家，一定会成为我国的祸患。”于是砍断他的脚，才放他回鲁国。

回家以后，孟家父子捶胸顿足地跑去责骂施家。施家父子说：“凡是顺应时机的便昌盛，违背时机的便败亡。你们求取功名的方法与我们相同，而结果却与我们不同，这是违逆时势的缘故，并非是你们的行为错误。而且天下没有永远正确的道理，也没有永远错误的事情。以前所用的方法，现在有可能被抛弃；现在所抛弃的方法，将来有可能被使用。这种用与不用，并没有一定的是非对错。迎合时机，抓住机会，随机应变，不遵常法，这要依靠智慧。如果智慧不够，即使像孔丘那样博学多才，像姜太公那样善用兵法，到什么地方而不碰壁呢?”

孟家父子听了，心中释然，脸上不再有怨恨愤怒的神色，说：“我们明白了，你不要再说了。”

【原典】

晋文公出会[①]，欲伐卫，公子锄仰天而笑[②]。公问何笑。曰：“臣笑邻之人有送其妻适私家者[③]，道见桑妇，悦而与言。然顾视其妻，亦有招之者矣。臣窃笑此也。”公寤其言[④]，乃止。引师而还，未至，而有伐其北鄙者矣[⑤]。

【注释】

①晋文公：即重耳，春秋时期晋国国君，曾在践土（今河南省荥阳县东北）大会诸侯，成为霸主。出会：与诸侯会师出兵。②公子锄：晋文公之子，名锄。③私家：指已出嫁的姐妹家。④寤：领悟，明白。⑤北鄙：北方边境地区。

【译文】

晋文公出师，会盟诸侯，想要讨伐卫国。公子锄听后仰天大笑。

晋文公问他笑什么。他说："我笑我的邻居送他的妻子去走亲戚，路上见到一个采摘桑叶的女子，不觉产生好感，便上前和她攀谈起来。然而回头看看自己的妻子，也有别的男子在向她招手调情。我偷笑的就是这件事。"晋文公领悟了他话中的意思，于是停止了讨伐卫国的行动。他率领军队回国，还没回到国都，就已经有其他国家来侵犯晋国的北部边境地区了。

【原典】

晋国苦盗[①]。有郄雍者[②]，能视盗之貌，察其眉睫之间，而得其情。晋侯使视盗，千百无遗一焉。

晋侯大喜，告赵文子曰[③]："吾得一人，而一国盗为尽矣，奚用多为？"

文子曰："吾君恃伺察而得盗，盗不尽矣，且郄雍必不得其死焉。"

俄而群盗谋曰："吾所穷者郄雍也。"遂共盗而残之[④]。

晋侯闻而大骇，立召文子而告之曰："果如子言，郄雍死矣！然取盗何方？"

文子曰："周谚有言：察见渊鱼者不祥，智料隐匿者有殃。且君欲无盗，莫若举贤而任之；

使教明于上，化行于下，民有耻心，则何盗之为？”

于是用随会知政⑤，而群盗奔秦焉。

【注释】

①苦盗：以盗为苦，苦于盗患。苦：作动词用。②郄雍：人名，善于侦破盗贼作案的人。③赵文子：人名，姓辛，名钘，老子弟子，与孔子同时。④残：杀害。⑤随会：人名，晋国相国。知政：主持政务。

【译文】

晋国苦于盗贼为患。有一个叫郄雍的人，善于识别盗贼的相貌，只要观察他们的眉目神情，就可以辨别实情。晋侯派他去识别盗贼，千百人中没有一个遗漏的。

晋侯大为高兴，告诉赵文子说：“我得到一个人，全国的盗贼差不多就被捉光了，还要用那么多人干什么呢？”

文子说：“您依靠窥伺观察而捉拿盗贼，盗贼不但清除不尽，而且郄雍一定不得好死。”

过了不久，一群盗贼聚在一起，商量着说：“我们之所以走投无路，就是因为这个郄雍。”于是他们一同抓获郄雍并杀死了他。

晋侯听说后大为惊骇，立刻召见文子，对他说：“果然像你所说的那样，郄雍死了！可是抓捕盗贼究竟用什么方法呢？”

文子说：“周代的谚语说：眼力能看到深渊中游鱼的人不吉祥，智慧能估料到隐藏着的东西的人有灾殃。您要想消除盗贼之患，最好的办法是选拔贤能的人并重用他们，在上使政教清明，在下使好风气流行，百姓有了羞耻之心，那还有谁去做盗贼呢？”

于是晋侯任用随会来主持政务，而盗贼都成群的逃到秦国去了。

【原典】

孔子自卫反鲁，息驾乎河梁而观焉[①]。有悬水三十仞[②]，圜流九十里[③]，鱼鳖弗能游，鼋鼍弗能居[④]，有一丈夫方将厉之[⑤]。孔子使人并涯止之[⑥]，曰："此悬水三十仞，圜流九十里，鱼鳖弗能游，鼋鼍弗能居也。意者难可以济乎[⑦]？"丈夫不以错意[⑧]，遂度而出[⑨]。

孔子问之曰："巧乎？有道术乎？所以能入而出者，何也？"

丈夫对曰："始吾之入也，先以忠信；及吾之出也，又从以忠信。忠信错吾躯于波流[⑩]，而吾不敢用私，所以能入而复出者，以此也。"

孔子谓弟子曰："二三子识之[⑪]！水且犹可以忠信诚身亲之，而况人乎？"

【注释】

①息驾：停车休息。②悬水：瀑布。③圜（huán）流：旋涡急流。④鼋鼍（yuán tuó）：大鳖和猪婆龙。⑤厉：连衣涉水。⑥并涯：顺着河岸。⑦意者：表示测度，大概，也许，恐怕。⑧错意：在意。错：通"措"。⑨度：通"渡"。⑩错：通"措"，安置。⑪二三子：意即你们，长辈对小辈或者上对下之称。

【译文】

孔子从卫国返回鲁国，在河堤上停住马车观览。只见这里的瀑布从三十仞的高处泻下，激起的旋涡急流有九十里，鱼和鳖不能游渡，鼋鼍不能停留，却有一个男子正要涉水泅渡。孔子派人沿着河岸过去阻止他，说："这瀑布高达三十仞，激流长达九十里，鱼鳖不能游渡，鼋鼍不能停留。想来是难以渡过去的吧？"那男子听了毫不在意，便渡过河去，上了岸。

孔子问他说："你是靠技巧吗？你有道术吗？你能钻入水中又能

钻出来，靠的是什么呢？”

那男子回答说：“我刚钻入水中时，就抱着忠诚的信念；等到我钻出水面的时候，又依靠忠诚的信念。忠诚的信念把我安放在汹涌的波涛中，而我不敢有一点私心杂念，我之所以能钻进水中又钻出水面的原因，就是这个。”

孔子对弟子们说：“你们记住：连水都可以用忠心诚心去亲近它，又何况人呢！”

【原典】

白公问孔子问[①]：“人可与微言乎[②]？”

孔子不应。

白公问曰：“若以石投水，何如？”

孔子曰：“吴之善没者能取之[③]。”

曰：“若以水投水，何如？”

孔子曰：“淄渑之合[④]，易牙尝而知之[⑤]。”

白公曰：“人固不可与微言乎？”

孔子曰：“何为不可？唯知言之谓者乎！夫知言之谓者，不以言言也[⑥]。争鱼者濡[⑦]，逐兽者趋，非乐之也。故至言去言，至为无为。夫浅知之所争者末矣[⑧]。”

白公不得已，遂死于浴室。

【注释】

①白公：即白公胜，春秋时期楚国大夫，名胜，号白公，楚平王之孙。楚惠王十年（前479），白公胜发动政变，杀死令尹子西、司马子期，控制楚都，后被叶公子高击败，自缢而死。②微言：密谋，密言。③善没者：善于潜水或游泳的人。④淄、渑：淄水、渑水的并称，在今山东境内，相传二水味各不同，混合之则难以辨别。⑤易牙：亦

称狄牙，春秋时期齐桓公近臣，擅长调味，相传曾烹其子为羹以献齐桓公。⑥言言：用言语表达。⑦濡：沾湿，润泽。⑧浅知：识见肤浅。

【译文】

白公问孔子说："人可以和别人一起密谋吗？"

孔子没有回答。

白公又问道："如果把石头投入水中会怎么样？"

孔子说："吴国善于潜水的人能够把它捞上来。"

白公又问："如果把水倒进水里，又会怎么样？"

孔子说："淄水与渑水混合在一起，易牙只要尝一尝就能分辨出来。"

白公说："那么一个人就绝对不可以和别人密谋吗？"

孔子说："为什么不可以？只要领会言谈中的深意就可以了！所谓心领神会，就是不用语言来表达意思。争抢鱼虾的沾湿一身，追逐野兽的跑瘸双腿，并非是他们乐意这么做。所说最高明的言论不用语言表达，最崇高的作为是无所作为。那些知识浅薄的人所争论的都是事物的细枝末节罢了。"

白公没有领会孔子话中的意思，仍然密谋造反，最终失败，被迫缢死在浴室中。

【原典】

赵襄子使新稺穆子攻翟[①]，胜之，取左人、中人[②]；使遽人来谒之[③]。襄子方食而有忧色。左右曰："一朝而两城下，此人之所喜也；今君有忧色。何也？"

襄子曰："夫江河之大也，不过三日；飘风暴雨不终朝[④]，日中不须臾。今赵氏之德行无所施于积，一朝而两城下，亡其及我哉！"

孔子闻之曰："赵氏其昌乎！夫忧者所以为昌也，喜者所以为亡也。胜非其难者也，持之，其难者也。贤主以此持胜，故其福及后世。齐、楚、吴、越皆尝胜矣，然卒取亡焉，不达乎持胜也。唯有道之主为能持胜。”

孔子之劲能拓国门之关[5]，而不肯以力闻。墨子为守攻，公输般服[6]，而不肯以兵知。故善持胜者以强为弱。

【注释】

①赵襄子：即赵无恤，春秋末年晋国大夫，赵鞅之子，战国时期赵国的创始人。新稺（zhì）穆子：也称新稚狗，是赵襄子的家臣。翟：同“狄”，北方的少数民族，春秋时，活动于齐、鲁、晋、魏、宋、邢等国之间。②左人、中人：古代邑名，在今河北唐县西北。③遽（jù）人：传动公文的人，即驿使，驿卒。④飘风：旋风，暴风。⑤拓：举起，托起。⑥公输般：即鲁班，春秋时期鲁国人，曾为楚国制造登城云梯以攻宋，墨子亲往劝阻。

【译文】

赵襄子派新稚穆子攻打翟人部落，大获全胜，夺取了左人、中人两座城邑；新稚穆子派信使来向赵襄子报捷。赵襄子正在吃饭，听到后面带愁容。身边伺候他的人说：“一天就攻下了两座城邑，这是人们应该高兴的事；现在您却面带愁容。为什么呢？”

襄子说：“江河潮水大，也不过三天便退，暴风骤雨不过一个早晨便停，正午的太阳不一会儿便倾斜。如今赵家的德行还没什么积累，一天就攻下两座城邑，败亡的命运恐怕就要降临到我头上了！”

孔子听到这件事后，说道：“赵氏大概要昌盛起来了！忧愁会带来未来的昌盛，喜悦会导致今后的败亡。取得胜利并不是艰难的事情，保持胜利才是艰难的事情。贤明的君主用这个道理来保持胜利，所以他的福泽可以延及后代。齐国、楚国、吴国、越都曾经取得过胜利，

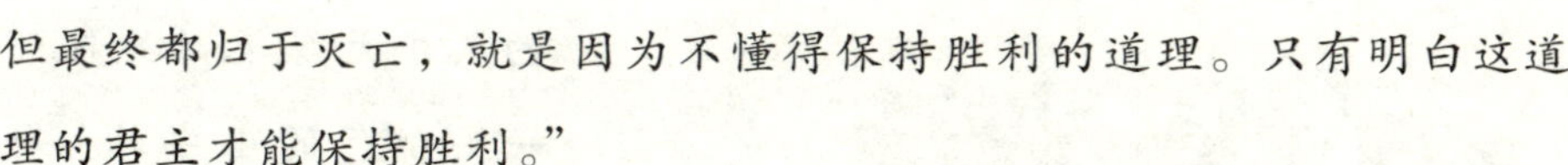

但最终都归于灭亡，就是因为不懂得保持胜利的道理。只有明白这道理的君主才能保持胜利。”

孔子的力气能够举起国都城门上的门闩，然而他却不愿意靠力气夸耀于世。墨子为宋国制定攻防策略，连公输班都佩服，但他却不愿意以善于用兵扬名四海。所以善于保持胜利的人，总是把自己的强大当作为弱小。

【原典】

宋人有好行仁义者，三世不懈。家无故黑牛生白犊，以问孔子。

孔子曰：“此吉祥也，以荐上帝[①]。”

居一年，其父无故而盲。

其牛又复生白犊，其父又复令其子问孔子。

其子曰：“前问之而失明，又何问乎？”

父曰：“圣人之言先迕后合[②]。其事未究[③]，姑复问之。”其子又复问孔子。

孔子曰：“吉祥也。”复教以祭。

其子归致命。其父曰：“行孔子之言也。”

居一年，其子又无故而盲。

其后楚攻宋，围其城。民易子而食之[④]，析骸而炊之[⑤]；丁壮者皆乘城而战[⑥]，死者太半。此人以父子有疾皆免。及围解而疾俱复。

【注释】

①荐：进献，祭献。②迕（wǔ）：违反，违背。③未究：未见结果。④易子：交换孩子。⑤析骸：剔下骨头。⑥乘城：登城。

【译文】

宋国有个喜好施行仁义的人，三代相传都不懈怠。一天，他家中

的黑牛无缘无故地生下一头白色的小牛犊，便去请教孔子。

孔子说："这是吉祥的预兆，可以把它进献给天帝。"

过了一年，这家父亲的眼睛无缘无故地瞎了。

后来，那头黑牛又生下了一头白色的小牛犊，父亲又叫他儿子去询问孔子。

儿子说："上次问了他以后你的眼睛就瞎了，再问他做什么呢？"

父亲说："圣人的话语往往先与现实悖逆，后来才会应验。这事还没有最后结果，姑且再去问问他。"儿子便又去询问孔子。

孔子说："这是吉祥的预兆。"并且又叫他用白色小牛来祭祀上帝。

儿子回家向父亲转告了孔子的意思，他的父亲说："就按孔子的

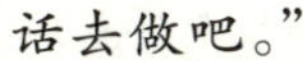
话去做吧。”

过了一年，儿子的眼睛也无缘无故地瞎了。

后来，楚国攻打宋国，包围了宋国的都城；老百姓只得互相交换孩子来充饥，剔下骨头当柴烧；成年男子都登上城墙守御作战，死亡的人超过了一半。这家人因为父子两人都是瞎子而逃避了作战。等到包围解除后，他们的眼睛又都恢复正常了。

【原典】

宋有兰子者[①]，以技干宋元[②]。宋元召而使见其技：以双枝长倍其身，属其胫[③]，并趋并驰，弄七剑迭而跃之，五剑常在空中。元君大惊，立赐金帛。

又有兰子又能燕戏者[④]闻之，复以干元君。元君大怒曰：“昔有异技干寡人者，技无庸[⑤]，适值寡人有欢心，故赐金帛。彼必闻此而进，复望吾赏。”拘而拟戮之，经月乃放。

【注释】

①兰子：以杂耍技艺走江湖的人。兰：通“阑”，妄。②干：求见，求取。宋元：即宋元君，亦作宋元王。③属：联接。胫：通“胫”，小腿。④燕戏：古代一种类似于轻功的杂技，因动作轻疾如燕，故名。⑤庸：用。

【译文】

宋国有个走江湖玩杂耍的人，凭自己的杂技求见宋元君。宋元君召见了他，并让他表演杂技。他把两根比身体长一倍的木棍捆绑在小腿上，时而快走，时而奔跑，同时手上还轮流抛接七把短剑，总有五把短剑在空中飞跃。宋元君大为惊奇，立即赏赐给他金银布帛。

又有一个走江湖玩杂耍的人，能够像燕子一样轻捷如飞，听说了这件事后，也凭他的技艺来求见宋元君。宋元君勃然大怒说：“上次有个用奇异的技艺来求见我的人，其实那技艺毫无实用价值，只是恰好碰上我心里高兴，所以赏赐了金银布帛。这个人一定是听说了这件事才来求见我的，也希望得到我的赏赐。”于是，宋元君命人把那个人抓了起来准备杀掉，过了一个月才把他释放。

【原典】

秦穆公谓伯乐曰[①]：“子之年长矣，子姓有可使求马者乎[②]？”

伯乐对曰：“良马可形容筋骨相也。天下之马者，若灭若没[③]，若亡若失，若此者绝尘弭辙[④]。臣之子皆下才也，可告以良马，不可告以天下之马也[⑤]。臣有所与共担纆薪菜者[⑥]，有九方皋[⑦]，此其于马非臣之下也。请见之。”

穆公见之，使行求马。

三月而反报曰：“已得之矣，在沙丘。”

穆公曰：“何马也？”

对曰：“牝而黄[⑧]。”

使人往取之，牡而骊[⑨]。

穆公不说，召伯乐而谓之曰：“败矣，子所使求马者！色物、牝牡尚弗能知，又何马之能知也？”

伯乐喟然太息曰：“一至于此乎！是乃其所以千万臣而无数者也。若皋之所观，天机也[⑩]，得其精而忘其粗，在其内而忘其外；见其所见，不见其所不见；视其所视，而遗其所不视。若皋之相者，乃有贵乎马者也。”

马至，果天下之马也。

【注释】

①秦穆公：姓嬴，名任好，春秋时期秦国国君。伯乐：相传古代

善于相马者。②子姓：泛指子孙、后辈。③若灭若没：恍惚迷离的样子。④绝尘弭辙：指马奔驰极快，四足落地不沾尘土，车轮过后不见辙印。弭：消。辙：车轮碾过的痕迹。⑤天下之马：指天下无双的宝马。⑥担纆（mò）：挑担子。纆：绳索。薪菜：拾取柴草。菜：通"采"，拾取。⑦九方皋：人名，春秋时善于相马者。⑧牝（pìn）：雌性。⑨牡：雄性。骊：黑色。⑩天机：指天赋的品性。

【译文】

秦穆公对伯乐说："你的年纪大了，你的子孙中有没有可以派去访求良马的人呢？"

伯乐回答说："良马可以从它的体态、容貌、筋骨鉴别出来。至于天下无双的宝马则不然，它的神奇迷离恍惚，似有似无，这样的马一旦飞快奔驰，四蹄似乎离开地面不沾尘土，车轮不留痕迹。我的子孙都是下等人才，只能教给他们识别良马，没法教给他们怎样识别天下之马。我有一个一同挑担拾柴草的朋友，叫九方皋，他相马的本领不在我之下。请让我为您引见他。"

秦穆公接见了他，派他去寻求天下之马。

三个月后，九方皋回来报告说："已经找到了，在沙丘那边。"

秦穆公问："什么样的马？"

九方皋回答道："是一匹黄色的母马。"

秦穆公派人去取这匹马，却是一匹黑色的公马。

秦穆公很不高兴，召见伯乐并对他说："太差劲了！你所推荐的那个相马人。连马的毛色、公母都分辨不清，又怎么能鉴别马的优劣呢？"

伯乐长叹了一口气说："竟然达到这种境界了！这就是他比我高明不止千万倍的原因啊！像九方皋所看见的是马的内在实质，掌握马的内在精华而忽略它的外表现象；注重马的内在品行而忽略了外在皮毛；看到应当看的，不看不必看的；观察应当观察的，忽略不应当观察的。像九方皋这样的相马，如能深刻体味，恐怕会悟出比相马更为宝贵的意义。”

马送到之后，经鉴定，果然是一匹天下无双的宝马。

【原典】

楚庄王问詹何曰①：“治国奈何？”

詹何对曰：“臣明于治身而不明于治国也。”

楚庄王曰：“寡人得奉宗庙社稷，愿学所以守之。”

詹何对曰：“臣未尝闻身治而国乱者也，又未尝闻身乱而国治者也。故本在身，不敢对以末②。”

楚王曰：“善。”

【注释】

①楚庄王：姓芈，名旅，春秋时期楚国国君，公元前614—前591年在位，即位后励精图治，重用孙叔敖，改革内政，兴修水利，推行县治，增强兵力。后又大败晋军，迫使郑、宋归附，成为代晋而起的诸侯霸主。詹何：战国时期思想家。②末：末节，次要的事情。

【译文】

楚庄王问詹何说：“怎样治理国家？”

詹何回答说：“我只懂得修养自身，却不懂得如何治理国家。”

楚庄王说：“我得以供奉宗庙、掌管王权，希望能学到如何保持它的办法。”

詹何回答说：“我没有听说过有人自身修养完善而国家混乱不堪的，也没有听说过自身修养不好而能把国家治理好的。所以治国的根

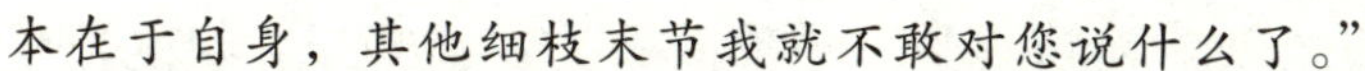
本在于自身，其他细枝末节我就不敢对您说什么了。”

楚王说：“说得好。”

【原典】

狐丘丈人谓孙叔敖曰[①]：“人有三怨，子知之乎？”

孙叔敖曰：“何谓也？”

对曰：“爵高者，人妒之；官大者，主恶之；禄厚者，怨逮之[②]。”

孙叔敖曰：“吾爵益高，吾志益下[③]；吾官益大，吾心益小[④]；吾禄益厚，吾施益博。以是免于三怨，可乎？”

【注释】

①狐丘：邑名。丈人：指地方上的长老。孙叔敖：春秋时期楚国人，楚庄王时任令尹。②逮：及，到。③下：卑下，谦恭。④小：小心，谨慎。

【译文】

狐丘地方的长老对孙叔敖说：“人们有三件事最容易招致怨恨，你知道吗？”孙叔敖说：“说的是什么呢？”

狐丘长老说：“爵位高的，人们妒忌他；官职大的，君主猜忌他；俸禄厚的，怨恨就会临头。”

孙叔敖说：“我的爵位越高，我的为人越谦卑；我的官职越大，我的内心越谨慎；我的俸禄越丰厚，我施舍越广泛。用这种方法来避免三种怨恨，行吗？”

【原典】

孙叔敖疾，将死，戒其子曰：“王亟封我矣[①]，吾不受也。为我死，王则封汝。汝必无受利地！楚越之间有寝丘者[②]，此地不利而名甚恶。楚人鬼而越人禨[③]，可长有者唯此也。”

孙叔敖死，王果以美地封其子。子辞而不受，请寝丘。与之，至今不失。

【注释】

①亟（qì）：多次，屡次。②寝丘：古邑名，春秋楚地，在今河南固始东部。③禨：吉祥，祈福禳灾。

【译文】

孙叔敖病中，快要死的时候，告诫他的儿子说："大王多次要封给我土地，我都没有接受。如果我死了，大王就会封给你。你一定不要接受肥沃的土地。在楚国和越国之间有个叫寝丘的地方，那里土地不肥沃，而且名声也不好。楚人相信鬼神不会要它，越人祈福祷祥也不会要它，可以长久拥有的封地只有这片土地了。"

孙叔敖去世后，楚王果然拿出肥美的土地封赏他的儿子。孙叔敖的儿子坚决推辞不接受，请求要寝丘这块地；楚王便赐给了他，直到现在也没有丧失这个地方。

【原典】

牛缺者[①]，上地之大儒也[②]，下之邯郸[③]，遇盗于耦沙之中[④]，尽取其衣装车，牛步而去。视之欢然无忧悋之色[⑤]。盗追而问其故。曰："君子不以所养害其所养。"盗曰："嘻！贤矣夫！"既而相谓曰："以彼之贤，往见赵君，使以我为，必困我。不如杀之。"乃相与追而杀之。

燕人闻之，聚族相戒，曰："遇盗，莫如上地之牛缺也！"皆受教。

俄而其弟适秦。至关下[⑥]，果遇盗。忆其兄之戒，因与盗力争。既而不如，又追而以卑辞请物[⑦]。盗怒曰："吾活汝弘矣[⑧]，而追吾不已，迹将箸焉[⑨]。既为盗矣，仁将焉在？"遂杀之，又傍害其党四五人焉[⑩]。

【注释】

①牛缺：人名，姓牛，名缺，秦国人。②上地：为当时秦国地名，在今河北省境内。大儒：旧时指学问渊博而著名的学者。③邯郸：故都邑名，战国时为赵国都城，故址在今河北邯郸。④耦（ǒu）沙：水名，现今沙河，在河北邢台沙河境内。⑤悋（lìn）：同"吝"，吝惜。⑥关：指函谷关，在今河南灵宝东北。⑦请物：请求归还财物。⑧弘：宽宏大量。⑨箸：同"著"，显露，这里指踪迹败露。⑩傍：牵连，附带。

【译文】

牛缺是上地的一位大儒，往东到赵国的都城邯郸去，在耦沙遇到了强盗，把他的衣物车马全部抢走了，牛缺便步行而去。看上去还是高高兴兴的样子，没有一点忧愁吝惜的神色。强盗追上去问他是什么缘故。牛缺说："君子不因为身外之物而损害自己的身心道德。"强盗说："唉！真是贤明啊！"过了一会儿强盗们互相议论说："以这个人的贤明，去拜见了赵国国君，如被任用来对付我们，一定要来围困我们，不如趁早杀了他。"于是一起追上去杀死了牛缺。

燕国有人听说这件事，就集合族人互相告诫说："如果碰到了强盗，千万别像上地的牛缺那样。"大家都接受了这一教训。

不久，燕国人的弟弟到秦国去。走到函谷关下，果然遇上了强盗。他想起了他哥哥的告诫，便和强盗奋力争夺起来。争夺不过，又追上去低声下气地请求强盗把抢去的财物归还给他。强盗生气地说："我们让你活下来已经够宽宏大量的了，你还要不停地追我们，踪迹已经快要暴露了。既然做了强盗，还有什么仁义之心？"于是就动手杀了他，又附带着杀害了他的四五个同伴。

【原典】

虞氏者①，梁之富人也②，家充殷盛，钱帛无量，财货无訾③。

登高楼，临大路，设乐陈酒，击博楼上④。侠客相随而行，楼上博者射⑤，明琼张中⑥，反两㯋鱼而笑⑦。飞鸢适坠其腐鼠而中之⑧。侠客相与言曰："虞氏富乐之日久矣，而常有轻易人之志。吾不侵犯之，而乃辱我以腐鼠。此而不报，无以立慬于天下⑨。请与若等戮力一志⑩，率徒属必灭其家为等伦⑪。"皆许诺。

至期日之夜，聚众积兵以攻虞氏，大灭其家。

【注释】

①虞氏：寓言中虚拟的人物。②梁：国名，在今河南开封一带。③訾（zī）：估量，估算。④击博：古代一种游戏，用十二棋，六白六黑，又用鱼二枚，两人互掷采行棋而相搏。⑤射：这里指投琼，即掷骰子。⑥明琼张中：掷骰子中了彩。明琼：骰子上有五白齿的一面。

⑦反两榼（tà）鱼：指比目鱼。⑧飞鸢：飞翔的老鹰。腐鼠：腐烂的死老鼠。⑨慬（qín）：勇敢，勇气。⑩戮力：尽力，协力。⑪等伦：同辈，同类，这里指等价。

【译文】

虞氏是梁国的富人，家业充盈殷实，金钱、布帛难以计数，财宝、货物无法估量。

虞家的人登上高楼，面临大路，设置乐队，摆上酒席，在楼上下棋赌博。有一帮侠客正相伴着从楼下走过。楼上的赌客在掷骰子中彩，因为连胜两招而高兴地放声大笑。恰好这时天上飞翔的老鹰爪下掉落了一只腐烂的死老鼠，恰巧打中了从楼下路过的一位侠客。侠客们听见笑声，以为是从楼上扔下来的，便共同议论说："虞氏富足快乐的日子过得太久了，所以经常有轻视别人的念头。我们没有侵犯他，他却拿腐烂的死老鼠来侮辱我们。此仇不报，便无法在天下树立我们的勇武之名。希望大家齐心协力，率领各自部下，一定要灭绝他全家。"大家都同意了。

到了约定日期的夜里，侠客们召集同伙，会拢了武器，来攻打虞氏，彻底毁灭了虞氏一家。

【原典】

东方有人焉曰爰旌目[①]，将有适也，而饿于道。狐父之盗曰丘[②]，见而下壶餐以餔之[③]。爰旌目三餔而后能视，曰："子何为者也?"曰："我狐父之人丘也。"爰旌目曰："譆！汝非盗耶？胡为而食我？吾义不食子之食也。"两手据地而欧之[④]，不出，喀喀然[⑤]，遂伏而死。

狐父之人则盗矣，而食非盗也。以人之盗因谓食为盗而不敢食，是失名实者也。

【注释】

①爰（yuán）旌目：人名。②狐父：地名，在今安徽境内。③壶餐：用壶盛的汤饭或其他熟食。餔（bū）：喂食于人。④据地：以手按着地；席地而坐。欧：通“呕”，呕吐。⑤喀喀：呕吐或吞饮的声音。

【译文】

东方有个人叫爰旌目，将到某个地方去，却饿得晕倒在道路上。狐父地方一个强盗名叫丘的，看见后便把自己随身携带的一壶水泡饭来喂他。爰旌目吃了几口才能睁开眼睛看人，他问道：“你是干什么的？”丘说：“我是狐父地方的人，名字叫丘。”爰旌目说：“啊！你不是强盗吗？为什么要喂我饭呢？我是有节操的君子，宁死也不吃你们强盗的东西。”说完他两只手按在地上呕吐起来，吐不出来，喀喀地咳了几声，最后趴在地上死去了。

狐父地方的那个人虽然是强盗，但食物并不是强盗。因为人是强盗就认为他的食物也是强盗而不敢吃，是没有正确搞清楚名称与实质的关系啊。

【原典】

柱厉叔事莒敖公[①]，自为不知己，去，居海上。夏日则食菱芰[②]，冬日则食橡栗。莒敖公有难，柱厉叔辞其友而往死之。

其友曰：“子自以为不知己，故去。今往死之，是知与不知无辨也。”

柱厉叔曰：“不然。自以为不知，故去；今死，是果不知我也。吾将死之，以丑后世之人主不知其臣者也[③]。”

凡知则死之，不知则弗死，此直道而行者也。柱厉叔可谓怼以忘

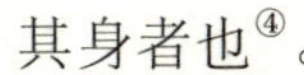

其身者也[4]。

【注释】

①柱厉叔：人名，为莒穆公之相。莒敖公：春秋时期莒国国君，亦称穆公。②蔆芰（jì）：即菱角。③丑：羞辱。④怼（duì）：怨恨。

【译文】

柱厉叔侍奉莒敖公，自认为莒敖公不了解自己，便离开了他到海边居住。夏天就吃菱角，冬天则嚼橡栗。莒敖公遭遇危难，柱厉叔就向他的朋友辞别，前去拼死援救莒敖公。

他的朋友说："你自认为莒敖公不了解你，所以才离开他的。现在却又要用性命去援救他，这样了解你与不了解你就没法分辨了。"

柱厉叔说："不是这样的；我自认为他不了解我，所以离开了他。现在为他献身，这正表明他确实不了解我。我将为他而死，是为了羞辱后世中那些不了解自己臣下的君主。"

凡是能视为知己的就为他而死，不能视为知己的就不为他而死，这才是依循正道而行的人。柱厉叔可以称得上是因为怨恨而不顾惜自己生命的人了。

【原典】

杨朱曰："利出者实及[1]，怨往者害来。发于此而应于外者唯请[2]，是故贤者慎所出。"

【注释】

①及：得到。②请：通"情"，情实，情感。

【译文】

杨朱说："把利益施给别人，就会受到实惠；把怨恨发泄给别人，就会招来祸害。从这里发出而在外面得到响应的，只有内心的情感，所以贤明的人对自己的言行举止十分小心谨慎。”

【原典】

杨子之邻人亡羊，既率其党[①]，又请杨子之竖追之[②]。

杨子曰：“嘻！亡一羊何追者之众？”

邻人曰：“多歧路[③]。”

既反，问：“获羊乎？”

曰：“亡之矣。”

曰：“奚亡之？”

曰：“歧路之中又有歧焉，吾不知所之，所以反也。”

杨子戚然变容，不言者移时[④]，不笑者竟日[⑤]。

门人怪之，请曰：“羊，贱畜，又非夫子之有，而损言笑者，何哉？”

杨子不答。门人不获所命。弟子孟孙阳出以告心都子[⑥]。

心都子他日与孟孙阳偕入，而问曰：“昔有昆弟三人[⑦]，游齐、鲁之间，同师而学，进仁义之道而归。其父曰：‘仁义之道若何？’伯曰：‘仁义使我爱身而后名[⑧]。’仲曰：‘仁义使我杀身以成名[⑨]。’叔曰：‘仁义使我身名并全[⑩]。’彼三术相反，而同出于儒。孰是孰非邪？”

杨子曰：“人有滨河而居者，习于水，勇于泅，操舟鬻渡[⑪]，利供百口。裹粮就学者成徒[⑫]，而溺死者几半。本学泅，不学溺，而利害如此。若以为孰是孰非？”

心都子嘿然而出[⑬]。

孟孙阳让之曰：“何吾子问之迂，夫子答之僻？吾惑愈甚。”

心都子曰：“大道以多歧亡羊，学者以多方丧生[⑭]。学非本不同，非本不一，而末异若是。唯归同反一，为亡得丧。子长先生之门，习

先生之道，而不达先生之况也，哀哉！”

【注释】

①党：亲族。②竖：旧称未成年的童仆，小臣。③歧路：从大路分出来的小路，岔路。④移时：过了一段时间。⑤竟日：整天，从早到晚。⑥孟孙阳：人名，当为杨朱门下的大弟子。心都子：人名，当为杨朱同时的学者。⑦昆弟：兄和弟。⑧伯：指大儿子。⑨仲：指二儿子。⑩叔：指三儿子。⑪鬻（yù）渡：摆渡收钱，指以摆渡为谋生之业。⑫裹粮：携带粮食。⑬嘿（mò）然：沉默无言的样子。嘿：同“默”。⑭方：指方术，古代关于治道的方法。

【译文】

杨朱的邻居丢失了一只羊，邻居率领一家人出去寻找，又请了杨朱的童仆帮忙追赶。

杨朱说：“唉！丢失一只羊，为什么要那么多人去追呢？”

邻居说：“因为岔路太多。”

追羊的人回来以后，杨朱问：“找到羊了吗？”

邻居说：“找不到了。”

杨朱问：“怎么会找不到呢？”

邻居说：“岔路之中又有岔路，我们不知道它跑到哪里去了，所以只好回来了。”

杨朱听了，忧愁地变了脸色，好久也没有说话，整天都不露笑容。

弟子们觉得奇怪，问他说：“羊是低贱的牲畜，而且又不是先生的羊，可您却不说不笑，为什么呢？”

杨朱没有回答。弟子们便得不到老师的指教。弟子孟孙阳出来告诉了心都子。

心都子过了几天与孟孙阳一起进屋，向杨朱问道：“从前有兄弟

三人，在齐国与鲁国之间游历，向同一位老师求学，将仁义之道全部学到了才回家。他们的父亲问：‘仁义之道是什么样的？’大儿子说：‘仁义使我首先爱惜生命而把名誉放在次要的位置。’二儿子说：‘仁义使我不惜牺牲性命去成就名誉。’三儿子说：‘仁义教会我同时保全生命与名誉。’他们三个人的观点完全相反，但都是从儒学中来的。谁对谁错呢？”

杨朱说：“有个住在河边的人，熟习水性，善于泅水，靠着划船摆渡营生，收入可以供养百人。背着粮食来向他学习的人一批又一批，而被水淹死的人几乎达到了一半。他们本来是学习泅水的，而不是学习淹死的，但利害的差别竟是这样悬殊。你说谁对谁错呢？”

心都子默不作声地走了出来。

孟孙阳责备他说：“您怎么问得那么拐弯抹角，先生又回答得那么稀奇古怪？我迷惑得更加厉害了。”

心都子说：“大路因为岔道太多而丢失了羊，求学的人也因为治道的途径太多而迷失方向，也就消耗了生命。各类学说并不是根源不同，并不是依据不一样，而学习结果的差异竟是如此之大。只有回归

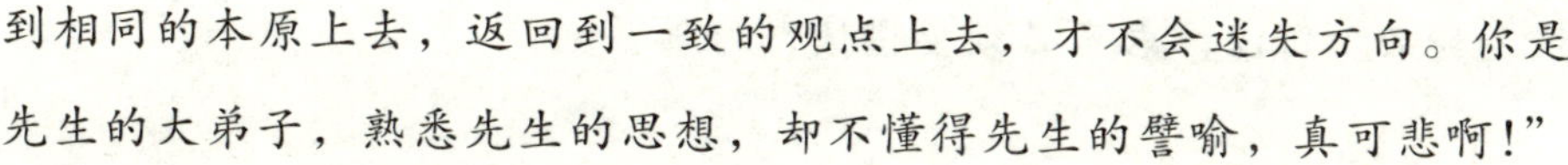

到相同的本原上去，返回到一致的观点上去，才不会迷失方向。你是先生的大弟子，熟悉先生的思想，却不懂得先生的譬喻，真可悲啊！”

【原典】

杨朱之弟曰布，衣素衣而出[①]。天雨，解素衣，衣缁衣而反[②]。其狗不知，迎而吠之。杨布怒，将扑之[③]。杨朱曰：“子无扑矣！子亦犹是也。向者使汝狗白而往[④]，黑而来，岂能无怪哉？”

【注释】

①衣素衣：穿白色衣服。第一个“衣”作动词用，意为穿衣服。②衣缁衣：穿黑色衣服。③扑：这里指打。④向者：以往，以前。

【译文】

杨朱的弟弟叫杨布，穿着白布衣服出门。天下雨了，他就脱下了白布衣服，换上了黑布衣服回家了。家里狗没有认出来，迎上去对着他狂叫。杨布十分生气，准备打它。杨朱说：“你不要打它了。你也是这样的。先前如果让你的狗白色出去，黑色回来，你难道不感到奇怪吗？”

【原典】

杨朱曰：“行善不以为名，而名从之；名不与利期[①]，而利归之；利不与争期，而争及之：故君子必慎为善。”

【注释】

①期：相约。

【译文】

杨朱说：“做好事不是为了名声，而名声却随之而来；名声不曾于利益相约，而利益却归附而来；利益不曾与争斗相约，而争斗就会随之到来。所以，君子必须要谨慎，行善。”

【原典】

昔人言有知不死之道者，燕君使人受之[①]，不捷[②]，而言者死。燕君甚怒，其使者将加诛焉。幸臣谏曰[③]：“人所忧者莫急乎死，己所重者莫过乎生。彼自丧其生，安能令君不死也?”乃不诛。

有齐子亦欲学其道，闻言者之死，乃抚膺而恨[④]。富子闻而笑之曰：“夫所欲学不死，其人已死而犹恨之，是不知所以为学。”

胡子曰：“富子之言非也。凡人有术不能行者有矣，能行而无其术者亦有矣。卫人有善数者[⑤]，临死，以决喻其子[⑥]。其子志其言而不能行也。他人问之，以其父所言告之。问者用其言而行其术，与其父无差焉。若然，死者奚为不能言生术哉[⑦]?”

【注释】

①受：受业，从师学习。②不捷：没有成功。③幸臣：即宠臣，指君王身边最宠信的臣子。④抚膺：抚摸或捶拍胸口，表示惋惜、哀叹、悲愤等。⑤数：算数，古代六艺“礼、乐、射、御、书、数”之一。⑥决：通“诀”，诀窍，方法。⑦生术：长生不死的道术。

【译文】

从前有个自称知道长生不死之术的人，燕国国君派人去向他学习，还没有成功，说话的人就死了。燕国国君非常生气，要把那个派去学习的人杀掉。一个被燕君宠幸的臣子劝道：“人们所忧虑的事情，没有比死亡更急切的了，自己所重视的没有比生命更重要的了。那个人自己都丧失了生命，又怎么能让君王您长生不死呢?”使者这才被赦免。

有一个叫齐子的人，也想学那人长生不死的道术，听说他死了，

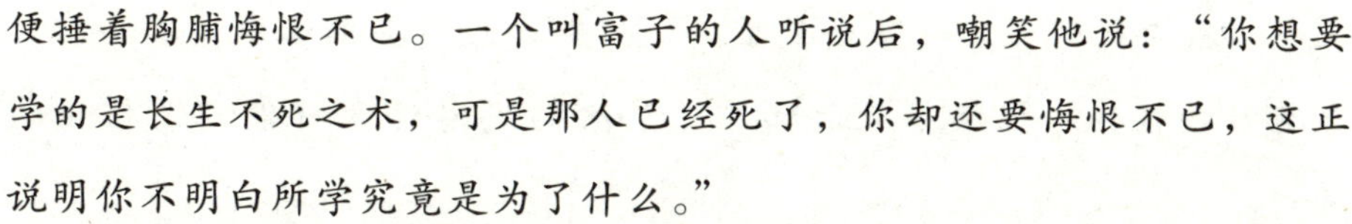

便捶着胸脯悔恨不已。一个叫富子的人听说后，嘲笑他说："你想要学的是长生不死之术，可是那人已经死了，你却还要悔恨不已，这正说明你不明白所学究竟是为了什么。"

一个叫胡子的人说："富子的话错了。一般说来，懂得道术而自己不能实行的人是存在的，能够去实行而不明白道术的人也是存在的。卫国有个懂得术数的人，临死的时候，把口诀传授给他的儿子。他的儿子牢记他的话却不会使用。别人问起来，他就把他父亲所说的话告诉那人。问话的人依着他的传授进行术数，和他父亲简直没有差别。如果是这样，那个死去的人为什么不能通晓长生不死的道术呢？"

【原典】

邯郸之民，以正月之旦献鸠于简子[①]，简子大悦，厚赏之。

客问其故。简子曰："正旦放生，示有恩也。"

客曰："民知君之欲放之，故竞而捕之，死者众矣。君如欲生之，不若禁民勿捕。捕而放之，恩过不相补矣。"

简子曰："然。"

【注释】

①正月之旦：即农历正月初一。鸠：斑鸠。简子：即赵简子，春秋末期晋国正卿。

【译文】

邯郸的百姓在正月初一日向赵简子敬献斑鸠，赵简子十分高兴，重重地赏赐了他们。

有个门客见了，问他其中的缘故。赵简子说："正月初一放生，表示我对生命的恩德。"

门客说："老百姓知道您要放掉这些生命，因此就竞相争着去捕捉它，被杀死的斑鸠反而更多了。您如果真想要它们活命，不如禁止老百姓去捕捉。捕捉了又放回去，放生的恩惠终究补偿不了伤生的罪过。”

赵简子说：“是这样的。”

【原典】

齐田氏祖于庭[①]，食客千人。中坐有献鱼雁者[②]，田氏视之，乃叹曰：“天之于民厚矣！殖五谷，生鱼鸟以为之用。”众客和之如响。

鲍氏之子年十二，预于次[③]，进曰：“不如君言。天地万物与我并生，类也。类无贵贱，徒以小大智力而相制，迭相食；非相为而生之。人取可食者而食之，岂天本为人生之？且蚊蚋噆肤[④]，虎狼食肉，非天本为蚊蚋生人、虎狼生肉者哉？”

【注释】

①祖：古代出行时祭祀路神，引申为设宴送行。②雁：即鹅。③预：参与，参加。次：位次。④蚊蚋（ruì）：蚊虫。噆（zǎn）：叮，咬。

【译文】

齐国的田氏在厅堂上设宴祭祖，前来参加的客人有一千多人。座位中有人献上鱼和鹅，田氏看了，便感慨地说：“上天对于人类的恩德真是深厚啊。它繁殖五谷，生养鱼鸟，以供人食用。”众位宾客听后，像回声一样附和他。

鲍家的孩子只有十二岁，也参加了酒宴，站起来说：“我不同意您的这种说法。天地万物与人类共同生存，都是同类的生物。同类中没有贵贱之分，仅仅是凭着个头的大小、智慧以及力量的不同而互相制约，依次互相吞食，并没有谁为谁而生存的道理。人类获取可以吃

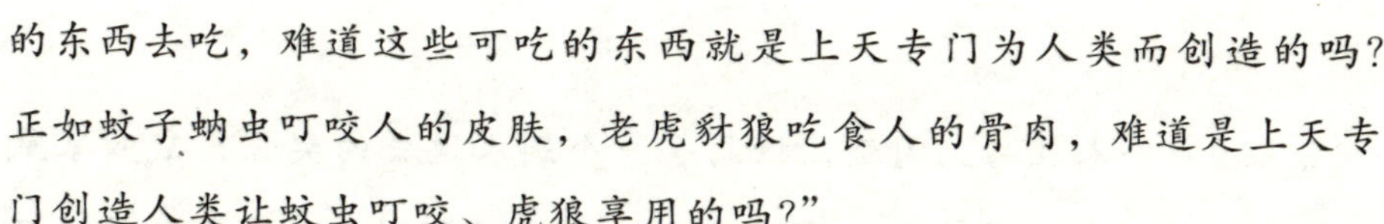
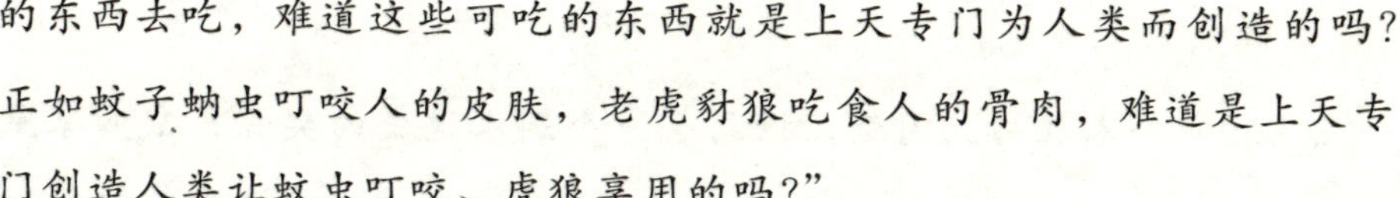
的东西去吃，难道这些可吃的东西就是上天专门为人类而创造的吗？正如蚊子蚋虫叮咬人的皮肤，老虎豺狼吃食人的骨肉，难道是上天专门创造人类让蚊虫叮咬、虎狼享用的吗？”

【原典】

齐有贫者，常乞于城市。城市患其亟也[①]，众莫之与。遂适田氏之厩[②]，从马医作役而假食[③]。郭中人戏之曰[④]：“从马医而食，不以辱乎？”乞儿曰：“天下之辱莫过于乞。乞犹不辱，岂辱马医哉？”

【注释】

①亟（qì）：屡次，这里指频繁行乞。②厩：马棚，泛指牲口棚。③假食：寄食，意谓混饭吃。④郭：外城，这里泛指城市。

【译文】

齐国有个穷人，经常在城里的集市上讨饭。集市上的人讨厌他这样频繁讨要，就没有人再肯施舍给他了。于是他到了田氏的马棚里，跟着马医干点杂活而得到一些食物。城里的人嘲弄他说：“跟着马医混饭吃，不觉得耻辱吗？”讨饭的人说：“天下的耻辱莫过于讨饭。我讨饭时尚且不觉得耻辱，难道还会以跟着马医打杂为耻辱吗？”

【原典】

宋人有游于道[①]、得人遗契者[②]，归而藏之，密数其齿[③]。告邻人曰：“吾富可待矣。”

【注释】

①游：这里指闲逛，悠闲无所事事。②遗：弃，这里指作废。契：契约，契据。③齿：古代刻木为契，木契上刻出的齿痕，须与符相合，以辨别契约的真伪。

【译文】

宋国有个人在路上闲逛，捡到了一个别人遗失的契据，拿回家藏了起来，还暗暗细数着契据上的齿印。他告诉邻居说：“我发财的日子就要来到了。”

【原典】

人有枯梧树者[①]，其邻父言枯梧之树不祥[②]，其邻人遽而伐之[③]。邻人父因请以为薪。其人乃不悦，曰：“邻人之父徒欲为薪而教吾伐之也。与我邻，若此其险，岂可哉！”

【注释】

①枯梧树：枯死的梧桐树。枯：枯干，凋枯。②邻父：邻居家的老头。③遽（jù）：骤然，急。

【译文】

有个人家里的梧桐树凋枯了，邻居家的老头说，枯死了的梧桐树不吉祥，那个人立刻把梧桐树砍倒了。邻居家的老头于是请求把这棵枯树送给他当柴烧。那个人很不高兴，说：“邻居家的老头只是想要柴火才教我把枯树砍掉的。他和我是邻居，却这样阴险，做人难道可以这样吗？”

【原典】

人有亡𫓧者[①]，意其邻之子[②]，视其行步，窃𫓧也；颜色[③]，窃𫓧也；言语，窃𫓧也；动作态度，无为而不窃𫓧也。俄而掘其谷而得其𫓧[④]，他日复见其邻人之子，动作态度无似窃𫓧者。

【注释】

①𫓧（fū）：铡刀。②意：猜想，怀疑。③颜色：这里指神色，面

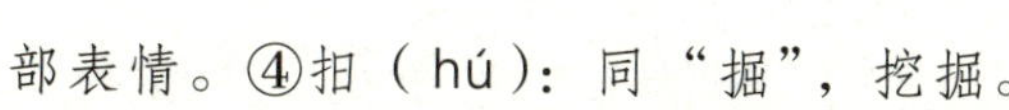
部表情。④扫（hú）：同“掘”，挖掘。

【译文】

有个人丢了一把铡刀，怀疑是邻居家的孩子偷的，看那个孩子走路，像是偷铡刀的；面目神色，像是偷铡刀的；说话语调，像是偷铡刀的；动作态度无论干什么没有一样不像偷铡刀的人。不久，他去山里割谷时找到了自己的铡刀。过了几天再见到邻居家的孩子，动作态度，便一点也不像偷铡刀的人了。

【原典】

白公胜虑乱[①]，罢朝而立，倒仗策[②]，锻上贯颐[③]，血流至地而弗知也。

郑人闻之曰：“颐之忘，将何不忘哉？”

意之所属箸[④]，其行足蹶株坎[⑤]，头抵植木[⑥]，而不自知也。

【注释】

①虑乱：谋划作乱。②仗策：驱马棍。③锻（zhuì）：马棰头上的铁刺。颐：面颊，腮，这里指下巴。④属箸：注意力高度集中。属：专注。箸：依着，附着。⑤蹶（zhì）：被东西绊倒。株：露出地面的树桩。坎：坑，地洞。⑥抵：碰；撞。植木：树干。

【译文】

白公胜整天谋划着叛乱的事，散朝后，仍然站在那里一动不动，倒拄着马棰，棰端的铁刺刺破了他的下巴，鲜血一直流到地上，他都没有察觉。

郑国的百姓听到这事后说：“连自己的下巴都忘了，还有什么不会忘掉呢？”

只要意念高度倾注在一点上，即使走路时脚绊到树桩上，或掉进土坑里，甚至脑袋撞到直立的树干上，自己也觉察不到。

【原典】

昔齐人有欲金者，清旦衣冠而之市①，适鬻金者之所②，因攫其金而去③。吏捕得之，问曰："人皆在焉，子攫人之金何？"对曰："取金之时，不见人，徒见金。"

【注释】

①衣冠：衣服和帽子，这里用作动词，即穿好衣服戴好帽子。②鬻（yù）：卖。③攫（jué）：抓取，夺取。

【译文】

从前，齐国有个想得到金子的人，清早起来穿上衣服戴好帽子来到集市上，走进一家卖金子的店铺，顺手抓起一块金子就跑。官吏捉住了他，问道："大家都在那儿，你为什么还要拿别人的金子呢？"他回答说："'我拿金子的时候，没有看见人，只看见金子。"

相关链接

待机而动

高洋在未发迹前，就是靠等待时机而得以成功的。

高洋是在他长兄高澄被杀、形势极端复杂的情况下显露出才华的。北周政权的基业是由高欢开创的。高欢本是东魏大臣。在镇压尔朱氏残余势力中掌握了东魏的实权，专朝政长达16年之久。高欢死后，长子高澄继位。高澄心毒手狠，猜忌刻薄，上无礼君之意，下无爱弟之情。高洋当时已18岁，已通晓政事，走上了政治舞台，并已经对高澄的地位构成了威胁。如果他精明强干、才华外露的话，必然受到乃兄的猜忌防范，也会引起属下僚佐的注意。

高洋字子进，史书上说他颇有心计，遇事明断而有见识。小时候，高欢为试验几个儿子的才气智能，让小哥儿几个折理乱线，“帝（指高洋）独抽刀断之，曰：‘乱者须斩’，高祖是之”。仅此一事就深得高欢的喜欢和重视。后封为太原公。

高欢死后，高澄袭爵为渤海文襄王，因高洋年长，阴有戒心。高洋“深自晦匿，言不出口，常自贬退。与澄言无不顺从”，给人一种软弱无能的印象，高澄有些瞧不起他，常对人说：“这样的人也能得到富贵，相书还怎么能解释呢？”

高洋妻子李氏貌美，高洋为妻子购买首饰服装，稍有好一点的，高澄就派人去要，李氏很生气，不愿意给，高洋却说：“这些东西并不难求，兄长需要怎能不给呢？”高澄听到这些话，也觉得不好意思，以后就不去索取了。有时，高澄还给高洋家送些东西来，高洋也照收不误，决不虚情掩饰，因此兄弟之间相处还相安无事。

每次退朝还宅，高洋就关上宅院之门，深居独坐，对妻子亦很少言谈，竟能终日不发一言。

高兴时，高洋竟光着脚奔跑跳跃。李氏看到不觉诧异地问他在干什么，高洋则笑着说："没啥事儿，逗你玩的！"

其实他终日不言谈，是怕言多有失。如此跑跳更有深意，一则可以彻底使政敌放松对自己的警惕，一个经常在家逗媳妇开心的人能有什么大志呢？二则借经常光脚跑跳之机，锻炼身体，磨炼意志，一举多得。正因如此，高澄及文武公卿等都把高洋看成一个痴人，丝毫没有放在眼中。

东魏武定七年（549），渤海文襄公高澄在与几人密谋篡位自立的时候，被膳奴即负责做饭进餐的兰京所杀，重要谋士陈元康以身掩护高澄，身负重伤，肠子都流了出来。当时事起仓促，高府内外十分震惊，高洋正在城东双堂，听说变起，高澄已被杀死，颜色不变，毫不惊慌，忙调集家中可指挥的武装力量前去讨贼，他部署得当，有条不紊。兰京等几人本是乌合之众，出于气愤才杀死高澄，并没有任何预谋的政治目的，故不堪一击，片刻之间全部被斩首。

高洋下令，剖其尸以泄杀兄之忿。接着，就在其兄府中办公，召集内外知情人训话，说膳奴造反，大将军受伤，但伤势不重，对外不准走漏任何消息。众人听了，都大惊失色。想不到这位痴人在危急时刻来这么一手，夜里，陈元康断气而亡。高洋命人在后院僻静处挖个坑埋掉，诈言他奉命出使，并虚授一个中书令的官衔给他。高澄手握大权，高欢的许多宿将都铁了心保高氏，但当时尚注意的是高澄而未注意到高洋。所以，高洋的这些应急措施果然奏效。外人都不知高澄已死，更不知高澄的重要谋士陈元康也被埋在土里，所以马上就稳住了局面。

高洋直接控制了高澄的府第和在邺都的武装力量，当夜又召大将

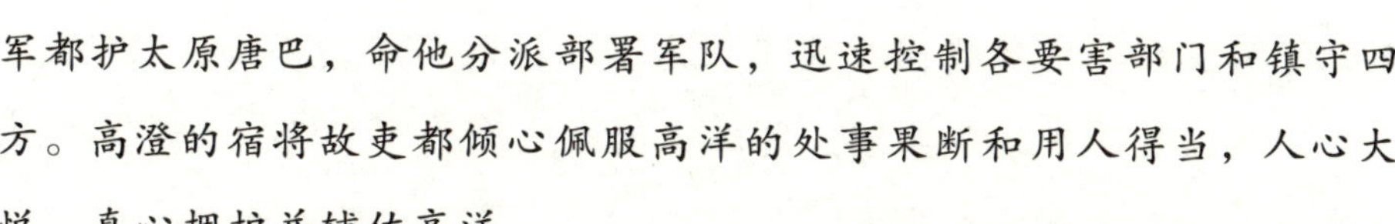

军都护太原唐邕，命他分派部署军队，迅速控制各要害部门和镇守四方。高澄的宿将故吏都倾心佩服高洋的处事果断和用人得当，人心大悦，真心拥护并辅佐高洋。

高澄已死的消息渐渐被东魏主知道了，暗自高兴，私下里和左右幸臣说："大将军（指高澄）已死，好像是天意，威权应当复归帝室了。"高洋左右的人认为重兵都在晋阳，劝高洋早日去晋阳全部接管高欢及高澄的武装力量方可高枕无忧。高洋以为有理，遂安排好心腹控制住邺都的整个局面。甲午日高洋进朝面君，带领8000名全副武装的甲士进入昭阳殿，随同登阶的就有200多人，都手持利刃，如临大敌。东魏孝静帝元善一看这种情形，心中恐惧，高洋只叩两个头，对魏主说："臣有家事，须诣晋阳。"然后下殿转身就走，随从保卫也跟着扬长而去。魏主目送之，说："这又是个不相容的人，我不知会死在什么时候了。"

晋阳的老将宿臣，一直以来都轻视高洋，当时尚不知高澄死信。高洋到晋阳后，立刻召集全体文武官员开会。会上，高洋英姿勃发，侃侃而谈，分析事理，处理事情全都恰如其分，且才思敏捷，口齿流利，与往常判若两人。文武百官皆大惊失色，刮目相看而倾心拥戴。一切就绪后，高洋才返回邺都为高澄发丧。

高洋早有代魏称帝的想法。一直在窥测风向，但他不是明目张胆死打硬拼，或拉帮结派打击异己。这样自然民愤大、目标大而且容易为人所制，而是"守正"待时。平日里自贬自谦，与兄长融洽相处。但其居安思危，养尊处优时不忘锻炼自己，且能注意时局的变化，注意人才，确是有心计之人。

高澄之死，他临事不慌，秘不发丧，很快控制了局面。观其隐秘陈元康之死而虚授中书令之职的做法，可见他有识人之明。高澄死后不到三天便果断前往晋阳先声夺人，真正控制高澄的全部武装力量，可见其善谋而能断。半年后，高洋于梁简文帝大宝元年（550）五月代东魏自立，建立了北齐政权。

做个有德之人

西汉初年，天下已定，各位功臣翘首以待，总希望能有个好结果，有的已等待不及，早就在那儿争论功劳大小了。刘邦觉得，也该到了封赏之时了。

封赏结果，文臣优于武将。那些功臣多为武将，武将对此颇为不服，其中尤其对萧何封侯地位最高、食邑最多，最为不满。于是，他们不约而同，找到刘邦对此提出质疑："臣等披坚执锐，亲临战场，多则百余战，少则数十战，九死一生，才得受赏赐。而萧何并无汗马功劳，徒刑文墨，安坐议论，为何还封赏最多？"

刘邦做了个形象的比喻，说："诸位总知道打猎吧！追杀猎物，要靠猎狗，给狗下指示的是猎人。诸位攻城克敌，却与猎狗相似，萧何却能给猎狗发指示，正与猎人相当。更何况萧何是整个家族都跟我起兵，诸位跟从我的能有几个族人？所以我要重赏萧何，诸位不要再疑神疑鬼。"

众功臣私下的议论当然免不了，但毕竟与萧何无仇，对此事再不满也就算了。

一天，刘邦在洛阳南宫边走边观望，只见一群人在宫内不远的水池边，有的坐着，有的站着，一个个看去都是武将打扮，在交头接耳，像是在议论着什么。刘邦好生奇怪，便把张良找来问道："你知道他们在干什么？"

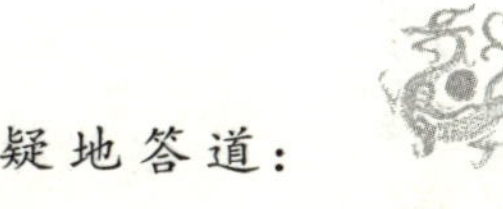

张良毫不迟疑地答道：“这是要聚众谋反呢！”

刘邦一惊：“为何要谋反？”

张良却很平静：“陛下从一个布衣百姓起兵，与众将共取天下，现在所封的都是以前的老朋友和自家的亲族，所诛杀的是平生自己最恨的人，这怎么不令人望而生畏呢？今日不得受封，以后难免被杀，朝不保夕，患得患失，当然要头脑发热，聚众谋反了。”

刘邦紧张起来：“那怎么办呢？”

张良想了半晌，才提出一个问题：“陛下平日在众将中有没有造成过对谁最恨的印象呢？”

刘邦说：“我最恨的就是雍齿。我起兵时，他无故降魏，以后又自魏降赵，再自赵降张耳。张耳投我时，才收容了他。现在灭楚不久，我又不便无故杀他，想来实在可恨。”

张良一听，立即说：“好！立即把他封为侯，才可解除眼下的人心浮动。”

刘邦对张良是极端信任的，他对张良的话没有提出任何疑议，他相信张良的话是有道理的。

几天后，刘邦在南宫设酒宴招待群臣。在宴席快散时，传出诏令："封雍齿为什邡侯。"雍齿真不敢相信自己的耳朵。当他确信无疑真有其事后，才上前拜谢。雍齿封为侯，非同小可。那些未被封侯的将吏和雍齿一样高兴，一个个都喜出望外："雍齿都能封侯，我们还有什么可顾虑的呢?"

事情真被张良言中了，矛盾也就这么化解了。

范蠡全身而退

相传越王勾践自从会稽解围之后，打算让范蠡主持国政，自己亲自去吴国屈事夫差。范蠡说："对于兵甲之事，文种不如我；至于镇抚国家、亲附百姓，我又不如文种。臣愿随大王同赴吴国。"勾践依议，委托文种暂理国政，自己携带妻子和大臣范蠡前往吴国。

在吴国，范蠡朝夕相伴，随时开导，并为之出谋划策。

越王勾践与范蠡等人在吴国拘役三年，终于勾践七年（前491）回国。勾践问复兴越国之道，范蠡做了极其精辟的论述，其要义在于：尽人事、修政教、收地利。在这条方针指引下，越国渐渐富强起来，以后又开始了同吴国的争夺，越来越占据上风。

勾践二十四年（前473），吴王夫差势穷力尽，退守于姑苏孤城，再派公孙雄袒身跪行至越国军前，乞求罢兵言和。

不久，越军灭吴。勾践封夫差于甬东（会稽以东的海中小洲）一隅之地，使其君临百家，为衣食之费。夫差难受此辱，惭恨交加。于是以布蒙面，伏剑自杀。

灭吴之后，越王勾践与齐、晋等诸侯会盟于徐州（今山东滕县南）。当此之时，越军横行于江、淮，诸侯毕贺，号称霸王，成为春秋、战国之交争雄于天下的佼佼者。范蠡也因谋划大功，官封上将军。

灭吴之后，越国君臣设宴庆功。群臣皆乐，勾践却面无喜色。范蠡察此微末，立识大端。他想：越王勾践为争国土，不惜群臣之死；而今如愿以偿，便不想归功臣下。常言道：大名之下，难以久安。现已与越王深谋二十余年，既然功成事遂，不如趁此急流勇退。想到这里，他毅然向勾践告辞，请求隐退。

勾践面对此请，不由得浮想翩翩，迟迟说道："先生若留在我身边，我将与您共分越国，倘若不遵我言，则将身死名裂，妻子为戮！"政治头脑十分清醒的范蠡，对于宦海得失、世态炎凉，自然品味得格外透彻，明知"共分越国"纯系虚语，不敢对此心存奢望。他一语双关地说："君行其法，我行其意。"

事后，范蠡不辞而别，带领家属与家奴，驾扁舟，泛东海，来到齐国。跳出了是非之地的范蠡，又想到风雨同舟的同僚文种曾有知遇之恩，遂投书一封，劝说道："狡兔死，走狗烹；飞鸟尽，良弓藏。越王为人，长颈鸟喙，可与共患难，不可与共荣乐，先生何不速速出走？"

文种见书，如梦初醒，便假托有病，不复上朝理政。然而樊笼已下，再不容他展翅起飞。不久，有人乘机诬告文种图谋作乱。勾践不问青红皂白，赐予文种一剑，说道："先生教我伐吴七术，我仅用其三就已灭吴，其四深藏先生胸中。先生请去追随先王，试行余法吧！"要他去向埋入荒冢的先王试法，分明就是赐死。再看越王所赐之剑，就是当年吴王命伍子胥自杀的属镂剑。文种至此，一腔孤愤难以言表，无可奈何，只得引剑自刎。

参考文献

[1] 叶蓓卿．全本全注全译丛书：列子[M]．北京：中华书局，2011.

[2] 景中．中华经典藏书：列子[M]．北京：中华书局，2007

[3] 严北溟，严捷．国学经典译注丛书：列子译注[M]．上海：上海古籍出版社，2012

[4] 白冶钢．中国古典文化大系：列子译注[M]．上海：上海生活·读书·新知三联书店，2014.

[5] 南怀瑾．列子臆说[M]．北京：东方出版社，2012.

[6] 杨伯峻．中华国学文库：列子集释[M]．北京：中华书局，2012.

[7] 陈才俊．列子全集[M]．北京：海潮出版社，2012